최적화라는 환상

OPTIMAL ILLUSIONS

Copyright ⓒ 2023 by Coco Krumme
All rights reserved.
Korean translation copyright ⓒ 2025 by Wisdom House, Inc.
This edition published by arrangement with Riverhead Books,
an imprint of Penguin Publishing Group,
a division of Penguin Random House LLC
through EYA(Eric Yang Agency).

이 책의 한국어판 저작권은 에릭양 에이전시를 통한
Riverhead Books, an imprint of Penguin Publishing Group,
a division of Penguin Random House LLC와의 독점 계약으로
㈜위즈덤하우스에 있습니다.
저작권법에 의하여 한국 내에서 보호를 받는 저작물이므로
무단전재와 무단복제를 금합니다.

최적화라는 환상

최고의 효율, 최선의 선택은 과연
이 세상에 존재하는가

코코 크럼 지음
송예슬 옮김

OPTIMAL
ILLUSIONS

The False Promise of
Optimization

위즈덤하우스

머리말

벌판 한가운데 불도저가 멈추더니 운전사가 담배를 피우러 내린다. 미국 켄터키주 북부의 9월답게 날은 상쾌하고 푸르고 한가롭다. 주변의 다른 불도저는 개밋둑 같은 흙더미를 밀며 공사장에 바큇자국을 새긴다. 저 멀리 말 방목지와 스트립 몰 strip malls(야외 대로변에 매장들이 일렬로 늘어선 형태의 쇼핑 센터—옮긴이)이 보인다.

나는 개방된 출입문을 지나 불도저가 다져놓은 길을 누비며 개밋둑 바큇자국이 끝나는 지점까지 간다. 거기에 작은 픽업트럭을 세운 뒤 창문을 내리고 반려견을 잠시 풀어놓는다. 얼굴에 닿는 태양의 온기를 느끼며 흙 캔버스를 보다가 사색에 잠긴다. 그러다 갑자기 나에게 꽂힌 운전사의 시선이 신경 쓰인다. 여기는 내가 기웃거릴 개밋둑이 아니다. 운전사는 담배를 비벼 끄고 내 쪽을 다시 바라보다 이내 흥미를 잃고 차로 돌아가 마저 작업을 한다.

미국은 젊은 나라여서 폐허가 있기 힘들다고들 한다. 그러나 이 나라의 폐허는 새것들의 광택에 가려져 있다고 할 수 있다.

그리스 아테네의 파르테논 신전은 자동차극장 영사막처럼 높은 곳에 우뚝 솟아 위태로운 자태로 관광객들과 카페 손님들을 내려다본다. 로마의 콜로세움은 바쁘게 돌아가는 도시에 묵직하게 닻을 내렸다. 이 건축물의 차가운 벽돌은 관광 가이드의 수다 소리, 싸구려 피자의 기름기, 외국산 플라스틱 장신구 사이사이를 비집고 존재감을 드러낸다. 테오티우아칸(멕시코에 있는 고대 도시 유적지—옮긴이)에 가면 위압적인 피라미드를 걸어 올라서 이글대는 하늘까지 말 그대로 가닿을 수 있다.

반면 미국의 폐허는 사막에 감춰지거나 중국의 고철 처리장으로 옮겨진다. 9·11 테러 이후 세계 무역 센터의 잔해는 미망인처럼 검은 천을 뒤집어쓰고 묵묵히 해체되어 나라 밖으로 보내졌다. 훼손된 강철 덩이들에 관해서 엔지니어 카오 시앙젠Cao Xianggen은 〈시카고 트리뷴〉에 이런 말을 한다. "미국은 어차피 이걸 다 활용 못 하지만 중국에서는 수요가 굉장합니다."[1]

이제 나는 불도저 운전사가 자기 앞 벌판에 새 폐허를 짓는 모습을 지켜본다. 그는 아마존에어 물류 허브 건설을 돕고 있다. 15억 달러가 투입된 부지에 화물기 100대, 트럭 300대를 수용할 수 있는 공간과 9만 3000제곱미터가 넘는 자동 분류 센터가 들어설 예정이다. 2021년 개장을 목표로 착공해 아직은 건설 장비와 바리케이드로 어수선하다.

2020년 코로나19 팬데믹과 함께 미국인의 온라인 쇼핑이 늘면서 아마존 매출은 약 40퍼센트가 증가했다. 벌어들인 돈은 무려 1000억 달러에 달했다.[2] 효율적으로 운항 일정이 짜인 항공기들은 안 그래도 빠른 배송 시간을 몇 시간, 며칠 더 앞당겨줄 것이다.

북아메리카 순환계가 소포와 물자를 말단 지역까지 실어 나르는 중이라면, 켄터키주의 이 모퉁이가 상징하는 것은 개밋둑 심장이다. UPS, DHL, 웨이페어Wayfair(앞의 두 기업은 대형 물류 기업, 웨이페어는 온라인으로 가구를 파는 전자 상거래 기업 — 옮긴이) 모두 이곳에 물류 센터를 두었다. 미국 인구의 65퍼센트가 이곳의 965킬로미터 반경에 거주한다.[3] 차를 몰면 하루 안에, 비행기를 타면 90분 만에 갈 수 있는 거리다. 공항 다섯 곳과 철도, 강, 항구도 근처에 있다. 신시내티/노던 켄터키 국제공항을 통과하는 화물은 연 136만 톤에 달한다. 이 숫자는 아마존이 항공기를 늘리면서 점점 더 커지고 있다. 메인주의 랍스터 같은 특산물도 일단 서쪽 켄터키주로 보내진 다음 동쪽으로 다시 배송되어 뉴욕의 고급 레스토랑에 도착한다.

트럭과 화물기, 컨베이어 벨트와 뽁뽁이로 이뤄진 순환계는 일련의 방정식과 코드로 돌아간다. 코드는 포장 상자 하나하나가 가장 효율적인 방식으로 언제, 어디로 옮겨져야 하는지 알려준다. 각각의 가능성, 할당된 확률, 예정된 변수를 검토하는 수학적 모델들이 이 모든 것을 뒷받침한다. 그리고 모델들의 기저에는 숨은 안무가가, 즉 세상을 바라보는 시각이 깔려 있다.

이 시각이 이 책의 주제다. 이 관점은 물질적 현실을 이해하고, 구획 짓고, 이용하고, 궁극적으로 예측할 수 있는 대상으로 상정한다. 아마존 화물기뿐 아니라 파도의 부서짐, 전쟁의 발발, 사랑의 복잡함까지, 올바른 장비를 사용하면 모든 것이 측정하고 기술할 수 있는 일련의 매개 변수로 압축된다.

실로 매혹적인 이 생각이 오랫동안 나를 붙들고 놓아주지 않았다. 내가 수학적 모델을 만드는 데 끌린 이유는 순수한 논리와 어지러운 현실 사이에 우아한 다리를 놓을 수 있다는 약속 때문이었다. 개밋둑 캔버스에 선을 새겨 넣는 불도저처럼, 수학적 모델은 운전석에 앉아 울퉁불퉁한 풍경에다 지형도를 포개어볼 기회를 주었다. 그리고 저 너머 경이로움을, 아직 지도로 그려지지 않았거나 어쩌면 완전히 포착할 수 없는 세상을 볼 수 있도록 자리를 내주었다.

내가 보았던 불도저 운전사는 공사장 땅의 자연스러운 기복을 따라 바큇자국을 내는 게 아니라, 그 땅을 가장 수익성 좋게 바로 활용할 목적으로 머나먼 사무실에서 제작하고 승인한 설계도에 맞춰 움직이고 있었을 것이다. 마스터플랜에 따라 흙더미를 밀어 뭉개고, 하나의 풍경을 미리 계획해둔 선들로 바꾸는 일 역시, 최적화가 있었기에 가능했다.

어쩌다 보니 나도 이런 시각의 정점에 있었던 적이 있다. MIT에 잠시 몸담았다가 향한 실리콘 밸리는 하룻밤 사이에 최적화의 메카가 되어 있었다. 첨단 과학 컴퓨팅이 성했다. 흙더미를 운반하는 기계가 아찔한 속도로 발전을 거듭했다. 차세대 클라우드 기술이 초당 어마어마한 양의 계산을 토해냈고, '딥 러닝'이니 '신경망'이니 하는 유행어가 록 콘서트장의 인공 안개처럼 사방을 떠다녔다. 소프트웨어 엔지니어들은 각종 모델에 데이터를 집어넣으면서 디지털 광고부터 영양제까지 모든 것의 효율성을 높였다.

의도하지 않았으나 마침 적절한 기술을 가지고 정점에 있게 된 나는, 한 번에 두 가지 일을 하기로 결심했다. 하나는 안개가 자욱한 부조리의 세계로 무모하게 뛰어들어 스타트업에서 일하다가 독립해 직접 회사를 차리는 것이었다. 다른 하나는 그러면서도 수학을 일종의 지도로, 우아한 근사치로 보는 낭만을 간직하는 것이었다. 처음에는 실패를 맛봤다. 실리콘 밸리에서 성공하는 사람들과 달리, 나는 열정적으로 성공을 좇는 데 필요한 돈이나 지위에 무신경했다. 두 번째 목표에 관해 말하자면, 뭐랄까, 나무에서 돈이 떨어지는데 지도나 지형 같은 것에 신경 쓰는 사람은 없는 듯했다.

그래도 나의 낭만은 꺾이지 않았다. 결국 과학 컨설팅 사업을 시작하여 물류, 기후 과학, 농업 분야의 연구자들과 함께 일했다. 나는 역사에서 종種들이 어떻게 진화하는지, 인간의 행동이 어떻게 변화하는지, 폭풍의 형성과 작물의 재배가 어떻게 진행되는지, 선박이 어떻게 세계를 돌아다니는지 알려주는 모델들을 설계했다. 지도를 그렸고, 흙더미를 밀어 뭉갰다. 모두가 더 많은 데이터를,

더 많은 모델을, 더 많은 해법을 요구했다. 6월 말 샌프란시스코만의 안개는 짙었다. 불안했지만, 전혀 다른 방식으로 매혹적이기도 했다.

그런데 달라진 점이 하나 있었다. 내가 더 이상 그런 것에 넘어가지 않는다는 거였다.

나의 낭만은 차츰 시들해졌다. 벌판의 푸르름을 위성 지도에 녹색 픽셀로 나타내려 하는, 이 모든 추상화抽象化가 슬슬 가짜처럼 느껴졌다. 반면 최적화 도구에 대한 세상의 열광은 커져만 가는 듯했다. 광신이 느껴질수록 내 안의 불신은 깊어졌다. 나의 환멸은 테크 업계의 과잉에 뿌리를 내린 것이었으나 거기서 시작되거나 끝나는 감정이 아니었다. 나는 회사 일정의 짐스러움을 개탄했고, 10년 가까이 당당하게 구식 플립 폰을 고집했다. 실리콘 밸리 탈출을 궁리하면서 한편으로는 그 세계를 어떻게 하면 무너뜨릴 수 있을지 고민하기 시작했다.

환멸을 느끼면서도 더 나은 방법을 찾지 못한 나는 사람들과 대화를 시도했다. 처음에는 농사를 짓는 중서부로 갔다가 나중에는 전국을 떠돌았다. 그러면서 농부, 화물 중개인, 목수, 석유 노동자를 만났다. 형편이 되자마자 외딴 북서부 섬에 허름한 오두막이 딸린 땅을 한 뙈기 사서 열심히 수리 기술을 익혔다.

내 사연을 들은 샌프란시스코 사람들은 정신이 나갔냐고 했다. 지금 우리는 놀라운 시대의 전성기에 와 있다고 했다. 게다가 내가 하는 일은 인기도 좋았다. 데이터 과학으로 받는 월급은 천정부지로 뛰고 있었다. 나는 성공의 조건이 될 지식을 손에 쥐고 있었다. 우물 수질 검사며 수동 태양열이 다 웬 말이야? 친척 하나는 반농담조로 말했다. "이해가 안 되네. 네 실력이면 지금쯤 억만장자들과 전용기를 타고 다녀야 정상인데." 어느 벤처 캐피털리스트는 쓸모 있어 보이는 전문성을 한 트럭 보유했으나 그걸 돈으로 바꾸려는 흥미가 바닥인 내가 샌프란시스코에 있는 것을 두고 "이걸 설명할 길은 당신이 윤리적인 존재라는 것뿐이겠군요"라고 말했다. 마치 아마존 우림에서 북극곰을 마주친 듯한 투로.

아닌 게 아니라, 나는 동료들이 헤지 펀드와 제약사에 들어가 데이터 팀을 꾸리는 동안 노스다코타주의 사탕무 공장에서 시간을 보내고 있었다. 그때까지도 나의 환멸을 일으키는 지점을 정확히 짚어낼 수는 없었으나, 적어도 그 감정이 컴퓨터 스크린 위 숫자들이 나타내는 세상과 눈앞에 버젓이 펼쳐진 세상의 간극과 관련이 있음은 분명했다.

이 사실을 비로소 체감한 시점은 반쯤 짓다 말아서 하부 바닥과 벽에 뚫린 구멍을 손수 메우고 통나무를 쪼개 장작 난로를 때워야 했던 오두막으로 이사를 오고 난 후였다. 나는 오두막에서 노트북을 깔짝대며 집주인들에게 보험을 많이 팔 수 있게 캘리포니아주 산불 확산의 양상을 잘 나타내줄 모델을 의뢰한, 한참 멀리 떨어진 연구 그룹을 위해 일했다. 그러다 노트북을 한쪽으로 밀어놓고, 고장 난 우물 펌프를 손보거나 오리건주에서 직접 상자에 실어 가져온 양모 단열재를 벽에 채워 넣었다. 내가 심은 작물은 대체로 시들하게 자랐고, 나는 동네 친구를 하나둘 천천히 사귀었다. 그러다 깨달았다. 나를 효율성과 최적화라는 새로운 신념 체계의 정점에 올려다 놓고 여기까지 데려다준 기술이… 지금의 나에게는 도움이 되지 않는다는 것을.

―――

과도한 효율성에 대한 환멸은 나처럼 최적화에 발을 담근 사람이 아니더라도 많이들 공감할 것이다. 흔히 이 감정은 일상과 꽉 찬 일정의 압도감이 최적화로 해결할 수 없는 문제들과 정면으로 충돌할 때 불만감의 형태로 고개를 든다. 지금 내가 옳은 일을 하고 있나? 옳은 일은 대체 뭐지? 그리고 이 감정은 하늘 높이 치솟는 우울증과 불안증 발병률, 점점 가시화되는 공급망과 사회의 붕괴, 고비용의 대도시 직장 생활, 심지어는 결혼으로부터의 이탈 같은 증상으로 나타난다.

최적화 세계관은 현대 미국과 서양 대부분의 나라에서 다른 관점들을 앞질렀다. 추월 속도가 유독 빨랐다는 게 독특한 특징이다(그 자리에 계속 머물 수 있다는 점에서 유리한 특징이기도 하다). 지난 세기에 최적화는 지식의 지형을 인상적으로 장악했다. 기를 죽일 만큼 과한 MBA 용어들과 트레이드오프trade off(하나를 얻으려면 반드시 다른 것을 잃어야 하는 경제 관계—옮긴이), 시간 관리, 인센티브 같은 개념들을 예로 들 수 있다. 예측 모델이 불완전하다고? 외부 효과를 설명해주지 못한다고? 걱정할 것 없다. 빠진 부분을 보완해 상단 우측 사분면을 업데이트하면 된다. 모델에 가해지는 비판은 모델을 향상하는 쪽으로 족족 반영된다. 애초에 최적화가 필요한지에 대해서는 누구도 의문을 제기하지 않는다.

답을 구하는 혹은 시장 스스로 답을 구하게끔 하는 원형原型으로서의 최적화는 모두의 기억 속에서 오랫동안 미국을 지배해왔다. 우리는 신중하게 조율된 과정에서 진실이 생겨난다고 생각해버릇한다. 보통 그 과정은 시장을 의미하지만, 과학적 과정이나 법 체제, 알고리즘, 표준 운영 절차, 아니면 그저 논리적 결정을 가리킬 수도 있다. 이것의 문제와 오늘날 우리가 느끼는 불만감의 근원은 단순히 불확실성에 있지 않다. 치밀하게 계산된 과정의 약속과 현실 사이의 괴리감 때문이기도 하다.

누구에게 묻느냐에 따라 답은 달라질 테지만, 지금 우리는 불안의 시대, 나르시시즘의 시대, 제4의 전환 또는 제국의 몰락을 지나고 있다.[4] 신자유주의 질서와 성장이 끝나가고, 권위주의가 발흥하고, 암흑기 또는 기후 재앙의 서막이 올랐다. 종말의 감각이 깨어나고 있다. 〈포브스〉에 따르면, 밀레니얼 세대를 중심으로 '아포칼립스 이전pre-apocalypse'을 주제로 한 텔레비전 프로그램이 인기를 끌고 있다[5]고 한다. 최적화가 우리의 시간과 관심을, 심지어는 미래를 몽땅 집어삼켰다. 우리의 배와 일정을 두둑이 채웠으나 왜라는 질문에 관해서는 공백을 남겨놓았다.

어쩌다 이러한 시각이 형성되었고 왜 세상을 장악했는지 이해하려는 탐구심이 이 책의 원동력이다. 최적화는 어떻게 세상을 잠식했을까? 어느 지점에서 성공했을까? 왜 우리를 저버렸을까? 다음에는 무엇이 올까?

이런 질문들을 이해하기 위해서 밖으로 나가 차를 몰고 돌아다니며 사람들과 이야기를 나눠야 했다. 북부 평원에서 근근이 살아가는 단호하고 고독한 농부들을 만났고, 핵폐기물과 버려진 제트기를 감춘 남서부 사막의 연홍빛 그늘을 보았고, 말 농장들이 석탄 발전소와 물류 센터의 무한한 물결에 뒤덮이고 마는 켄터키주 언덕에서 눅눅한 체념의 정서를 느꼈다.

효율성이 우리의 주요 메타포가 된 데에는 독특한 미국다움이 있다. 효율성의 역설은 미국이라는 나라의 역설과도 일치한다. 효율성은 초기 교회에서, 공장 라인과 컴퓨터에서, 농장과 주간州間 고속 도로에서 자라났다. 그러다 세계로 수출되어 제조의 효율화를 위한 식스시그마Six Sigma 기법으로, 수력 발전 프로젝트로, 기록적인 초고층 건물로 한결 세련되어졌지만, 애초에 태어나 뿌리를 내린 곳은 이 대륙이었다.

도시론의 선구자 제인 제이컵스Jane Jacobs는 2004년 저서 《어두운 미래Dark Age Ahead》에서 말한다. "북아메리카 사람들은 효율성을 귀히 여긴다. 규모의 효율성을 발전시킨 민중 영웅들, 이를테면 엘리 휘트니Eli Whitney와 헨리 포드, 뒤이어 등장한 효율성 전문가 군단은 규모의 경제가 미국의 높은 생활 수준을 실현했다는 믿음을 오래전 북아메리카 정치인들과 대중에게 심어놓았다. 이는 부분적으로 진실이기도 하다."[6]

내 목표는 이 부분적인 신실과 민중 영웅들을 발견하는 것이었지만 그걸 최적화의 조건과 여건 아래서 하고픈 맘은 없었다. 무미건조한 사실과 수치, 도표, 광범위한 조사가 기록된 두꺼운 책에 관심이 없었다는 뜻이다. 이 책은 교과서도 정책 논문도 아니다. 나는 하나의 수학적 개념이 앞서 말한 몇 인물을 통해 우리 문화에 뿌리를 내린 과정을 추적하고 싶었다. 그들은 저마다 하나의 관점을, 새로운 측면을 제공한다. 존 더스 패서스John Dos Passos의 소설 《북위 42도선The 42nd Parallel》 서두에 등장하는 청년처럼, 나 역시 "U.S.A."는 "그곳 사람들의 언어"[7]에서 발견된다는 감각을 공유하며 순간의 미국을 스냅 사진으로 포착해 미국의 페르소나와 풍경과 소리를 담아내고 싶었다. 무엇보다 나는 이 이야기에 형체가 있다고 믿었다. 그러나 그건 방정식처럼 뚝딱 만들어낼 수 있는 게 아니었다. 수학적 모델의 설계자가 데이터에서 패턴을 발견하고 그걸 뒷받침할 추상적 지지대를 짓는 작업을 오가듯, 나 역시 생각의 뼈대에 살을 덧붙여줄 사람들을 만나야만 했다.

그렇게 길을 떠났다. 이러한 목소리와 현대 효율성의 성지聖地를 찾아 출발한 나는 마치 쇠퇴하는 종교를 연구하는 사람이 된 기분이었다. 최적화의 기념비들은 대개 추상적이고 눈에 보이지 않으며, 높은 보안 관문과 철조망 너머에 감춰져 있었다.

나를 놀라게 한 사실은 또 있었다. 만나본 사람들은 내가 시작한 이야기의 공백을 채워주었을 뿐 아니라, 이야기 자체를 바꾸고 또 그걸 바라보는 내 시각을 변화시켰다. 텍사스주의 석유 업계 거물은 성공을 거둔 최적화에도 크나큰 슬픔이 동반될 수 있음을 보여 주었다. 아메리카들소bison 개체 수 복원에 힘쓰는 쇼쇼니 부족의 생태 운동가를 통해서는 최적화를 되돌리기가 생각보다 어렵다는 사실을 배웠다. 다코타 평원에서 만난 농부들과 외지 노동자들은 농업의 대대적인 최적화를 몸소 겪는 동시에 저항하고 있다. 정리 전문가 곤도 마리에부터 철도 업계 거물 제임스 제롬 힐James Jerome Hill, 실리콘 밸리의 귀재부터 팬들 사이에서 라스트 나이프 파이터 Last Knife Fighter라고 불리는 텍사스주 싱어송라이터까지, 또 맨해튼 프로젝트에 참여한 폴란드계 미국인 물리학자부터 어느 섬의 빵집 주인까지, 어떤 식으로든 최적화에서 영향을 받은 사람들의 삶을 살짝 들여다보았다.

뒤에 나올 이야기들은 다년간 주고받은 서신과 대화, 어떤 경우에는 잡지 인터뷰와 텔레비전 프로그램, 자서전의 내용을 증류한 것들이다. 그 중심에는 역설이 있다. 최적화는 시스템이나 사회를 좀 더 완벽하게 만들겠다는 일념으로 오랜 세월에 걸쳐 발명되었다. 그러나 최적화에 푹 담가진 세상에서 오히려 정반대 일이 일어나는 것을 우리는 자주 목도하고 있다. 공장 라인은 생산의 효율성을 향상해 더 많은 사람이 더 많은 상품과 여가를 누릴 방법으로 홍보되었다. 하지만 부의 평등한 분배는 어느 때보다도 이뤄지지 않고 있다. 20년에 걸친 온라인 검색 알고리즘 최적화는 덜 알려진 아이디어와 상품을 발굴하는 데 도움이 되어야 했으나, 실제로는 원래 가장 유명했던 아이디어와 상품만 계속 더 주목받는다. 세상을 이해하는 방식으로서 최적화도 마찬가지다. 최적화할수록 그 관점에만 매몰되어 다른 방식으로는 무언가를 할 수도 볼 수도 없게 된다.

이 책을 구성할 이야기들을 찾아 길을 떠날 때에만 해도 가장 대표적인 사례만 찾으면 된다고 생각했다. 전형적인 사례들. 최고의 사례들. 어지러운 세상을 단순한 서사 구조에 짜 맞추기만 하면 될 줄 알았다. 또 내가 백지상태blank slate에서 시작한다고 생각했다.

그런데 작업하는 과정에서 이야기들이 각각 단절되어 존재하는 게 아니라 처음에는 미처 예측할 수 없는 방식으로 엮여 있다는 것을 알게 되었다. 아마존 불도저가 폐허 위에 건물을 올리고 있던 것처럼, 내가 생각보다 훨씬 더 최적화에 의존해왔다는 사실도 배웠다. 그것의 원리들이 더 이상 유효하지 않은데도 말이다.

뒤에 이어질 책의 내용은 크게 세 갈래로 나뉜다. 첫째로 최적화가 어떻게 기능하며 우리의 관점을 지배하게 되었는지, 그래서 우리가 무엇을 잃었는지 살핀다. 둘째로는 최적화 개념이 약해지기 시작한 과정을 탐색한다. 과도하게 최적화된 시스템이 결국 부러지고 마는 것처럼, 메타포로서의 최적화 또한 힘을 잃고 있다. 이 붕괴에 대한 반응은 크게 두 가지다. 하나는 문제 해결을 위해 더욱더 최적화를 좇는 것이고, 다른 하나는 이 관점을 깡그리 해체하려는 것이다. 이 두 가지 반응이 저마다 매력적인 이유와 그럼에도 불완전한 이유를 살필 것이다. 셋째 갈래는 최적화 이후에 무엇이 올지를 예측한다. 나는 앞으로 나아가야 할 길이 최적화를 마냥 거부하거나 더 강화하는 게 아니라, 그저 언제든 이용할 수 있는 메타포 정도로 여기는 선택에 달렸다고 믿는다.

나이가 지금의 절반이었을 때쯤, 동생이 바짝 약이 올라 나에게 이런 말을 한 적이 있다. "최적화에 그만 좀 집착해."

그때 우리는 잘 모르는 소도시를 걷고 있었다. 몇 시간 정도 여유가 있었고 몇 군데 둘러볼 곳이 있었다. 우리가 들를 곳은 식료품점과 장비 가게, 점심을 먹을 식당이었다. 스마트폰이 나오기 전이었고, 우리는 지도도 가지고 있지 않았다. 나는 되도록 시간을 적게 들여 목적지를 다 방문할 가능성이 극대화되는 경로를 수다스럽게 계획했다. 그러자 동생은 그냥 입 다물고 느긋하게 여유를 즐기라고 했다.

동생이 옳았다. 화창한 그날에 우리가 해야 할 일은 좋은 날씨와 산책과 대화를 즐기는 것 말고는 딱히 없었다. 최적화를 좇아야 할 이유가 없었다.

한편으로 동생의 충고는 내 안에 질문을 일으켰다. 과연 최적화의 대안은 무엇일까? 가장 적합하지 않거나 나쁜 경로를 고르는 것은 물론 아니었다. 철저히 무작위로 선택하는 것도 아니었다. 분명 우리는 약간의 방향 감각을 발휘해 점심을 먹으러 어디든 들렀을 것이다. 별로인 듯한 식당은 지나가고, 배가 출출해질 때쯤 괜찮아 보이는 식당이 나타나면 들어가는 식으로 말이다. X분 동안 검색하고 나서 발견한 최고의 장소를 선택하는 것과 같이 알고리

즉적으로 중간값을 고르는 것과도 달랐다.
 대안은 최적화를 한껏 받아들이는 것도, 그에 저항하는 것도 아니었다. 그냥 깔끔하게, 효율성의 언어를 일체 내려놓는 것이었다.

차례

머리말   5

1장   다시 찾은 평면 세계   23
2장   라스베이거스를 떠나며   61
3장   고지대 사막의 교회   103
4장   메타포의 붕괴   137
5장   가짜 신들   165
6장   최적화의 배반   207
7장   골드러시가 끝나고   237
8장   바빌로니아   265

감사의 말   287
주   289

1장

다시 찾은
평면 세계

노스다코타주 그랜드 포크스의 철제 헛간 옆에 두 남자가 서 있다. 큰 키에 살짝 구부정한 쪽은 농부 밥이다. 작고 다부진 체격은 방랑 노동자 로저다.

2015년 4월 초 어느 한산한 날, 몇 킬로미터 떨어진 곳에서 공장 하나가 김을 내뿜고 있다. 작년에 수확한 사탕무가 추운 겨울부터 그대로 바닥에 쌓여 있다. 공장 안에 복잡하게 얽힌 컨베이어 벨트와 증기관이 사탕무를 설탕으로 정제한다. 정제된 가루는 깔때기로 들어가 자루에 담긴다. 자루는 상자째 포장되어 화물 운반대에 쌓이고 철도 차량에 실려 전국으로 운반된다.

한 세대 전만 해도 그랜드 포크스를 드나드는 열차는 하루에 열 대가 채 되지 않았다. 이제는 마흔 대가 넘는다. 그중에는 서쪽의 바켄 유전에서 석유나 노동자들을 실어 나르는 열차도 있다. 나머지는 설탕을 운반한다. 석유처럼 설탕도 보호 대상 원자재이자 워싱턴 DC에서 자금이 가장 많이 투입되는 로비 분야 중 하나다.[1]

밥은 일평생 워싱턴에 가본 적이 없다. 그러나 역사에는 늘 관심이 많다. 설탕과 국가 안보는 떼어놓을 수 없다는 것이 그의 지론이다. 나폴레옹은 항구가 연달아 봉쇄되어 설탕 공급이 위태로워지자 프랑스 내에 설탕 공장 수백 곳을 지으라고 명령했다. 공급을 통제하는 것은 한 국가를 통제하는 것과 같다. 현재 미국 정부는 설탕의 80퍼센트를 반드시 국내에서만 만들도록 의무화했고 가격을 보장하고 있다.

80퍼센트 중에 약 절반이 다코타 평원에서 자라는 사탕무에서 온다. 나머지 절반은 플로리다주와 루이지애나주에서 짙은 남부의 열기를 받아 무럭무럭 자라는 사탕수수로 만들어진다. 냉랭한 평원과 습한 늪지대의 세상은 서로 동떨어져 있다. 노스다코타주 북동부 끄트머리에 자리한 레드 리버 밸리는 마치 바다처럼 뻗어나간다. 긴 겨우내 맥없이 하얗게 얼어 있다가 눈이 녹기 시작하면 그제야 연한 베이지색이 된다. 한여름에 경작지는 진한 녹색으로 물든다. 무한의 음영 같은 도로가 평지를 양분하고, 이따금 붉은 헛간 몇 채가 지평선 위로 솟아 있다.

밥의 가족은 여섯 세대에 걸쳐 땅을 경작해왔다. 낡은 헛간에 주차된 트랙터는 조부의 것이었다. 밥은 야구팀의 기록을 읊는 팬처럼 누가 어느 땅을 언제 누구에게 팔았는지 늘어놓는다. 힘든 시기를 지나오면서 그는 버티는 법을 배웠다. 하지만 논밭이 내려다보이는 아담한 사무실에서 그가 그리는 미래는 과거와 변함없이 감미로운 박자에 맞춰 펼쳐진다.

 청량한 4월의 아침, 다가올 1년 동안 밥의 삶이 크게 달라지리라고는 아직 상상이 가지 않는다.

 밥은 겨울철에 농사 장비를 보관해두는 창고로 느릿느릿 걸어간다. 얼마 후 그는 엄숙한 루터교 예배에서 주름진 얼굴을 숙이고 운율에 맞춰 죄와 구원의 말씀을 암송한다. 이야기는 새로울 게 없다. 두 세대 전만 해도 교회 신도의 절반이 땅을 갈던 사람들이었다. 이제는 자리를 거의 다 채운 신도들 가운데 농부는 밥이 유일하다. 젊은 층은 하나둘 수시티나 미니애폴리스로, 아니면 더 먼 지역으로 떠났다. 석유 붐이 시작되자 청년들은 서쪽으로 가서 몇 주씩 돌아오지 않았다. 그곳의 벌이가 짭짤했기 때문이다. 사업을 물려줄 자녀가 사라진 부모들은 기를 쓰고 지키던 농장을 헐값에 처분해야 했다. 아들딸이 돌아와 시내 사무실로 출근하면서 돼지 몇 마리 또는 작물 몇 줄을 기르게 될지도 모르지만, 그들의 자녀는 기회만 주어진다면 그랜드 포크스에 붙어 있으려 하지 않을 것이다. 밥을 비롯해 교회 사람들은 대부분 머리가 하얗게 세었거나 아예 없다.

 농사일은 그냥 직업이 아니다. 땅과의 결합이자 세대를 묶는 가닥, 전통을 이어가는 수단이다. 밥은 사업 승계 계획을 짜느라 열심이다. 자식들이 아무도 농사를 짓지 않는다고 말하는 그의 얼굴에 주름이 깊어진다. 그는 가족을 책임져야 했기에 거창하게 세웠던 농장 경영 계획을 축소했노라고 담담하게 고백한다.

목사의 말에 신도들이 기립한다. 2015년, 사탕무 농사는 수익성 좋고 탄탄한 산업을 이루고 있으나 그 존재의 근간은 워싱턴 DC 로비 세력과 땅을 가는 몇몇 농가의 힘에 달렸다.

헛간 옆에 서 있는 또 다른 인물 로저는 태평한 이야기꾼으로 한곳에 몇 년씩 머물지 않는다. 보통 그의 나이대가 되면 어딘가에 정착하기 마련이지만, 로저와 아내 샬럿은 캠핑카를 끌고 일할 곳을 찾아 미국을 떠돈다. 가을에는 노스다코타주에 와서 밥을 도와 사탕무를 수확한다. 가끔은 봄에도 와서 파종하기 전에 남은 것들을 처리하는 작업을 거든다. 텍사스주 유정油井에서는 경비 일을 보고, 캔자스주에서는 건초 압축을, 서부 일대에서는 가축 사육과 목장 관리를 한다. 10대 시절에 두 사람은 건초 덩어리 하나당 2센트를 받았다.

로저는 샬럿을 처음 만난 순간을 기억한다. "평생 본 사람 중 최고로 예쁜 여자가 자기 가족의 농삿집 계단에 서 있었죠. 집 뒤편으로 넓은 옥수수밭과 유정 세 곳이 보였습니다. 그 여자와 결혼하고 싶었고, 그러면 부자가 될 줄 알았어요. 그런데 후자는 착각이더군요." 농지와 채유권은 큰돈이 되지 못했다.

10월이 되면 부부는 노스다코타주로 돌아온다. 남아 있는 젊은 남성 인력은 대다수가 바켄 유전에서 돈을 벌어 근근이 살아간다. 과거에 성했던 그곳의 임금은 눈에 띄게 낮아졌지만, 여전히 그랜드 포크스보다는 훨씬 벌이가 좋다. 이제 사탕무 수확은 로저처럼 캠핑카에서 생활하는 은퇴자들의 노동으로 돌아간다. 로저가 차를 몰기 시작하자 라디오 소리가 그의 말소리를 뒤덮는다. 내용은 멕시코와의 무역 분쟁이다. 식품 가공 대기업들이 플로리다주에서 사탕수수를 더 많이 공급받을 생각이란다.

로저와 밥의 배경은 아주 다르다. 한 명은 근엄한 농부이고, 다른 한 명은 명랑한 방랑자다. 그러나 두 사람의 인생은 21세기 최적화 사상에 의해 결정적으로 형성되었다는 점에서 닮았다.

―――

최적화란 무엇인가? 수학 방정식과 공장 라인을 떠올리게 하는 단어이지만, 어원은 생각보다 단순하다. 라틴어로 최선을 의미하는 optimus 또는 optimum이 18세기에 프랑스어 optimisme으로 정착해 어느 상황에서든 최선을 생각하는 경향성을 뜻하게 되었다. 신의 선함을 논한 철학자 고트프리트 라이프니츠Gottfried Leibniz의 사상에서 갈라져 나온 이 단어는 다소 논란을 촉발한 소설을 통해 금세 대중적인 단어로 자리를 잡았다.

볼테르의 《캉디드》[2]는 1759년 익명으로 출간되자마자 신성 모독을 이유로 금서가 되었다(작가의 정체도 얼마 못 가 들통났다). 주인공 캉디드는 불운의 인물로 1755년 리스본 지진 같은 실제 사건들을 닮은 비극을 연달아 겪는다. 주변 사람들도 마찬가지인데, 개중에는 우스꽝스러운 팡글로스 박사도 있다. 불행이 닥칠 때마다 팡글로스 박사는 자신들이 가능한 모든 것 중 최선의 세상에 살고 있으므로 캉디드의 상황이 여기서 더 암울해질 리 없다고 주장한다. 한마디로 팡글로스는 낙관주의 철학을 옹호한다. 팡글로시안Panglossian은 지나치게 낙관적으로 익살을 부리는 사람을 일컫는 말이 되었다.

당대 독자들도 분명 눈치챘겠지만, 팡글로스는 라이프니츠를 모델로 했다. 그 철학자는 신이 창조한 세상은 존재할 수 있는 세상 중 최선의 세상이며, 그것이 신이 선하다는 증거이자 결과라는, 일종의 순환 논증을 펼쳤다. 볼테르는 라이프니츠의 추론을 비웃으며 오늘날 최적화에 유용한 정의를 확립한다.

가판대를 차려 가능한 모든 것 중 최선의 레모네이드를 팔게 되었다고 해보자. 뭘 해야 할까? 일단은 무엇이 최선인지를 정의해야 한다. 당신이 정의할 최선의 레모네이드는 가장 달콤한 맛, 가장 새콤한 맛, 아니면 달콤하고 새콤한 맛이 조화롭게 섞인 맛일 수 있다. 일정 수치 미만의 설탕 함유량 또는 일정 수준 이상의 산도를 지키고 싶을 수도 있다.

식료품 저장실에 무엇이 있는지 살피기도 해야 한다. 설탕이 두 컵뿐이라면? 레모네이드를 적게 만들 수밖에 없다. 사용할 레몬이 4.5킬로그램은 되는가? 옥수수 시럽을 빌려 와야 하나? 무더운 날 야외에 목마른 손님이 100명이나 줄을 서 있다고 해보자. 이때 최선의 레모네이드는 무엇일까? 아마도 더 톡 쏘거나 물을 더 섞은 레모네이드일 것이다.

최적화의 핵심에는 이런 문제들이 있다. 그리고 그것들이 식료품 재고부터 항공사 운영 일정까지 세상의 모든 것을 극대화하는 첨단 소프트웨어 이면의 기본 틀을 이룬다. 첫째로 이상적인 레모네이드, 즉 목적 함수를 정의할 것. 다음으로 다뤄야 할 재료, 즉 매개 변수를 살필 것. 마지막으로 제약 조건을 고려할 것. 역동적인 시스템이거나 비선형적인 관계일 때 혹은 목적이 하나 이상이거나 데이터 집합이 아주 클 때, 상황은 좀 더 복잡해진다. 그러나 밑에 깔리는 원칙은 변함없다.

최선의 레모네이드를 찾아가는 과정은 그 자체로 최적화이며, 지난 몇 세기 동안 개발된 여러 기술 중 하나를 이용해 수행된다. 최선의 레모네이드 알아내기는 레몬 두 개 + 설탕 4분의 1컵 + 물 네 컵이라고 조리법을 적는 것처럼 아주 단순할 수도 있다. 아니면 동네 물가, 시식, 세계 레몬 수급 전망 등의 데이터 포인트를 토대로 최선의 결과를 반복적으로 찾아내고자 수백만 건의 계산을 가동하는 컴퓨터처럼 복잡할 수도 있다.

레모네이드 가판대가 성공을 거둬 첫 손님 100명이 갈증을 풀었다고 해보자. 뿌듯하겠지만 한편으로 궁금해질 것이다. 과연 당신의 레모네이드는 가능한 모든 레모네이드 중에서 최선일까? 가능한 모든 것 중 최선의 레모네이드를 대체 어떻게 정의한단 말인가? 라임이나 라즈베리 같은 재료가 들어가도 여전히 레모네이드일 수 있는가? 레몬이 풍부해 가격이 저렴하거나 향이 특출나게 좋은 나라에서 만들어지는 레모네이드와 당신의 상품을 비교한다면? 레몬이 개당 50달러가 되면 방정식은 달라질까? 아니면 가격을 신경 쓰지 않을까?

이 모든 고려 사항이 최적화의 중요한 단면들을 보여준다. 함수의 범위는 어디까지이며, 그것의 완수 시점을 어떻게 알 수 있는가? 새로운 문제를 해결하기 위해 매개 변수와 제약 조건을 갱신하는 시점은 언제인가? 도출한 최적화가 다른 지역이나 상황에 얼마나 보편적으로 들어맞는가? 최적화의 과정을 어느 정도까지 미리 계획하고 고정할 수 있는가? 변화 속도가 너무 빨라 못 박아두려고 해도 소용없는 건 아닐까?

레모네이드 사례는 최적화가 특정 맥락에서 유독 잘 작동하는 이유도 보여준다. 설탕과 레몬 가격이 안정적이라면, 레몬밭을 소유했고 깨끗한 물을 마음껏 쓸 수 있다면, 고객층의 레모네이드 취향이 천 년 동안 변치 않는다면, 변수가 생겨날 일이 없다면, 그렇다면 구체적으로 정해진 레모네이드 조리법을 따라 큰 사업을 벌여도 말이 된다. 조건이 좀 더 가변적이라면 큰 규모와 고정된 방식으로 사업을 꾸리기보다 소규모의 레모네이드 가판대가 나을 것이다. 반면 몸집을 키운다는 건 생산량을 늘리기가 쉽다는 뜻이 된다.

이렇듯 단순한 최적화 과정은 몇 세기에 걸쳐 조금씩 정교해졌고, 그걸 중심으로 형식적인 수학이 발전했다. 최근 몇십 년 사이에 크게 진보한 컴퓨팅은 계산, 변수 테스트, 반사실적反事實的 추론의 규모를 바꾸어놓았다. 핵심에 놓인 발상, 즉 가능한 모든 것 중 최선의 세상을 찾자는 생각은 화물선 일정 조율부터 디지털 광고 경매, 신약 개발, 자동차 생산까지, 실로 멀리, 또 넓게 적용되었다. 미국 농업의 규모가 커진 중심에도 이 생각이 있다.

―――――

인류는 수천 년 동안 농작물을 길러왔다. 농부들, 나중에는 생물학자들이 적은 토지와 노동으로 더 많은 식량을 생산하려고 체계적인 방식을 도모했다. 그러나 최적화가 농업에서 본격적으로 힘을 얻어 추진되기 시작한 것은 20세기에 들어서였다. 그럴 수 있었던 이유는 중서부 농장 출신 노먼 볼로그Norman Borlaug 덕분이었다. 1914년 아이오와주에서 노르웨이 이민자의 손주로 태어난 볼로그는 대학에서 공부하고 외국을 여행하기 위해 가족 농장을 떠나기로 했다. 훗날 아이오와주의 어느 의원은,[3] 진위는 불분명하지만, 볼로그의 할아버지가 건넨 조언이 그를 움직였다고 주장했다. 그 조언이란 "나중에 배를 채우고 살려면 지금 머리를 채워야 한다"라는 거였다.

볼로그는 이 말을 가슴에 새기며 아이오와주에서 멀리 떠났고 임학林學과 식물 생물학을 전공해 학사, 석사, 박사 학위를 땄다. 볼로그의 '녹색 혁명'[4]은 세계의 현대식 농업에 중대한 혁신을 퍼뜨렸다. 볼로그는 왜성 품종을 길러 궂은 날씨에도 쉽게 쓰러지지 않고 인간이 아닌 기계가 수확하기에 더 쉬운 밀 품종을 만들었다.

교잡종을 부모 식물과 반복해 교배하는, 이른바 여교잡backcrossing 육종법은 병해 저항성을 크게 높였다.

볼로그는 타고난 매력과 작물학에서 거둔 성공으로 추종자들을 끌어모았다. 볼로그와 추종자들의 연구로 한 세대 만에 작물 생산성이 몇 배나 늘었다. 볼로그 덕에 10억 명이 굶주림에서 영구적으로 벗어날 수 있었다. 〈애틀랜틱 먼슬리〉에 추모 기사를 실은 과학 작가 그레그 이스터브룩Gregg Easterbrook은 이 농학자가 "세상 누구보다도 많은 목숨을 살렸다"[5]라고 평가한다. 볼로그는 널리 칭송받았으며 노벨 평화상을 받기까지 했다. 그의 연구는 학계뿐 아니라 농기술 회사의 상업적 시도에도 지대하게 영향을 미쳤다.

그러나 농업을 넘어 현대 세상을 통째로 영영 바꾸어놓은 것은 자연을 바라보는 볼로그의 시각이었다.

볼로그의 고향 바로 북쪽으로 밥을 비롯한 사탕무 협동조합 농부들이 수백 년 동안 경작해온 땅이 있다. 이 대초원 지대는 서쪽의 몬태나주와 아이다호주에서 뻗어나와 아래에 있는 콜로라도주 북부까지 살짝 내려갔다가 동쪽으로 노스다코타주와 사우스다코타주를 지나 미네소타주로 이어진다. 미국의 사탕무 작물은 대부분이 노스다코타주 파고에서 한 시간 북쪽으로 올라가면 나오는 레드 리버 밸리에서 재배된다.

그곳에서는 협동조합들이 지역 사회를 관리하고, 가족 농장들이 여전히 토지를 소유한다. 여러 세대를 거치면서도 변한 건 많지 않다. 그러다 20세기 말부터 서서히 농장이 통합되기 시작했다. 몇 가지 동향이 낳은 결과였다. 첫 번째, 식물 육종의 혁명으로 새로운 종자와 기술이 등장한 결과, 적은 수의 농부가 더 많은 토지를 경영하는 게 가능해졌다. 나머지 농부들은 벌이가 더 좋은 일자리를 구하러 도시로 떠났다. 두 번째 요인인 농장의 수입 감소로 이미 많은 수가 일자리를 찾아 떠난 터였다. 그리고 원자재 시장 혁신으로 농부의 작물을 누가, 어떻게, 얼마에 사들이는지가 달라졌다. 투기는 불확실성을 낳았다. 수익이 줄자 땅값이 비싸졌다.

 농장 경영주들은 양쪽에서 압박을 느꼈다. 고정 비용이 늘고 곡물 가격이 내려가면 농장은 몸집을 불리거나 사업을 접어야 했다. 레드 리버 밸리의 농부들은 해마다 사탕무를 재배하기 위해 전통적인 사모작을 포기했다. 기존의 돌려짓기 농법대로면 한 가지 작물이 토양의 양분을 소모해도 그다음 작물이 도로 채워 넣는다. 농부가 부담하는 위험은 여러 먹거리에 분산된다. 날씨가 안 좋아 콩 농사를 망치더라도 밀 농사는 성공할 수 있는 것이다. 반면 단일 작물을 재배하는 농장은 해충과 잡초가 더 많이 꼬이고, 결과적으로 더 많은 위험에 노출된다.

 농업이 왕성해지면서 잡초를 물리치기 위한 무기 경쟁도 빨라졌다. 종자 회사들은 병해 저항성이 높게 개량된 새 품종을 개발하려고 식물 유전학자와 화학자를 팀으로 고용했다. 과학자들에게 아쉽지 않을 만큼의 임금을 주어야 했기에 종자에 비싼 가격을 매겼다. 이전 세대보다 열 배나 넓은 땅을 관리하게 된 농부들은 과거처럼 혼자 힘으로 잡초를 감당할 수가 없었다. 그래서 농학자들과 고문顧問들을 고용했고, 대량으로 제초제를 살포했다. 그러는 동안 화학 회사들은 제2차 세계 대전 군수품을 위해 제조되어 남아돌던 암모니아에서 커다란 기회를 포착했고, 토지 무상 불하 대학들(연방 정부 법령에 따라 캠퍼스 부지를 국가로부터 제공받은 대학들—옮긴이)은 작물 생장에 영향을 주고받는 영양분에 관한 연구를 주도했다. 그 결과, 새로운 종류의 화학 비료가 등장했다. 면적당 수확량이 증가했다.

1950년대에 미국 농무부 장관 에즈라 태프트 벤슨Ezra Taft Benson은 농부들에게 이런 말을 남긴 것으로 유명하다. 커지지 않을 거면 나가라.[6] 시간이 지날수록 이 지침은 점점 더 예언 같아졌다.

수확량이 많아진다는 건 농부들이 시간을 더 적게 들여 돈을 더 번다는 뜻이었다. 농부들은 고급 장비에 투자하기 시작했다. 수확 기계에 맞춰 작물이 재배되었고, 현대 작물에 맞춰 수확 기계가 설계되었다. 고문들이 어떤 종자를 살지 조언했고, 그들이 추천하는 기법을 따르려면 장비가 필요했다. 중서부 농부들은 조금씩 손톱에서 흙모래가 빠졌고 피부가 뽀얘졌다. 이제는 논밭보다 사무실에서 더 많은 시간을 보냈다. 최선의 품종을 고르고, 선물先物 거래를 고민하면서.

밥은 말한다. "맡은 일이 많아요. 가끔은 몇 가지를 동시에 해내야 하죠."

종자 회사의 과학자들은 볼로그의 혁명을 이어받아 수확량을 더 늘릴 품종의 최적화를 진행했다. 1980년대와 1990년대에 이르러서는 가뭄, 서리, 해충에 저항하는 유전자 스플라이싱splicing으로 전통적인 육종 기법을 한층 확대했다. 또 다른 과학자들은 작물을 죽이지 않으면서 잡초를 퇴치하는 화학 물질을 개발했다. 경영진이 그랬듯 과학자들도, 농부들이 노동을 덜어줄 종자에 후한 값을 치르리라는 것을 알고 있었다. 그 대가로 화학 물질이 인간의 건강을 해치고, 기계가 토양을 고갈시키고, 비료가 상수도 하류까지 흘러들었지만, 한동안 그런 것들은 가뿐히 간과되었다.

우리도 과학자들과 밥 같은 농부들처럼 이 점을 놓쳤다. 아이러니한 부분은 트레이드오프를 정밀하게 추적하는 데 적합한 언어 역시 최적화의 산물이라는 것이다. 열 배 비싼 기계를 사용하면 수확에 드는 시간이 열 배 감소했다. 유기농 품종은 비싸고 시간도 더 들었지만, 그만큼 높은 값에 팔렸다. 이 모든 계산이 스프레드시트에 기록되었다. 종자 회사의 과학자들은 자신들의 상품이 환경에 일으킨 트레이드오프를 측정하지 않았지만, 대가는 보란 듯 하류에 가시적으로 나타났다.

무언가 얻는 게 있으면 그로 인해 잃는 것도 정량화할 수 있다. 문제는 우리가 잃은 것이 최적화의 트레이드오프를 묘사할 언어 자체라는 점이었다.

―――

볼테르가 풍자한 '가능한 모든 것 중 최선의 세상' 개념은 팡글로스 박사가 제자 캉디드에게 닥친 여러 비극을 사후적으로 설명하려고 가져온 것이었다. 반면 최적화를 선택한 우리는 가능한 모든 세상을 상상하고 그중 최선의 것을 신중하게 평가하며 미래를 내다본다. 어떻게 하면 적은 돈을 들여서 면적당 설탕을 더 많이 생산할 수 있을까? 25만 달러를 주고 새 트랙터를 사면 노동 비용을 얼마나 줄일 수 있을까? 최선의 레모네이드를 대량으로 만드는 데 최선의 조합은 무엇일까?

규모. 더 많이. 더 좋게. 더 빨리. 이러한 표현이 익숙한 이유는 이것들이 비즈니스뿐 아니라 일상의 언어까지 지배하고 있기 때문이다. 해마다 휴대폰 약정은 우리에게 더 많은 데이터와 더 빠른 속도를 약속한다. 헬스장 체인과 다이어트 식단은 되도록 빨리 더 좋은 결과를 가져다주겠다고 한다. 소도시에서 아이스크림을 파는 사업가는 "그래서 규모는 어떻게 키울 건데?"라는 질문을 피할 수 없다. 최적화는 서구 사회를 사는 우리가 세상을 바라보는 렌즈가 되었다. 이 렌즈는 일련의 원칙과 가정 위에 세워져 지난 300년 동안 제법 큰 변화를 여럿 일으켰다.

그중 하나가 물질적 변화다. 우리는 갈수록 세상을 쪼개어서 시간, 직무, 단계별로 분화해 바라본다. 비교 우위에 관해 이야기하고, 실적을 논하고, 생산성을 추적한다. 식단과 육아 루틴을 어떻게든 더 효율적으로 다듬는다.

또한 최적화는 우리의 초점을 관찰에서 통제로 옮겨놓았다. 우리는 갈수록 자연을 활용하고 주변 세상을 설계하고 싶어 한다. 측정하지 못하면 경영할 수가 없다고들 한다. 경영의 목표는 하나의 시스템 또는 사회를 향상하는 것 또는 최적화하는 것이다.

무엇보다 최적화는 세상을 이해하는 방식을 바꾸었다. 기적과도 같은 발명품들로 자연을 능수능란하게 통제하게 되면서부터 우리는 마치 모든 문제를 해결할 수 있으리라 지레짐작한다. 계속 상승하는 운명을, 더 높은 것을 향해 앞으로 나아가는 진보를 기대한다. 성장이란 좋은 것이며 우리가 설계한 세상이야말로 가능한 모든 것 중 최선의 세상이라는 믿음을 한껏 끌어안는다.

이러한 기세는 20세기 미국 농업에서 단연 두드러졌다. 역사학자 폴 콘킨Paul Conkin은 저서 《농장에서 일어난 혁명A Revolution Down on the Farm》에서 농업의 생산성이 다른 산업의 생산성을 세 배 가까이 웃돌았다고 요약한다. "1950년 이후로 비농업 분야의 시간당 노동 생산성이 2.5배 증가하는 동안 농업 분야는 일곱 배가 증가했다." 이뿐 아니라 "1950년부터 1970년까지 한 세대가 지나는 동안 농업 종사 인력은 약 절반이 감소했으나 총 상품 가치는 대략 40퍼센트가 증가했다." 한마디로 우리의 먹거리를 생산하는 산업이 효율성에 가장 극적으로 이바지했다.[7]

허풍스러운 팡글로스 박사가 세상의 모든 비극이 알고 보면 최선이라 주장하고, 이에 캉디드가 내키지 않지만 "우리의 정원은 우리가 가꾸어야지요"라고 대꾸하는 것으로 볼테르의 소설은 끝이 난다. 누군가는 캉디드의 발언을 냉소적인 허무주의의 정점으로, 다른 누군가는 자연으로의 낭만적 도피이자 정원 가꾸기가 상징하는 점진적 노동의 의미로 이해한다.

세계 원자재 시장에 작물을 내놓는 농부로서 밥은 고전적인 방식의 농법에 누구보다 친숙하다고 할 수 있다. 다코타 지역은 아래에 위치한 중서부만큼 토양이 비옥하지 않고 생장철이 짧다. 4월이나 5월까지도 얼어붙었다가 10월이 되면 다시 기온이 뚝 떨어진다. 다코타 지역에서는 몇 안 되는 농부들과 밥이 사탕무뿐 아니라 마른 콩과 밀도 재배하고 있다.

그런데 밥에게는 남다른 점이 하나 있다. 유전자 변형 생물Genetically Modified Organism, GMO을 줄기차게 반대하고 있기 때문이다. 최근 몇 년 동안 레드 리버 밸리는 유전자 변형 종자를 서서히 받아들였으나 밥만큼은 예외였다. 이 선택은 밥의 농장은 물론 지역 일대의 미래를 좌우하게 될 것이다.

나를 노스다코타주로 처음 이끈 것은 최적화 서사였다. 최적화 프로젝트의 중심에 농업이 있는 데다 이곳의 삭막한 풍경도 매력적이었다. 내 눈에는 이런 풍경이 새로운 생각을 낳을 비옥한 땅처럼 보인다. 그런데 다코타 지역은 북아메리카의 잊힌 땅이라고 할 수 있다. 벽돌로 지어진 식당과 옛 공장 터에 세워진 미술관으로 활기찬 도시 파고의 어느 박물관에 들러 바켄 유전에 관한 사진전을 감상해본다. 전시장을 채운 흑백 사진에는 대형 기계들, 밤하늘을 밝히며 타오르는 굴뚝, 설원을 배경으로 두툼한 파카를 입은 노동자들의 모습이 담겼다.

원래는 밥과 그의 가족에 관해, 조금씩 쇠퇴해가는 지역과 일상에 관해 짤막한 영상을 제작해보려고 했다. 포장된 설탕은 미국 전역의 식탁에 풍미를 입히지만, 레드 리버 밸리에 관해 들어보았거나 자신들이 섭취하는 설탕이 어디서 만들어지는지 아는 사람은 거의 없다. 나는 밸리 지역의 농부들과 시간을 보냈고, 일대의 농장과 공장을 관리하는 협동조합 아메리칸크리스털슈거American Crystal Sugar의 간부들, 또 워싱턴 DC에서 활동하는 이 조합의 로비 단체 사람들과 대화를 나누었다. 플로리다의 사탕수수 농장을 방문했고, 교회 예배에 참석했으며, 밥이 다니는 교회의 신도들을 만났다. 밥은 닳지 않는 너그러움으로 나를 자신이 사는 세상으로 안내해 자신의 고충을 보여주었다. 나는 궁금한 게 많았지만 약간의 거리를 유지했다. 개인사에 관해서는 거의 아무것도 털어놓지 않았다.

  질문을 하는 쪽은 나라고만 생각했다. 그런데 교회 예배를 마치고 어느 날 밥에게서 교회에 등록할 생각이 있느냐는 이메일을 받은 순간에야, 나에게만 사명이 있는 게 아니란 걸 알았다.

———

  녹색 혁명은 10억 명의 생명을 살리며 성공을 거두었으나 대가가 따랐다. 집중적인 작물 육종으로 수많은 나라에서 굶주리는 인구와 잘 먹는 인구 사이에 격차가 생겼다. 효율성의 신격화가 일어난 미국에서는 토양에 쉼과 재생을 부여하는 전통 농법이 아예 폐기되어버렸다. 수확량을 늘리는 데 집중하면서 농업과 농부가 단절되었고, 농부와 땅, 장소가 분리되었다. 아마도 가장 해로운 변화는 작물 구매자들이 저렴한 가격에 제공되는 풍부한 수확량에 익숙해지면서, 이러한 현상에 맞춰 시스템 전체가 변형되었다는 것이다.

영세한 빵집들이 전문화된 공장으로 성장했다. 이제는 한 동네에서만 빵과 페이스트리를 파는 게 아니라 더 큰 세상을 상대했다. 그러려면 새로운 수송 방식이 필요했고, 식료품점 체인과 협의하고 소비자에게 홍보하는 방식도 달라져야 했다. 소비자의 취향도 바뀌었다. 식량 생산이 전문화되면서 가격이 내려갔다. 패스트푸드가 등장했다. 일상이 달라졌다. 동네 맥도날드에서 식사하는 값이 워낙 저렴하니 더 이상 집에서 점심을 싸 갈 필요가 없었다. 회사에 구내식당을 둘 필요도 없었다. 결말은 모두가 알고 있다. 창고형 매장과 패스트푸드 프랜차이즈가 급속히 불어났고, 동네 가게들은 허덕였다. 돌이키기란 힘들었다.

20세기 후반과 21세기 초반, 노스다코타주의 사탕무 협동조합들은 좀 더 큰 트랙터부터 수확률이 더 높은 종자까지, 느리지만 꾸준하게 기술 발전에 익숙해졌다. 변화는 상수常數가 되었다. 그래도 아직은 변화를 추적할 수가 있었다. 새로운 정보는 세대별로 기억되었다. 아버지가 이렇게 했다거나, 할아버지와 트랙터를 탔을 때 할아버지가 이렇게 하는 걸 봤다거나 하는 식으로 말이다. 과거에 대한 향수는 넓어진 집의 안락함, 자녀들의 대학 자금과 뒤섞여 옅어졌다. 변화의 속도는 놀라웠으나 아직 일상의 리듬과 엇

나가지 않았다.

그러다 갑자기 많은 것이 한순간에 달라졌다. 2015년 중순, 대다수의 설탕 협동조합이 GMO 사탕무만 재배하기로 의결했다. 제초제 라운드업Roundup을 견딜 수 있게 유전자를 변형한 종자로 작물을 키우겠다는 뜻이었다.

이 선택이 내려지기까지 수년의 논의가 있었다. 그동안 농부들은 멕시코 생산자들이 시장에다 설탕을 '덤핑'한 것에[8] 일부 기인한 가격 변동의 위협에 맞서야 했다. GMO를 옹호하는 쪽은 확실성과 경영 간소화를 논거로 들었다. 농부들은 굳이 비非GMO 종자를 심어 매주 화학 물질을 뿌릴 필요 없이, 계절마다 라운드업을 살포하기만 하면 되었다. 물론, 그렇게 하면 종자 회사가 책정하는 가격에 매이고, 선택할 수 있는 GMO 종류가 더 한정될 터였다. 기존의 농법과 종자 다양성도 일부 포기해야 했다. 그러나 적은 노동으로 수확량을 꾸준히 늘릴 수 있었다.

많은 협동조합원이 GMO를 선택했다. 종자 회사들의 독점 관행이 못마땅했지만, 결국 미래는 GMO에 있는 듯했다. 농부들은 몇백 년 동안이나 작물을 개량해오지 않았던가? 새로운 종자를 심으면 화학 물질을 덜 써도 되었다. 그게 옳은 방향 같았다.

일부가 이 선택에 의문을 제기했고, 한 사람은 끝까지 버텼다. 밥은 다른 미래를 보았다. 아니, 어쩌면 과거와 결별할 수 없다고 느꼈다. 밥이 보기에 GMO는 중요한 일대 변화이자 역사로부터의 이탈이었다. 그가 아버지와 할아버지에게서 배운 농법과 비교하면

낯설었고 다루기도 힘들었다. 라운드업에 관해서도 확신이 서지 않았다. 그는 무엇을 어디에 심고 논밭을 어떻게 관리할지 스스로 결정하는 게 좋았다. 모두가 단일 작물을 키우는 것도 마음에 들지 않았다. 종자 회사에 주어진 철권도 영 신뢰가 가지 않았다. 그는 자율을 바랐다. 심지어 매주 화학 물질을 뿌리는 일을 즐겼다. 앞으로 나아간다는 느낌을 받았기 때문이다.

요즘 소비자들은 소비자 건강이라는 또 다른 관점에서 GMO 문제에 익숙하다. 연구에 따르면, 라운드업은 인간 몸에 축적되어 해로운 영향을 일으킨다. 2021년 제약사 바이엘Bayer은 발암 제초제에 관한 배상금으로 100억 달러 이상을 내라는 명령을 받았다. 그러나 2015년 노스다코타주에서 이러한 염려를 하는 농부는 없었다. 설탕 협동조합의 워싱턴 DC 로비 단체가 작업장 회의에 나타났고, 농부들이 블로그와 트위터 계정을 개설해 농법 발전에 대한 기대감을 표현하게끔 유도했다. 젊은 연령대의 일부 조합원들은 기술을 적극적으로 받아들였으나 나머지 대다수는 전혀 다른 것을 걱정했다. 마을 회의에서는 과연 그들의 농장과 일상이 살아남을지가 전면적인 문제로 떠올랐다.

협동조합 경영진의 대응은 선명한 정치 노선들을 따라 논란을 일으켰지만, 사실 그 노선들은 오래전부터 얽히고설키며 흐려진 터였다. 협동조합 농부들은 연방 정부의 개입을 대체로 원치 않았으나 연방 보조금은 바랐다. 종자 회사들을 탓하면서도 그들에 의존했다. 옥수숫대와 걸레 막대도 구분 못 하는 "도시 사람들"을 비웃었으나 결국 그들을 고객으로 상대했다.

특히 GMO가 농업 전반에 어떤 의미인가 하는 문제 앞에서 노선은 흐려졌다. 나와 이야기를 나눈 농부들은 한 명도 빠짐없이 경제 논리를 훌쩍 초월하는 유대감을 땅과 맺고 있다고 했다. 상당수는 GMO 종자가 토양에 더 나은 방법일 수 있다고 믿었다. 한편 밥은 어쩌면 자신의 농법에도 부족한 점이 있으리라는 것을 인정했다. 그의 농법은 유기농이 아니었다. 땅을 그렇게 경작해서는 안 되었다. 매주 농약을 뿌려대는 것도 으스스한 구석이 있었다. 하지만 그렇다고 GMO가 해법은 아니었다. 그의 아버지와 할아버지에게 GMO는 필요하지 않았다. 요즘의 대형 트랙터와 전자 농장 기록부는 그들의 비웃음을 살 터였다. 그들은 4월부터 10월까지 연필과 종이를 챙겨 트럭을 몰며 계산하고, 심고, 살포하고, 거둠을 주었다. 밥도 정확히 그렇게 할 생각이었다.

최적화하면 무슨 일이 일어나는가? 우리는 해법을 발견한다. 규모를 키운다. 사업이 돌아간다. 그렇게 눈금 매겨진 발명의 결실에 익숙해진다. 밥의 농법처럼 새로운 GMO 종자도 처음에는 선별적인 육종을 통해, 이후로는 합성 비료와 대형 장비를 통해 오랜 세월 최적화된 결과였다. 트레드밀에서 내려오기란 힘들었다.

협동조합의 의결이 있고 이듬해, 사탕무 수확량이 급증했다. 수익도 치솟았다. 종자의 성능은 약속한 대로였다. 모두가 똑같은 일을 하기로 한 선택은 과연 좋았다. 아메리칸크리스털슈거 경영진은 행복에 겨웠다. 종자 영업 사원들은 뿌듯해하며 평원의 다른 지역으로 판로를 넓힐 방법을 궁리했다. 그들은 시나리오를 짰다. 분위기가 좋은 올해에 가격을 서서히 높여야 할까? 아니면 다음 철에 기습적으로 인상해야 하나?

그런데 다음 철이 돌아왔을 때 뜻밖의 일이 벌어졌다. 뉴욕이나 샌프란시스코를 가본 적이 한두 번이거나 아예 없는 그랜드 포크스의 농부들은 전혀 예상 못 한 일이었다. 한순간에 소비자들의 태도가 급변한 것이다. 건강을 유난스럽게 신경 쓰는 사람 혹은 연안 지역의 환경주의자나 걱정하던 문제들이 갑자기 대중화되었다. 결론은 내려졌다. GMO는 나쁘고 위험하다는 것. 연안 지역은 물론 내륙의 식료품 소비자들까지 비GMO 딱지가 붙은 상품을 찾았다. 허쉬 같은 대형 식품 회사들이 유전자 변형 성분을 줄이겠다고 발표했다. 설탕을 사다 쓰는 식품 제조사들도 거의 하룻밤 만에 돌변해 유전자를 변형하지 않은 플로리다산 사탕수수를 찾아 남쪽으로 시선을 돌렸다. 사탕무와 달리 사탕수수 작물학은 유전자 변형을 쉽사리 받아들이지 않았다(결국 뒤늦게 연구가 이뤄져 현재는 미국을 비롯한 여러 나라에서 유전자 변형 사탕수수가 재배된다). 따라서 팬핸들panhandle 지역(한 구역의 일부가 거스러미처럼 좁고 긴 모양으로 다른 구역을 파고드는 지형을 말하며 여기서는 플로리다주 북서부를 가리킨다―옮긴이) 농부들에게는 애초에 선택의 여지가 없었다.

다코타 공장들은 당황했다. 공장 밖에 사탕무가 계속해서 쌓여갔다. 2016년 수확은 분명 나쁘지 않았고, 가격도 문제없이 유지되고 있었다. 그러나 조짐이 심상치 않았다. 빠르게 변화를 감행하지 않는다면, 레드 리버 밸리의 농사 전통은 물론, 농부들의 일상과 로저 같은 외지 노동자들의 생계, 지역 교회들과 카페들, 그리고 이제는 도시에서 고향으로 절대 돌아오지 않을 성인 자녀들 모두에게 이런 상황은 종말의 서막이었다. 밥은 약간의 자부심을 느꼈다. 결국 그가 옳았다.

하지만 정말 그럴까? 그는 최적화를 거부했을지 몰라도 어차피 가라앉는 배와 함께였다. 협동조합이 꽉 붙잡고 있는 한, 밥에게는 시장도, 비GMO 사탕무를 공급할 유통망도 없었다. 사탕무는 빠르게 분해되는 수크로오스 성분 때문에 일반 곡물처럼 저장해두거나 배에 실어 보내기가 곤란했다. 공장 밖에 냉동 상태로 쌓아두더라도 기껏해야 겨우내 몇 달 정도 버틸 수 있었다. 따라서 설탕 생산은 반드시 지역 내에서 이루어져야 했다. 그러나 비GMO 작물을 기르는 농부들이 더 합류하지 않는다면, 밥이 기른 보잘것없는 양의 작물만 따로 가공해줄 공장은 레드 리버 밸리에 없었다. 게다가 밥은 여섯 세대 동안 이어진 농장의 승계 계획조차 마땅히 없었다.

———

우리는 농부가 아니지만 밥의 노동이 본 결실을 소비하고 있다. 아침 커피에 설탕을 섞고, 머핀과 빵과 쿠키와 케이크에도, 고기와 채소에도 넣는다. 설탕은 우리가 거래하는 주식과 납부하는 세금의 가치에도, 의료 보험에도 들어가 있다. 알래스카부터 메인까지 어디서든 카페와 식탁에서 포장된 설탕을 볼 수 있는 것은 층층이 이뤄진 최적화의 결과다.

사탕무와 사탕수수는 면적당 수확량을 극대화하기 위해 어느 때보다 대규모로 재배되며, 식량 생산에 투입되는 인간 노동과 물질 에너지의 양을 최적화하기 위해 갈수록 커지고 자동화되는 장비로 수확되어 끊임없이 돌아가는 공장에서 가공된다. 수송 방식도 기록적으로 짧은 시간 안에 작물을 생산자들에게 전달할 수 있도록 최적화되었다. 단순히 도로를 짓고 철도를 까는 것을 넘어 교통수단과 운전자들이 가장 빠르고 저렴한 경로로 다닐 수 있게 일정을 조율하는 것도 최적화의 일환이다. 식료품점과 식당은 물자를 비축하지 않고 원할 때 언제든 주문해 선반이나 창고에 묵히는 시간을 최소화할 수 있다.

시장은 거의 실시간으로 돌아가고, 상품 가격은 날씨 예보나 소비자 동향에 따라 달라진다. 제빵사는 더 이상 변질이나 도난의 위험을 무릅쓰면서 수확 철에 맞춰 물자를 몽땅 사들일 필요가 없다. 농부는 시장에 물량이 넘쳐나 가격이 낮은 시기에 굳이 작물을 팔지 않아도 된다.

어떤 거래는 효율과 거리가 멀어 보이기도 할 것이다. 워싱턴 DC에서의 로비 활동이 확실히 최적이라고는 볼 수 없다. 관세가 좋은지 나쁜지를 두고도 저마다 의견이 다를 것이다. 그렇지만 전반적인 효과는 분명하다. 인플레이션을 감안했을 때, 2020년 소비자가 설탕에 내는 값은 한 세기 전과 비교해 3분의 1 수준에 불과하다. 21세기 미국에서 먹거리는 인류 역사상 그 어느 때보다 저렴하고 풍부하다.

그러나 효율화에는 트레이드오프가 따른다. 세계 대다수가 자급 농업에서 벗어나 열량과 영양소가 꽉 들어찬 곡물을 안정적으로 공급받게 되었다는 점에서 볼로그는 정말 10억 인구를 살렸다고 할 수 있다. 그런데 동시에 산업화된 식품 시스템과 만성 질환의 상관관계가 여러 연구를 통해 드러났다. 18세기와 19세기 농경 사회가 좀 더 건강한 작물을 좀 더 많이 생산할 수 있었던 비결은 돌려짓기였다. 그 덕분에 더 많은 사람이 도시로 이주해 새로운 산업과 공장이 창출한 일자리를 얻었다. 빅토리아 시대 중기의 영국은 아마 역사상 가장 건강했던 사회 중 하나일 것이다.[9] 오늘날 우리의 영양과 건강 상태를 능가할 정도로 말이다. 하지만 이후 수십 년 만에 결과는 수직 낙하했다. 평균 키만 해도 몇 센티미터가 줄었다. 역사학자들은 이러한 건강 악화의 원인으로 한 세대 전 사람들을 부유하게 했던 요인, 즉 산업화, 부의 증가, 도심으로의 이주를 꼽는다.

토양과 환경의 건강도 나빠졌다. 한 연구 결과, 미국 중서부는 150년도 더 전에 시작된 경작으로 500억 톤이 넘는 겉흙을 소실했다고 한다.[10] 논밭에서 흘러나와 수로로 들어간 질소와 인 비료는 멕시코만에 광활한 데드 존, 즉 죽음의 바다를 만들었다. 살아남은 농부들은 태양이 작열하는 논밭에서 일할 시간에 조용한 사무실에 앉아 농장 통합의 결실을 누리고 있으나, 어떤 사람들은 한때 농경으로 결속했던 지역 사회가 서서히 무너져 내리는 것을 보고 있다.

어떤 트레이드오프는 사람들의 인식을 바꿔놓는다. 녹색 혁명이 노스다코타주에 상륙했을 때나 이 책의 이후 장에서 볼 수 있듯이, 최적화라는 행위는 그 자체로 하나의 관점을 확립한다. 트레이드오프라는 개념 자체도 이 사고방식에서 비롯했다. 최적화 관점은 농업의 복잡함을 하나의 공식으로 납작하게 만든다. 사탕무밭은 채워나갈 빈 캔버스가 되고, 진보와 상호주의 개념은 공고해진다.

그 결과로 만들어진 세상은 평원과 헛간과 도로가 여전해 몇 세대 이전과 비슷해 보일지 몰라도 사실 많은 게 쪼그라들었다. 한 가족의 역사를 둘러싸고 있던 토지 경계선은 희미해졌고, 기록적인 곡물 수확량으로 뒤덮였다. 논밭은 어느 때보다도 사탕무를 많이 생산하고 있지만 이전보다 한결 납작하고, 빈약하고, 비어 보인다. 우리는 효율성으로 생산성을 획득하지만 다른 걸 잃고 만다.

그런 상실을 최적화로 얻은 이득의 이면으로 생각해볼 수 있다. 간단히 말해 우리는 여유slack, 장소place, 규모scale를 잃었다. 여유 혹은 여분은 시스템이 외부에서 받는 충격을 완화해준다. 장소 혹은 구체적 지식은 농장을 다른 곳과 차별화하고 농장의 진화와 보존을 동시에 가능하게 해주는 농법의 다양성을 만들어낸다. 그리고 규모의 감각은 부분과 전체를, 농부와 그의 작물로 배를 불리는 사람들을 연결한다.

첫 번째 상실의 대상인 여유는 문화, 유기체, 일정, 시스템의 붕괴를 연구할 때 자주 등장하는 개념이다. 최적화할 때 우리는 발전과 강건성, 속도와 문제 적응 능력 사이에서 불가피하게 타협을 해야 한다. 시스템이 엄격해질수록 여지는 줄고 우리는 취약해진다. 인류학자들은 취약성을 드러낸 문명이 결국 붕괴한다고 말했다.[11] 이와 같은 현상은 이미 스트레스가 가해진 상태에서 더욱 심한 상처와 질병을 입는 생물 유기체에서도 볼 수 있다. 다리와 공급망처럼 조직적인 시스템 또한 저항력이 지나치게 미미해지면 붕괴하고 만다.[12]

미국 농업은 갈수록 세계화되는 무역의 알고리즘적 수요에 경작을 위탁한 채로 종자 유형과 농장에서 여분을 제거함으로써 토지와 단절되었고, 그것에 딸린 구체적 지식 또한 잃어버렸다. 농장들이 지역 사회가 아니라 해외로 작물을 보내기 시작하고, 농장 관리 회사와 기업이 가족 농장들을 주워 담으면서, 느리지만 확실하게, 장소에 대한 감각이 해체되었다. 현재 북아메리카 농지의 대다수는 개별 가족의 손을 떠나 지주 회사나 관리 회사가 소유하고 있다. 주민들이 대대손손 같은 학교에 다니고, 식당과 교회를 가고, 동네 극장에서 공연을 보던 소도시의 풍족함은 차츰 약해졌고 활기를 잃었다. 카페에서 주고받던 이야기들은 저녁에 텔레비전으로 시청하는 국내외 뉴스에 밀려난다. 이웃끼리 잡담을 나누거나 품앗이하러 왕래하는 일도 이제는 없다.

세 번째 상실의 대상인 규모는 어쩌면 가장 미묘하지만 가장 결정적이다. 협동조합들이 하나둘 효율성을 채택하면서부터 거기서 빠져나오기가 힘들어졌다. 첫 개량종자를 통해 농부들은 자율을 한 조각 상실했다. 기업들은 적은 돈으로 더 많은 것을 주겠다고 약속했다. 새로운 종자로 농부들은 농사를 더 빨리 지을 수 있게 되었다. 땅을 더 사들일 수도 있었다. 그러는 동안 작물 가격은 계속 내려갔다. 종자 회사들과 식품 회사들이 챙기는 이윤이 커지면서 농부들은 본전치기를 위해 더 넓은 땅을 농작해야 했다. 이제 중요한 지표는 수익이었다. 협동조합들은 환경 보건과 지역 사회의 결속처럼 수량화하기 애매한 목표들을 외면했다. 수확량의 숫자가 곧 농장의 유익함이자 농부들의 가족과 동네의 유익함이 되었다. 순식간에 단기적인 것과 장기적인 것의 조화가 깨졌다.

 작은 농장과 큰 농장의 차이는 단순히 정도의 문제가 아니다. 비닐하우스에서 작물을 키우는 소규모의 채소 농장은 적응력이 좋아 소비자의 입맛이 바뀌면 그에 맞춰 새로운 품종으로 전환할 수 있다. 대형 농장은 비선형적으로 규모를 키워 뿌리를 내린다. 사탕무 협동조합들이 GMO를 경작하기로 의결했을 때 그 결정은 몇백 년까지는 아니더라도 적어도 수십 년간 지속하리라는 판단에 따른 것이었다. 그 결정이 생산의 균질화를 낳았고, 밥처럼 테두리 바깥에 있는 개인의 경쟁력을 박탈했다. 세계화에서 불리한 쪽에 있는 계층과 문화가, 느리고 국지적이며 수량화하기 힘든 자기들 삶의 면면을 보존하겠다며 최적화 시스템을 마냥 '거부'할 수 없듯이, 밥 또한 혼자 레모네이드를 다른 병에 담아 만들 수는 없다.

짧은 세기를 지나오는 동안, 미국 농부들은 여유, 장소, 규모의 풍족함을 포기하는 대신 수확량이라는 단일한 축을 따라 최적화를 얻었다. 우리는 경제를 가꾸고, 인구를 먹였으며, 세상의 발전에 힘을 보탰으나, 분명 잃어버린 것들이 존재했다.

당신과 나, 우리의 서구 사회 전체가, 알았든 몰랐든, 이 흥정에 응했다.

―――

농부들도 이 흥정을 모르는 게 아니다. 갈수록 대형 농장들도 토양 재생, 수질, 천연 해충 관리 같은 문제를 진지하게 고민하고 있다. 아이오와주에서 내가 만난 농부는 40제곱킬로미터 땅을 개간해 유기농과 기존 농법으로 옥수수와 대두를 키우고 있다. 5대째 가족 농장을 운영하고 있다는 그는 그동안 자기 가족이 대수층을 보존하고 영양분이 고갈된 토양을 재생하기 위해 얼마나 노력했는가를 열띠게 이야기한다. 노스다코타주에 방문하기 1년 전, 아이오와시티에서 멀지 않은 곳의 한 헛간에서 그가 주최한 공개 토론회에 참석했다. 인근 양돈업자 하나, 지역 사회의 지원을 받아 지역을 위한 채소를 재배하는 농사 프로젝트의 두 여성도 그의 초대로 자리했다. 토론자들의 정치 성향과 말씨는 천지 차이였으나 토지 관리에 대한 태도는 놀랍도록 일치했다.

다른 농부들은 여느 곡물 재배 지역과 비교했을 때 미국이 상대적으로 여전히 "덜 최적화"되었다고 지적한다. 브라질, 아르헨티나, 우크라이나 같은 나라들에서는 기업 농장주들이 미국 중서부 최대 규모의 농장보다도 수백, 수천 배나 넓은 땅덩이를 관리한다. 미국에서 가족 농장들이 여태껏 살아남은 것은 처음부터 농지가 그렇게 나뉘기도 했거니와 기업 경영보다 개인 농장주를 우대한 정부의 장려책 때문이기도 하다. 그러나 역으로 어떤 나라들에서 볼로그의 혁명은 북남미의 주요 곡물 재배 지역에서 나타난 극적인 기계화나 환경 파괴 없이도 소규모로 작물 육종의 기적을 일으켰다.

요즘은 미국에서도 경제적으로 심한 타협을 감수하지 않더라도 재생 농업으로의 전환이 가능하다는 게 증명되었다. 아이오와주의 한 농장은 20년 동안 두 가지 시스템을 비교했다. 하나는 연달아 옥수수를 재배하는 것이었고, 다른 하나는 합성 비료나 화학 물질 없이 전통적으로 돌려짓기를 하는 것이었다. 첫 번째 시스템이 (옥수수가 최상의 가격에 팔렸으므로) 총매출이 더 높고 (천연 해충 구제보다 살충제 살포가 더 간편하므로) 노동량이 덜 들었다. 그런데 두 번째 시스템이 값비싼 종자나 해충과 잡초를 막아줄 화학 물질에 들어가는 돈이 적어 오히려 더 높은 순익을 기록했다. 그뿐 아니라 토질이 향상되어 농장에서 더 오랫동안 경작할 수 있었다.

이러한 유형의 감속은 실험 환경에서 가동했을 때 장점은 많고 단점은 적은 것으로 판명 났으나 광범위하게 도입되지는 못했다.

왜 그랬을까? 뒤에 나올 장에서 보겠지만, 최적화에 비대칭성이 존재하기 때문이다. 일단 농부가 토지를 떠나고, 농법이 잊히고, 트랙터의 크기가 커지고 나면 이전으로 돌아가기 어려워진다.

중서부에서 만난 한 농부는 "딸들을 둔 것"이 자기 사업에 최고의 사건이라고 말한다. 보통 아들에게는 농장을 물려받으라는 기대 내지는 압박이 가해지지만, 딸에 관해서는 그러한 기대치가 다소 줄거나 아예 없어지는 일이 흔하다. 그래서 이 농부는 자기 딸들에게 가업을 물려받으라고 부담을 주지 않았으며, 땅값이 지붕을 뚫고 치솟는 시기에 사업을 키우려고 무리하게 필수 자본을 조달하지도 않았다. 이 선택은 뜻밖의 결과를 낳았다. 농부는 은행과 중개인을 만나러 돌아다닐 시간에 장비 연료를 지속 가능한 것으로 손수 바꾸는 등 부분적인 수준에서 작지만 확실하게 농장의 효율성을 높일 수 있었다.

물론, '탈최적화deoptimizing'의 방향으로 가보는 실험이 매번 성공하는 것은 아니다. 버몬트주의 한 농장[13]은 2000년대 초엽 아무런 준비 없이 설탕을 생산하기로 했다. 농부들의 목표는 협동조합이나 설탕 로비 단체, 대규모 농업에 의지하지 않고서 자급자족하는 것이었다. 큰 조직에 의존하지 않는다는 것은 철도부터 가공 공장, 로비 단체와 육종까지, 업계의 투자와 최적화 또한 배제한다는 뜻이었다.

농부들은 노련했고, 계획은 철저했다. 그런데도 결국 이들의 실험은 난관에 부딪혔다. 농부들은 산업형 농장이 수십 년 동안 완벽히 다듬어온 과정을 전부 뒤엎고 파종부터 정제까지 모든 것을 재창조해야 했다. "좋게 설명해보았자 너무 익어버린 근대"와 "탄 화학 물질"의 맛을 만들어내는 증류 공정도 문제가 되었다.

농부 에릭 앤드러스Erik Andrus는 그때 자신들이 얻은 교훈을 이야기하다가 자연스레 지정학적 주제로 옮겨 간다. 그는 나폴레옹 전쟁 때 영국이 열대 지방산 설탕 공급을 차단하자 프랑스가 국내에서 설탕을 생산했던 역사를 거론하며, 자급자족 생산을 늘릴 수밖에 없도록 "상황이 강제된다면" 농부들도 어떻게든 방법을 찾아낼 것이라고 결론짓는다. 하지만 "당분간 이 나라에서 설탕은 모두가 당연시하는 대규모 농공 산업 생산의 일부분으로 계속 남을 것"이다.

―――――

처음 본 다코타 평원은 평평한 지평선을 향해 탁 트인 바다처럼 끊기지 않고 뻗어나가는 듯하다. 그러나 따뜻한 7월 오후에 걸음을 멈추고 주변 지형을 둘러보면 미묘한 차이가 금방 눈에 들어온다. 경작된 논밭은 초록색과 노란색 조각들로 기워져 있다. 농가 뒤편으로는 나지막한 언덕과 걸어 들어갈 수 있는 잡목 숲이 펼쳐진다. 철도 옆은 불모지다. 맞은편 벌판은 빈 맥주병과 설치류가 파놓은 구멍으로 듬성듬성 우묵하다.

푸른 하늘 아래 앉아 평원을 더 멀리까지 펼치는 상상을 해보자.

무한한 퍼티putty 반죽을 밀듯 작은 언덕과 헛간과 철도를 지워버리고, 초록색과 노란색과 빨간색을 단일한 색으로 뒤섞는 상상을. 하늘 아래 벌판에서 살아 숨 쉬는 인간의 몸이 아니라, 사방을 에워싼 평원처럼 납작한 사각형이 되는 상상을. 이는 19세기에 에드윈 애벗 애벗Edwin Abbott Abbott이 발표한 중편 소설《플랫랜드》의 설정이기도 하다.

본래 빅토리아 시대의 사회 질서를 비판하고자 쓰인《플랫랜드》는 수학적 우화이기도 하다.[14] 2차원의 주인공 A. 스퀘어(사각형)는 플랫랜드라는 2차원 세계를 살아간다. 스퀘어는 여행을 다니다가 새로운 세계, 라인랜드(1차원 세계)와 포인트랜드(0차원 세계)를 알게 된다.

라인랜드에서 사물은 선 위에 나타난다. 그래서 라인랜드 주민들은 스퀘어를 선으로만 인식한다. 원도 그 안에서는 선처럼 보인다. 삼각형도 선이다. 사물의 크기에 따라 선이 길어지거나 짧아질 수는 있어도 플랫랜드의 2차원이 담고 있는 풍부함은 사라진다.

포인트랜드에서 시야는 더욱더 제한된다. 길이와 상관없이 선은 점이 된다. 사각형과 삼각형은 선분 길이로도 더 이상 구분되지 않는다. 모든 사물이 똑같아진다.

스퀘어는 라인랜드 주민들의 사고가 상대적으로 편협하다는 것을 알고 그들을 계몽하기로 결심한다. 그는 플랫랜드의 풍부함에 관해 이야기하며 삼각형과 원과 사각형의 차이를 유려하게 설명한다. 심지어 육각형도 존재한다! 놀랍지 않게도, 주민들은 '고차

원'을 주장하는 떠돌이 구루(스승)를 미심쩍게 생각한다. '삼각형'
이니 '원'이니 하는 것이 결국 그들 눈에는 똑같아 보이기 때문이
다. 그저 선일 뿐이다.

스퀘어는 플랫랜드로 돌아와 한 손님을 맞이한 후에야 라인랜
드 주민들과 자신이 얼마나 달랐던가를 이해하게 된다.

스퀘어를 찾아온 손님은 스피어(구球)다. 스피어는 스퀘어의 친
구인 서클(원)을 상당히 닮았으나 어딘가 다르다. 스피어는 정육면
체와 피라미드가 살고 있는 고향, 3차원 세계에 관해 신나게 이야
기한다.

스퀘어는 스피어가 상종하지 말아야 할 돌팔이일까 봐서 영 의
심스럽다. 서글서글하고 열정적인 이방인이 마을에 나타나 비현실
적인 풍요를 팔려고 하는 것 같다.

그러나 스피어는 붙임성뿐 아니라 끈기도 좋다. 스퀘어에게서
준비된 제자의 모습을 본 스피어는 3차원 세계로 스퀘어를 끌어들
이기 위해 자기 몸으로 마술을 부린다. 스피어가 몸을 위아래로 들
썩이면서 플랫랜드의 차원을 가로질러 3차원을 관통하면, 스퀘어
의 눈에는 스피어의 둥그런 형체가 커졌다가 줄었다가 하는 모습
으로 보인다. 눈앞의 친구가 평면을 관통하며 점에서 넓은 원이 되
었다가 다시 점이 되었다가 하는 것이다. 스퀘어는 그제야 이해한
다. 비록 자신의 진실과 틀은 다르지만, 스피어가 말하는 것 또한
진실임을. 그리고 라인랜드 주민들이 왜 자신을 의심했는가도 이
해한다.

스퀘어의 세계를 구성하는 틀, 즉 2차원 평면이 곧 최적화다. 세상을 바라보는 하니의 시각이다. 우리의 최적화도 마찬가지로, 세상을 어떻게 조직하는가에 대한 메타포다. 효율성을 생각할 때 우리 눈에는 그것을 적용할 수 있는 공간이 보이기 시작한다.

이야기나 메타포처럼 모델도 현실을 형상으로 빚는 하나의 방법이다. 그렇게 빚어진 현실은 세상을 바라보는 우리의 시각을 형성하고, 그대로 굳어 선택된 틀을 강화한다.

우리는 효율성을 최우선으로 받아들임으로써 측정할 수 없고 최적화할 수 없는 것들을 배제한 뒤 최적화라는 메타포가 다른 세계관들을 잡아먹도록 두었다. 최적화로 최적화의 문제를 해결할 수 있으리라고 스스로를 기만했다. 그 결과, 역설적으로 우리의 변화 능력이 정체되었다.

상황은 레드 리버 밸리의 농부들에게 그리 나쁘게 흐르지만은 않았다. 얼마 지나자 소비자들은 GMO를 향한 관심을 거두고 다른 건강 문제들을 염려했다. 몇몇 식품 회사는 끝까지 유전자를 변형하지 않은 사탕수수를 고집했으나 대다수는 처음 했던 약속을 흐지부지 철회했다. 노스다코타주에서 만난 GMO 옹호자들은 가공된 설탕으로 실험해보면 GMO와 비GMO의 차이가 없다고 몇 번이나 나에게 호소했다. 분자는 그저 분자일 뿐이라고.

물론 그들은 GMO가 설탕 분자뿐 아니라 농업에 근간한 자신들의 일상에 어떤 영향을 미칠지, 적어도 공개적으로는, 절대 말하지 않았다.

밥과는 한동안 연락이 끊겼다. 노스다코타주를 방문해 쌀쌀한 봄철 바깥에 나와 있는 농장주들을 관찰하고, 가을에 수확 기계가 돌아가는 장면을 보고, 일이 뜸한 여름에 사탕무 공장을 둘러보거나 철도 옆에서 밥과 수다를 떨며 시간을 보낸 지도 벌써 몇 년이 흘렀다.

만들려던 짧은 영상은 끝내 완성하지 못했고, 나를 종교의 세계로 이끌려던 밥의 시도도 실패했다. 인터뷰 영상은 하드 드라이브에 묵혀놓았다.

돌이켜 보면, 밥이 어떤 사람인지 갈피를 잡지 못했던 것 같다. 그는 순교자인가? 예언가인가? 아니면 희망을 잃은 과거의 잔재인가? 그는 농업이 따라야 할 모범은 아니었으나, 앞으로 나아가는 세력에 소소하게 저항하는 사람이었다. 나로 말하자면, 이미 외부인으로서 노스다코타주의 내부를 엿보았지만 인터뷰를 재검토하면서도 외부인의 감각을 새삼 느낀다.

오랜만에 밥에게 연락하니 그의 딸이 사무실에서 전화를 받는다. 몇 시간 후에 밥이 자기 휴대폰으로 나에게 연락한다. "지난번에 우리가 만났을 때와 다른 세상이지요?" 그의 첫마디다.

정말로 그렇다. 2015년 이후로 많은 게 달라졌다. 밥은 지난 몇 년간을 복기한다. 2019년은 참혹했다. 사탕무 작물의 3분의 1을 잃었다. 2020년은 더 최악이었다. 작물의 절반을 잃었고, 본전을 지키느라 일부 장비를 내다 팔아야 했다. 2021년에도 최악을 대비했으나 다시금 놀랍게도 기록적으로 많은 수확량을 거뒀다. 밥의 표현을 빌리자면 "치유의 해"였다.

요즘도 유전자를 변형하지 않은 사탕무를 재배하느냐고 묻자 밥이 한숨을 쉰다. 어떤 대답이 돌아올지 알 것 같다.

몇 년 전 여름, 유럽의 한 종자 회사가 밥의 논밭에 종자를 시험하러 왔다. 회사는 유전자를 변형하지 않은 품종을 전통적인 방식으로 개량하려고 시험 중이었다. 그 지역에서 아직도 비GMO에 관심 있는 농부는 밥이 유일했다. 이 유럽 회사도 결국은 GMO를 포함시킬 계획이었음을 나중에 알았지만, 어쨌든 밥은 기대에 부풀었다. 심지어 그 회사 상품을 구매하려고까지 했다. 그러나 사탕무는 까다로워서 특정 지역에서만 품종이 잘 자란다. 유럽 회사는 대단한 가치를 발견하지 못했다. 그제야 밥은 깨달았다. "그냥 포기하는 게 나을지도 모르겠다"라고.

아메리칸크리스털슈거와의 협상을 떠올리던 밥은 자기 결정에 아쉬움이나 체념이 남은 투가 아니다. "더는 버틸 수 없었어요. (중략) 크리스털 측을 압박하려고 했으나 움직이지 않더군요. 그들에게 나는 일개 농부일 뿐이니까요."

결국 밥에 앞서 다섯 세대가 운영해왔고 이후 두 세대가 더 흐른 밥의 농장은, 남들과 똑같은 길을 밟았다. 2018년에 그는 첫 GMO 작물을 심었다. "훨씬 수월해요." 조금 억울한 눈치다. 결과적으로 이웃들이 틀리지 않았던 거다. "이제는 넷이 아니라 한 사람이 4제곱킬로미터 되는 땅을 경작합니다. 다들 월요일부터 목요일까지만 일하려 하고, 주말을 보낼 호숫가 오두막을 장만하죠. 다 GMO 덕분이에요."

최적화 수학에는 '공짜 점심은 없다No Free Lunch' 정리란 게 있다. 이 논리에 따르면 모델의 복잡성을 줄이는 순간 그것의 설명력도 감소한다. 다르게 말하자면, 지름길은 없다는 것, 아무런 대가 없이 무언가를 얻을 수는 없다는 것이다. 시스템을 세우는 순간 중요한 일이 일어난다. 밥과 다른 농부들이 그랬던 것처럼, 반드시 트레이드오프를, 즉 얻는 것과 함께 잃는 것을 고려할 수밖에 없다. 드넓고 풍족한 미국에서 무언가를 효율적으로 만든다는 것은 오랫동안 타당한 논리로 받아들여졌다. 경계선을 긋고 나면 최적화는 더 쉬워졌다. 우리는 그것이 가하는 제약을 이해했다. 동시에 플랫랜드 주민들처럼 사고가 좁아졌다.

2장과 3장에서는 우리가 어쩌다 이 지점까지 이르렀는가를 고민한다. 우리는 어떻게 여유, 장소, 규모를 최적화의 어마어마한 이득과 맞바꾸었는가?

농부라면 누구나 알고 있겠지만, 상실의 서사에는 언제나 재탄생의 서사가 잠복해 있다. 밥은 비GMO 사탕무를 내다 팔 시장을 찾지 못했다. 스퀘어는 이단으로 배척되어 아무런 소득 없이 플랫랜드로 돌아왔다. 그러나 새로운 시각과 함께였다. 설령 모든 게 사라질지라도, 새로운 것이 싹틀 가능성을 품은 씨앗은 여전히 남아 있다.

2장

라스베이거스를 떠나며

'미국에서 가장 외로운 도로'. 네바다주를 왼쪽에서 오른쪽으로 가르는 50번 국도에 공식적으로 붙은 이름이다. 그러나 외로움 하면 근처에 있는 93번 국도도 주인 자리를 놓고 겨룰 만하다. 93번 국도는 아이다호주 남부의 잿빛 스네이크 리버 밸리에서 시작되어 카지노 모텔 세 채가 들어선 처량한 동네 잭폿을 지나 인적이 드문 보호 구역과 사람이 아예 살지 않는 고지대 사막을 관통한다. 그러다 255번 국도로 갈라져 나와 서쪽으로 평행선을 그리며 160킬로미터를 더 간다. 오위히를 지나는 도로변에는 사실상 방치된 주유소와 식료품점이 있다. 몇 주째 열린 적 없는 진열 선반에는 유아용 신발과 구슬 귀걸이가 들었다. DVD 대여점, 따뜻한 커피 주전자, 전자레인지에 데워 먹는 피자 서너 조각이 든 냉동칸도 보인다. 농산물은 바깥의 찬 공기만큼이나 생기가 없다.

울부짖는 바람에 회전초가 나부낀다. 회전초가 30미터 가까이 도로 왼쪽을 뒤덮은 바람에 차선이 두 개에서 하나가 된다. 자동차들은 외다리를 건너듯 맞은편 차가 지나가도록 멈춰 선다. 93번 국도와 80번 주간 고속 도로의 교차로에 들어서면 활기가 조금 되살아난다. 트럭 열 대 정도가 갓길에서 밤을 지새운다. 주유소 주차장에서는 한 남자가 캠핑카의 아이스박스를 비우고 있다. 오토바이 한 대가 쌩하고 지나간다.

이제 93번 국도는 유령 도시 두어 곳을 둘러 간다. 잿빛과 강풍과 높은 평원을 따라 구불구불 이어지다가 전혀 예상치 못하게 또 다른 주간 고속 도로와 만나고, 갑자기 휘황찬란하게 번쩍이는 라스베이거스로 진입한다. 도시의 끝없는 스카이라인과 높은 고철 건물이 불청객처럼 난데없이 나타난다.

1월이든 6월이든 고지대 사막의 느낌은 한결같다. 지독한 적막함. 보이지 않는 생명들이 우글대는 텅 빈 눈밭 혹은 모래밭. 마침내 도착한 라스베이거스는 그와 정반대다. 표면에 생명들이 우글댄다. 그러나 결국은 이곳도 한결같다. 1월이든 6월이든 실내 에어컨 온도는 17도로 맞춰져 있다. 담배꽁초가 쌓인 모퉁이, 비어 있는 슬롯머신 의자들, 오래전 짓밟힌 가능성을 암시하는 듯한 카펫 바닥, 비싼 물가와 희박한 승률, 증발한 지 오래인 누군가의 희망과 부를 떠올리게 하는 쓸쓸한 테이블의 모습은 늘 변함이 없다.

라스베이거스는 돈을 따고 추억을 남기러 오는 곳이지만, 어쩌면 그 반대인지도 모른다. 뉴욕의 호사로움, 베네치아의 낭만, 나일강의 비옥한 골짜기와 피라미드, 그리스의 건축물이 한데 뒤섞인 이 도시는 방향 감각을 잃도록 설계되었다. 라스베이거스의 장관에 이끌려 그 안에 들어가고 나면 한참이 지나서야만, 훨씬 가벼워진 채로 나올 수 있다.

라스베이거스는 최적화에 보내는 찬가다. 이곳의 슬롯머신은 최대한 오래 돈을 잃게끔 만들어졌다. 자리를 뜨려고 할 때 승리가 덜컥 찾아온다. 환상적인 쇼는 투표로 정해지고, 알고리즘으로 가격이 매겨진다. 사막을 달러로 바꾸느라 오래전부터 전기와 물을 다른 데서 당겨 와 쓰고 있다. 그렇게 벌어들인 달러는 라스베이거스의 모든 게 그렇듯 이곳에 그대로 고이는 편이다.

나는 우리가 어쩌다 여기까지 왔는지 이해하고픈 희망을 품고서 라스베이거스에 도착했다. 최적화의 기술은 어디서 왔고, 우리는 어떻게 물질세계를 통제해 정밀한 효율성을 이루었으며, 무엇이 최적인가를 보여주는 렌즈가 어쩌다 우리의 세계관을 장악했을까?

보통 관광객들은 라스베이거스로 갈 때 93번 국도 같은 외딴길을 통하지 않는다. 애초에 그곳을 가는 이유가 명확하지 않을 때도 허다하다. 물론 당장 눈앞의 이유는 분명하다. 결혼, 이혼, 생일 파티, 업계 콘퍼런스 아니면 가족 여행. 그 이상은 불투명하다. 라스베이거스는 그냥 하는 일, 가야 하는 곳이다.

마찬가지로 우리는 최적화 시스템이 왜, 어떻게 여기까지 왔는가를 무시해버릇하고 시스템의 알고리즘이 낳은 결과를 당연하게 받아들인다. 정시에 운행하는 열차, 끊기지 않는 통화, 구글 검색 추천 결과 같은 것들. 우리는 서둘러 출근한다. 빚을 내고, 물건을 대량으로 구매하고, 신용 카드로 값을 치른다. 그러는 동안 우리는 한 가지 질문에 시달린다. 선선한 어둠이 깔린 카지노 밖으로 나와 매혹적인 사막 평원을 내다보는 라스베이거스 관광객에게도 똑같은 질문이 따라붙는다. 우리가 대체 어쩌다 여기까지 왔지?

1장에서는 최적화의 발명으로 우리가 잃어버린 게 무엇인가를 탐구했다. 바로 여유, 장소, 규모의 감각이었다. 라스베이거스에서는 이 상실이 어떻게 전개되었으며, 그 대가로 우리가 얻은 건 무엇인지 살핀다. 최적화란 세상을 이해하고, 경계를 짓고, 내부의 고점을 찾아내는 행위다. 세상을 수학적 모델로 만들려는 이 노력은 일련의 개념적 전환을 요구했고, 이 전환들은 과거 수백 년 동안 우리가 배운 수학 속에 자리 잡았다.

첫 번째 전환은 현실에 대한 이해를 세분화하는 것이었다. 원자 구성 입자부터 코드의 비트까지, 물질과 정보의 불가분 단위 개념은 세상을 나누고, 정복하고, 측정하고, 채굴할 수 있는 대상으로 바꿔놓았다.

두 번째 전환은 추상화를 증폭하는 것이었다. 알고리즘과 유추 같은 추상적 모델이 늘어나면서 우리는 세상을 갈수록 복잡한 방식으로 나타낼 수 있게 되었다. 추상적 모델들은 현실과 그것의 표현을 분리한 뒤, 그러한 추상화를 잘 다룰 수 있는 사람들에게 점점 더 많은 통제권을 부여했다.

　세 번째 전환은 자동화를 확장해 처음에는 물질세계에, 그다음에는 디지털 세계에 적용하는 것이었다. 자동차 부품을 조립하는 기계든, 뉴스를 추천하는 소프트웨어 프로그램이든, 자동화는 출력값을 인간적 규모의 입력값과 분리해버렸다. 작은 규모의 구체적인 지식이 할 수 있는 견제와 균형을 제거한 것이다. 그 결과, 더 많은 것을 더 빨리 구축하게 되었다.

　이러한 개념적 전환은 미적분학부터 선형 계획법, 머신 러닝과 클라우드 컴퓨팅까지 여러 새로운 수학적 기술에 영감을 주었다. 그 덕분에 생산 라인과 병원 행정 시스템, 서버 팜과 검색 엔진까지, 새로운 인프라가 생겨났다. 구획을 짓고 명령어를 번역하면서 모든 것의 속도를 높였고, 최적화라는 시각을 공고히 했다. 이 변화는 어마어마한 성장을 생성해냈으나 동시에 중요한 문제를 길 밖으로 차버리고 말았다.

―――――

　15번 주간 고속 도로를 벗어나 요즘 되살아나고 있는 라스베이거스 구도심으로 가면 날렵한 창문이 난 건물이 나온다. 기본적으로는 슬롯머신 방처럼 윙윙 기계음이 울리고 반짝이는 것들로 가득하지만, 자욱한 연기는 훨씬 덜하고 조명은 밝다. 나는 출입을 거부당했다.

내가 와 있는 곳은 자포스Zappos 본사다.[1] 수십억 달러 규모의 온라인 신발 판매 회사인 자포스의 궤적은 세분화, 추상화, 자동화의 사례들로 채워졌다. 자포스는 1999년 샌프란시스코에 설립되었다. 이후 켄터키주 루이빌에 대규모 풀필먼트 센터fulfillment center가 세워졌다. 20년 후 이 센터에서 불과 160킬로미터 떨어진 곳에 아마존이 역사상 최대 규모의 물류 센터를 착공한다. 자포스 웹사이트에 명랑하게 기록된 역사에 따르면, 풀필먼트 센터는 처음 문을 연 날부터 150만 개의 상품을 보관하고 "미국 최대의 컨베이어 시스템" 덕에 교대조 하나가 4만 개의 상품을 처리할 수 있었다.

나는 자포스의 라스베이거스 사무실을 꼭 탐방하고 싶었으나 때는 코로나19 팬데믹이 막 시작되던 무렵이었으니 온갖 사진과 기업 용어로 도배된 온라인 '경험'에 만족해야 했다. 그래도 나중에 친구를 통해 자포스 CEO인 토니 셰이Tony Hsieh를 소개받았다. 토니는 저서 《딜리버링 해피니스》에서 돈이 아닌 긍정적 경험을 위한 최적화가 장기적으로 더 많은 돈을 벌어다준다고 설명한다.

회사 창립 몇 년 후, 자포스가 본사를 샌프란시스코에서 라스베이거스로 공식 이전했을 때, 직원 대다수가 찬성했다. 라스베이거스는 임대료가 더 저렴했고, 비록 샌프란시스코만 지역에 정착한 직원들이 많긴 했으나 본사 이전은 조직적으로도 장점이 있었다. 결과적으로 직원들이 더 끈끈해졌으니 말이다.

이렇게 보면 본사 이전은 틀림없이 이득이었다. 성장하는 과정에서 자포스는 자신들이 충실히 따르는 일련의 가치들에 맞춰 최적화를 진행했다. 보통 회사들은 콜센터의 실적을 측정할 때 평균 처리 시간이나 상담원당 일일 통화 건수를 기준으로 삼는다. 그런데 자포스는 비용 최소화보다 '브랜딩 렌즈'[2]를 통해 성과를 들여다봤다. 100점 만점의 행복 경험 양식Happiness Experience Form을 개발해 상담원이 '고객과의 감정적 유대감Personal Emotional Connection', 즉 PEC를 만들어냈는가에 따라 상담 통화를 평가했다.

자포스의 목표는 '감탄을 자아내는 경험wow experiences'을 되도록 많이 만들어내는 것이었다. 그런 경험을 어떻게 만들 수 있을까? 일단 필요한 것은 "감탄을 자아내는 순간을 정량화하고 그에 보상을 지급하는" 단순하고 고유한 지표들이다.

자포스 웹사이트에 가보면 토니 셰이는 흔한 괴짜 공학도의 모습으로 등장하며 무척이나 친근해 보인다. 영상 속 그는 빈티지 에어스트림 캠핑카 앞에 서 있다. 분홍색 털모자를 쓰고서 자신이 입양한 반려 알파카와 회의한다. 평범한 반려동물 알파카와. 셰이는 장밋빛 미래를 이야기한다. 웹사이트에는 2000년대 초반 테크 업계 은어가 배어 있다. 기술 전문가들이 세상을 휘어잡을 수 있고 기술이야말로 구원자라고 믿던 그 시절의 언어가.

셰이는 반려 알파카에 관해 말할 때에도 실리콘 밸리의 낙천적인 유토피아주의를 드러낸다. "이 아이는 영원히 살 거예요."

물론, 계산된 효율성의 어조에서도 행간을 읽어낼 수는 있다. 자포스의 본사 이전은 땅값이 저렴한 곳으로 사무실을 옮기고, 급여와 세금과 부동산 비용을 절약하는 의미를 띤다. 직원들을 기존 공간과 단절시켜 낯선 곳으로 보내고, 그럼으로써 회사가 직원들의 사회가 된다는 의미이기도 하다.

자포스는 차근차근 새로운 최적화를 추진하기 시작했고, 그걸 재미로 포장해 진심으로 홍보했다. 면접은 사내 문화에 적합한 사람을 뽑는 방향으로 최적화되었다. 2003년 자포스는 연중 365일 반품이 가능하다는 정책을 내놓았다. 브랜딩 렌즈로 볼 때 이 정책은 고객 친화적인 서비스일 뿐 아니라 고객 충성도 지표, 나아가 수익을 극대화하는 방편이었다.

다른 경쟁사들과 마찬가지로 자포스는 프레더릭 윈즐로 테일러Frederick Winslow Taylor가 처음 대중화했으며 식스시그마와 린 제조lean manufacturing 기법의 옹호자들이 다듬은 산업 효율성의 언어를 토대로 세워졌다. 이 언어의 지향점은 미시간주 공장에서 "광석에서 조립까지" 혹은 엔드 투 엔드end-to-end 제작을 실현하려고 노력한 헨리 포드의 비전을 떠올리게 한다. 포드는 기계가 돌아가지 않는 휴지 시간, 또는 창고 업무나 다른 시설로의 운반 등으로 허비하는 시간 없이 원자재를 곧장 완성된 자동차로 만들어내고 싶었다. 자포스는 현대의 발명품들 위에다 애자일 소프트웨어 개발의 언어와 인력 개발HR 분야의 유행어를 층층이 쌓아 올린다. 모든 것이 최적화되며 재미, 팀워크, 성장 기회라는 말로 번드르르하게 포장된다.

마법처럼 말끔히 통합된 무언가(모자에서 튀어나온 토끼, 재고 수백만 개가 쌓인 창고에서 48시간 안에 배송되는 신발, 라스베이거스 스트립의 서커스 쇼에서 펼쳐지는 현란한 곡예)를 볼 때 첫 반응은 대부분 경외와 감탄이다. 그러나 곧바로 이어지는 두 번째 반응은 그걸 해체해서 이해하고 싶다는 충동이다.

바로 그 충동이 지난 몇백 년 동안 굵직한 과학적 성과를 이끌었으며 여러 방면에서 최적화 서사의 물꼬를 텄다.

뉴턴은 미적분학부터 머리로 떨어진 사과를 보고 만유인력의 법칙을 발견한 일화까지, 여러 가지로 유명한 인물이다. 백색광이 스펙트럼 색들로 구성되었음을 밝혀 광학에 지대한 업적을 남겼고, 운동 법칙을 상세히 규명해 물리학에도 발자취를 남겼다. 무엇보다 뉴턴은 새로운 이성의 시대와 과학적 방법론을 개척한 핵심 인물로 기억된다.

뉴턴의 사상이 과거보다 좀 더 실험적인 연구 스타일의 기틀을 잡는 데 일조한 것은 사실이지만, 그 기틀이 잡힌 것은 그가 말년에 접어들었을 때였다. 회고적으로 만들어진 위인 서사는 뉴턴이 한 시대의 출발점인 동시에 또 다른 시대의 마지막에 서 있었다는 사실을 간과한다. 초창기의 그는 도리어 과거의 이해 방식을 강화하려 했다.

뉴턴은 연금술에 매료되었고 "모든 물질의 물질적 정신"을, 자연의 "은밀한 불꽃"을 찾아다녔다. 존 메이너드 케인스는 (자기 사후에 남동생이) 1946년 영국 왕립 학회에 발표한 글[3]에서 다음과 같이 썼다. "뉴턴은 이성의 세대를 연 최초의 인물이 아니었다. 그는 최후의 마법사였고, 최후의 바빌로니아인이자 수메르인이었으며, 못해도 1만 년 전 우리의 지적 유산을 쌓아 올리기 시작한 자들과 똑같은 시선으로 가시적이고 지성적인 세계를 바라본 최후의 위대한 지성이었다."

뉴턴의 전기는 무수히 많다.[4] 그의 성격은 실제 됨됨이만큼이나 역사가들이 전기를 집필한 시대에 의해 형성되었다. 요즘에 뉴턴은 머리카락을 휘날리며 느긋하게 과수원에 앉아 있다가 떨어지는 사과를 보고 만유인력 상수를 떠올린 천재 소년으로 묘사된다. 전기 작가 윌리엄 뉴먼William Newman은 그를 "캘리포니아 공과대의 괴짜", 서번트 증후군 특성을 보이는 경증 자폐인으로 표현한다. 어떤 사람들은 그를 광인으로 보았다. 1960년대와 1970년대의 전기 작가들은 심리 분석학의 영향을 받아 뉴턴이 "극심한 신경증"[5]에 걸렸다는 케인스의 의견에 동조했다.

그러나 뉴턴이 방대하고 폭넓은 지성의 소유자였다는 사실만큼은 아무도 부정하지 않는다. 케인스에 따르면, 뉴턴은 구체 질량의 인력이 그 중심에 모인 어느 한 점의 인력과 거의 같다고 보는 등 직관적으로 무언가를 깨달았고 나중에 가서야 그걸 뒷받침할 형식 증명을 부랴부랴 내놓곤 했다. 케인스는 이렇게 썼다. "그의 실험은 언제나 발견의 수단이라기보다 자신이 이미 알고 있는 것을 입증하는 수단이었던 듯하다."

연금술의 비밀을 파고들었던 젊은 뉴턴은 실험 결과를 공식화하려 했다. 이렇게 과거의 방식을 정리하려던 뉴턴의 연구는, 어쩌면 거의 우연의 산물로, 새로운 과학 시대의 서막을 알렸다. 아이작 뉴턴은 최적화를 직접 발명하진 않았으나 그러한 사고방식이 자리 잡기 시작할 무렵에 유용한 이정표로서 구실을 한다.

뉴턴의 관심사는 과거에 풀리지 않은 미스터리들이었는데, 세상을 작은 부분들로 쪼개는 작업을 통해 비로소 그것들이 이해되기 시작했고, 결과적으로 그 작업이 뉴턴의 미적분 기초를 형성했다. 고대 그리스 철학자 레우키포스와 그의 제자 데모크리토스는 물질세계가 동질의 구성 요소들로 만들어졌다는 개념을 떠올린 초기 학자들로 평가받는다. 이 구성 요소들은 전체의 중요한 특징을 보존했다. 따라서 철의 원자는 공기의 원자보다 무겁다. 새 한 마리 또는 돌 하나는 저마다 본질을 간직한 작은 조각들로 이뤄진다. 이후 아리스토텔레스는 세계가 흙, 공기, 불, 물이라는 네 가지 요소로 만들어졌다고 기술했다. 그가 말한 '미니마 나투랄리아minima naturalia'는 하나의 물질이 본질을 간직한 채로 쪼개어질 수 있는 가장 작은 부분들을 의미했다.

이후 철학자들이 이 주제를 탐구하는 과정에서 몇 가지 질문이 대두되었다. 이론상으로 무한히 쪼개질 수 있으면서 실질적으로는 한정할 수 있는 최소 단위를 가지는 물질이 존재할 수 있는가? 이븐시나와 같은 중세 사상가는 고민 끝에 물리적 가분성과 개념적 가분성을 구분해 이 역설을 해결했다. 비록 최소 단위들이 존재하더라도 우리는 물질세계를 무한히 쪼갤 수 있는 것으로 나타낼 수 있다. 이 구분은 좀 더 현대적인 원자 개념은 물론, 물리학에 대한 새로운 접근법을 예고했다.

뉴턴은 연금술로의 외도를 매듭짓고 인생 후반기에는 다소 정적으로 살았다. 대학 일에 전념했고, 사적인 식사 모임과 연구, 와인을 즐기며 살았다. 여러 학술 직책을 맡지는 못했으나 수입은 안정적이었다. 계속해서 발명 활동을 했고, 날이 갈수록 살이 붙었고, "노망"이 났다는 일부 기록도 있다.

그러나 뉴턴의 이름을 역사에 남긴 것은 바로 이 정적인 시절의 연구 덕분이다. 그는 물질세계란 예측 불가하지 않으며 엄밀한 측정과 계산을 통해 길들일 수 있다고 보았다. 이를테면 물체의 곡선 경로를 작은 조각들로 자른 다음 다시 합산하면 이동 거리를 알 수 있다.

뉴턴의 혁신이 있고 수백 년이 지나오는 동안 과학에서는 무슨 일이 일어났을까? 1800년대 중엽의 물리학자들은 진공관에 전류를 흘려보내고 이중 슬릿에 빛을 비추어 보며 빛이 파동인지 입자인지를 밝혀내려 하고 있었다. 1900년대 초엽에는 측정하고 계량하는 방법들을 개발해 작은 단위들에 이름을 붙이기 시작했다. 원자는 데모크리토스가 상정한 바와 같이 작은 것 중에 가장 작은 것이 아니었다. 그보다 더 작은 단위도 존재했다. 업 쿼크Up quark와 참 쿼크Charm quark, 광자Photon와 Z 보손Z boson 같은 것들이 규명되었다. 2012년에는 연간 운영 예산만 10억 달러가 넘는 대형 강입자 충돌기Large Hadron Collider가 지금껏 발견된 아원자 입자 중에 가장 난해한[6] 힉스 보손Higgs boson을 일별했다.

물리학의 발달과 더불어 기계와 사회의 분업화도 발달했다. 애

애덤 스미스는 《국부론》의 포문을 열면서 세분화 덕분에 핀 공장 노동자들이 각자 맡은 업무에 집중할 수 있다고 설명한다.[7] "한 사람이 철사를 끄집어내면 다른 사람이 펴고, 세 번째 사람이 절단한다. (중략) 이런 식으로 구분된 약 열여덟 개의 개별 작업을 일부 공장에서는 모두 개별 노동자가 수행한다."

애덤 스미스의 핀 공장 이야기는 많은 경우에 중첩되는 최적화와 시장 자본주의의 수칙을 소환한다. 여기서 그 둘을 비교해볼 필요가 있다. 스미스의 핀 공장, 자포스, 포드 자동차 회사는 모두 영리를 추구하는 기업으로 돈을 최대한 많이 버는 게 목표다. 따라서 그것을 위해 최적화한다. 그런데 최적화가 뒷받침하는 건 매출만이 아니다. 수익일 수도 있지만 그저 속도일 수도, 자포스의 경우에는 정량화되는 감정적 유대감일 수도 있다. 혹은 경제학자들이 생산성이라고 부르는, 다소 모호하게 나뉘기도 하는 총비용 대비 총생산량을 뒷받침하는지도 모른다. 아니면 영국에서 새로운 보건 조치를 실행할지 말지를 평가할 때 사용하는 '점증적 비용-효과비 incremental cost-effectiveness ratio'일 수도 있다.

이런 점에서 최적화는 맥락에 구애받지 않는다. 우리가 원하는 게 생산성이든, 감정적 유대감이든, 달거나 새콤한 레모네이드이든, 적용되는 수학은 한결같다. 반면 자본주의는 작동 중인 메커니즘일 뿐 아니라 성공의 척도로 수익성을 선호하는 정치 철학이기도 하다. 어느 사업이, 또 어느 아이디어가 생존할지는 세월이 흐르면서 고객들의 취향이 축적된 시장이 결정한다.

시장 자본주의와 최적화는 결과에 어떻게 도달하는가에 있어서도 차이를 보인다. 최적화의 동력은 대상을 둘러싸 경계를 짓고 통제해 최상의 결과를 찾아내는 것이다. 처음부터 해법을, 딱 맞는 목적 함수를 가지고 시작하며, 그 안에서 극대화의 과정을 밟는다. 반면 시장은 해법을 가지고 시작한다기보다 시장 및 거래 규제와 함께 움직인다. 자본주의가 상향식이라면 최적화는 하향식이다. 시장 자본주의는 이렇게 말할 것이다. 자유로운 거래의 목표는 최상의 것이 등장하도록 길을 깔아주는 것이며, 우리는 결과가 아니라 교전 규칙만을 지시할 수 있다고. 반면 최적화라면 이렇게 말할 것이다. 최상의 아이디어는 이미 정해졌으니, 어떻게 제약 조건 내에서 최대한으로 최상에 가까운 결과를 낼 수 있을까?

19세기 초엽 기계의 발달로 등장한 스탬핑 공장은 똑같은 부품을 수천 개씩 반복해 찍어냈다. 선반, 전동 대패, 지그, 고정 장치 같은 도구들은 구성을 달리해 재조립할 수 있었다. 1950년에 문을 연 버펄로의 한 공장은 35만 제곱미터에 이를 만큼 커졌고, 날마다 철도 차량 100대 상당의 자동차 부품을 출하하게 되었다.

업턴 싱클레어Upton Sinclair의《정글》같은 이야기에서 소재가 된 시카고 도축 공장들은 이러한 기계화 시스템을 구현했다. 노동자들은 정해진 자리에 앉아 도르래 시스템이 고깃덩이를 가지고 오면 각자 맡은 작업을 반복해 완수했다. 싱클레어는 짐승에게나 인간에게나 똑같이 가슴 아픈 기계화의 비인간성을 묘사하고 있다.

훗날 헨리 포드는 도축 공장이 자기 공장들에 영감을 주었다고 밝혔다. 포드의 생산 총괄 직책까지 오른 숙련공 윌리엄 클랜William Klann은 시카고의 스위프트앤드컴퍼니 도축장을 방문한 후에 포드에 조립 라인을 도입했다. 교체할 수 있는 부품들, 계속되는 흐름, 분업화된 노동, 낭비되는 업무의 감소 등 포드의 원칙들은 클랜이 도축장에서 목격한 것들을 본딴 것이었다. 초창기 포드 관리자였던 찰스 소런슨Charles Sorenson은《포드에서의 40년My Forty Years with Ford》에서 이런 원칙들에 집중한 결과 자동차 한 대를 완성하기까지 시간이 무려 여덟 배나 단축되었다고 말한다.[8] 혁신은 실로 획기적이어서 이제는 빠른 작업 속도에 맞춰 마르지 않는 차체 페인트가 걸림돌이 되었다.

―――――

2013년 자포스가 라스베이거스 교외에서 구舊 시청 건물로 이전한 것이 일종의 분기점처럼 느껴졌다. 4년 전인 2009년 자포스는 조용히 아마존에 인수되었다. 내부에서는 이 인수를 파트너십이라 명명했고, 동요를 개사해 "자포스와 아마존이 나무에 앉아 있네"라고들 했다. 신발 회사는 브랜드를 독립적으로 유지하고 싶어 했고, 아마존도 그에 동의했다. 그 브랜드는 돈이 되었다.

나아가 그 브랜드의 수익성은 측정, 연계, 세분화할 수 있었다. 고객 상담 전화는 인간 중심 지표에 따라 일일이 평가되었다. 신발 스타일은 웹사이트에서 쉽게 분류하고 검색할 수 있게 브랜드, 크기, 색깔, 굽, 소재 등 동질의 특징들로 축소되었다. 웹사이트에 새로이 반영되는 업데이트 사항은 최적의 디자인인지 A/B 테스트를 통해 확인받았다. 모든 코드 라인은 0과 1의 집합으로 요약되었다. 콜센터는 신속하면서도 신중한 기계의 박자에 맞춰 분주하게 돌아갔다. 자포스를 모기업과 차별화한 인간의 손길도, 알고 보면 체계적으로 조직된 것이었다.

라스베이거스 또한 그 자체로 최소 단위들 혹은 세분화한 구성요소들의 산물이다. 이 단위들은 결합과 재결합을 통해 매번 새로운 결과를 도출한다. 카드와 칩, 슬롯머신에 들어가는 동전들, 바텐더와 딜러와 서커스 곡예사의 분업이 바로 그것들이다. 컴퓨터가 확률을 계산하고 상금을 배분하기 위해서 똑같이 병렬적으로 돌아갈 수 있는 것도 세분화 덕분이다.

계산 일반의 기저를 이루고 있는 이 세분화는 추상적 표현과 수식이라는 접착제로 일관성을 갖췄다. 0과 1, 콜센터 지표, 기판基板에서 떼어내 새 기판에 붙일 수 있는 전자들, 원하는 대로 이어 붙일 수 있는 유전 부호처럼, 동질의 단위들로 세상을 보기 시작하면 세상은 우리가 구축해야 할 곳이 된다. 물질세계의 세분화는 다양한 학문에서 부분과 전체의 구분을 만들어냈고, 손쉽게 쪼개질 수 없는 것들은 배제되었다. 그로 인해 과학, 경제, 문화 분야에서 환원주의자와 맹신자가 나타났다. 이렇게 분할된 관점은 부분을 전체의 증류물로 보았던 데모크리토스의 인식과는 거리가 멀다.

라스베이거스의 우중충한 호텔 무도회장에서 월드 시리즈 오브 포커World Series of Poker, WSOP가 한창이다.

제임스 본드 영화 속 화려한 장면은 없다. 몬테네그로의 카지노, 고속 도로, 스포츠카 같은 압도적인 볼거리도 없다. 드라이 마티니에 독 가루를 뿌리는 미녀들도 이곳에는 없다. 아니, 여자를 찾아보기도 힘들다.

오히려 행사장은 상업적인 느낌이 짙다. 복도 불빛은 지나치게 밝고, 카펫은 다 닳았으며, 어느 부스에서는 어두운 안경알로 눈빛을 감춰줄 선글라스를 팔고 있다. 바깥에서는 프리우스(토요타 자동차 모델—옮긴이)를 끌고 나온 우버 기사들이 패배한 플레이어들을 채 간다. 패배한 자들의 현실이 뜨거운 콘크리트에 펼쳐진다. 지금은 7월 초이고, 예상 기온은 40도에 이른다. 곳곳에 유명인이 생방송을 하려고 작은 회의실을 차지하고 있다. 몇몇은 튀는 차림이지만 대다수는 후원사 로고가 박힌 검은색 또는 무채색의 스웨트 셔츠를 입었다. 딜러의 성비는 플레이어의 성비에 비하자면 훨씬 더 균형이 잡혔다. 화장실에 간 나는 립스틱을 덧바르는 두 딜러 사이에서 손을 씻는다.

때는 2018년, 팬데믹이 도시를 흔들어놓기 2년 전이다. 테이블에 앉은 플레이어들의 눈은 선글라스나 모자챙에 가려져 이따금 격한 감정이나 침을 내뱉는 입만 보인다. 플레이를 세세히 보기는 힘들지만, 규모가 큰 최종 라운드는 녹화되어 중계된다.

포커는 슬롯머신과 다르다. 일련의 확률은 동전을 뱉어내는 소용돌이 상자 속에 숨겨진 게 아니라 각각의 패에 달렸다. 세분화의 결과가 평준화flattening, 즉 신발이건 에이스가 나올 확률이건 모두 동등하게 취급하는 상품화라고 한다면, 포커 게임에서는 추상화가 그 위에서 어떻게 구축되었는가를 볼 수 있다.

WSOP씩이나 되는 행사에서는 모든 플레이어가 방법을 완벽히 숙지하고 있다. 최상급 플레이어는 다른 플레이어들의 모델 위에 다 층을 더한다. 사람들의 표정을 읽고, 심리를 파악하고, 이전 플레이를 공부한다. 테이블에 앉아 있는 어느 젊은 여자를 넬이라고 부르기로 하자. 넬은 이번 시리즈 최고의 선수 중 하나다. 넬은 체격이 여리여리하지만 맹렬하고 거만하며 신랄한 모욕을 서슴지 않는다. 오늘 그는 5000달러 무제한 홀덤(카드 게임의 한 종류—옮긴이)에서 황금 팔찌(우승자에게 주어지는 상품—옮긴이)를 노리고 있다.

내가 넬을 만난 건 최상급 포커 플레이어로 활약하다가 2010년대 말에 은퇴한 대학 시절 룸메이트를 통해서다. 그 친구는 대학 시절에 지하 토너먼트나 온라인 게임에 참가하러 종종 사라지곤 했고, 나중에는 근처의 트라이벌 카지노로 시합을 다녔다. 게임을 관둔 후에도 친구의 세상을 이룬 것은 확률이었다. 친구는 포커로 만나지 않은 사람들과의 관계도 게임 이론의 관점에서 바라보았다. 상대가 먼저 이렇게 움직이지 않고 저렇게 움직이면 자기도 그에 반응하는 식으로.

친구에게는 최고가 되는 것이 언제나 가장 중요했다. 나에게 털어놓았을 때에는 안정을 찾은 후였지만 친구는 10대 시절 컴퓨터에 깔린 지뢰 찾기 게임에 집착했다고 한다. 고등학교에 다닐 때에는 세계 랭킹 2위까지 올랐다. 그런데 친구는 바로 이 점 때문에 사기가 꺾였다. "최고가 될 수 없다면 계속 플레이할 이유도 없다"라는 거다.

PC를 사용하며 자란 1980년대생들이 다 그렇듯, 나 역시 지뢰 찾기를 해본 적이 있다. 그러나 나에게는 약간 머리를 써야 하긴 해도 대부분 심심풀이가 게임의 목적이었으므로 친구의 생각이 다소 엉뚱하게 느껴졌다. 하지만 친구의 말을 곱씹어볼수록 반박할 논리가 떠오르지 않았다. 최고란 명확하고 구체적이다. 그에 못 미치는 것은 탁한 바다에서 닻을 올리고 떠다니는 작은 배처럼 모호하다. 어쩌면 2등이 된다는 건 그저 무수히 많은 것 중 하나가 되는 건지도 모른다. 최고가 아니면 뭐가 남는단 말인가?

―――――

최고를 정량화한다는 발상이 라스베이거스에 뿌리를 둔 것은 놀랍지 않다. 에드워드 O. 소프Edward O. Thorp는 세계적으로 저명한 수학자이자 MIT의 터줏대감이던 클로드 섀넌Claude Shannon을 처음 만난 순간을 기억한다. 당시 소프는 젊은 시간 강사였는데, 자기보다 살짝 많은 나이에 스위칭 회로와 디지털 컴퓨터의 근간이 된 논리에 관한 연구로 명성을 떨치고 있던 섀넌을 숭배했다. 섀넌은 몇 번을 거절한 끝에 마지못해 짧게나마 소프와 만나기로 했다. 소프의 자서전《나는 어떻게 시장을 이겼나》에 따르면, 그는 잔뜩 긴장하여 약속 시간에 맞춰 나갔다. 뜻밖에도 두 사람은 죽이 잘 맞았고, 원래 10분으로 정해졌던 만남은 몇 시간이나 더 이어졌다.

급속도로 친구가 된 두 사람은 공통되게 승률에 흥미가 있었고, 1960년 가을부터 룰렛을 이길 시스템을 설계하기 시작했다. 두 사람은 카지노 규격에 맞는 1500달러짜리 룰렛 휠을 장만해 섀넌 집 지하실에서 시간을 보냈다. 소프의 표현을 빌리자면 그곳은 "기계 애호가의 천국으로 족히 10만 달러어치는 될 전자 기기와 전기 장치, 기계류가 있었다." 둘의 최종 발명품은 허리에 두르는 작은 컴퓨터와 룰렛 휠의 공이 도는 것을 보며 발가락으로 누를 수 있는 스위치였다. 컴퓨터는 공의 궤적을 재고 계산해 예측치를 생성한 다음, 공이 대략 어디에 떨어질지를 팔분음표 음계로 이어폰에 전달했다.

이 발명품을 몇 달간 다듬은 소프와 섀넌은 아내들과 함께 라스베이거스로 가 호텔에서 서로 붙어 있는 방을 잡은 뒤 자신들이 만든 계산 장치를 착용했다. 셔츠 속에 딸깍이는 스위치를 숨긴 섀넌은 소프에게 짓궂게 말했다. "어떤 신호에 반응한다고요?"

전기 작가들에 따르면, 이는 지극히 섀넌다운 모습이었다. 그는 게임을 사랑했다.[9] 회로와 확률, 가능성을 설명하는 이론으로 이미 명성을 얻은 그는 반쯤 은퇴한 상태였고 남은 시간을 게임으로 채울 작정이었다. 룰렛 발명은 지난했고 결국 얼마 못 갔으나, 그의 관심은 비슷한 영역으로 옮겨 가 이어졌다. 작가 제임스 글릭James Gleick에 따르면 "20세기에 가장 위대한 지성인 하나가 연구를 관두고 장난감만 가지고 논다는 소문이 MIT에 파다하게 퍼졌다."

미시간주에서 나고 자란 섀넌은 MIT에서 수학과 전기 공학을 공부한 뒤 프린스턴 고등 연구소에서 알베르트 아인슈타인, 쿠르트 괴델 같은 학자들과 접점을 맺었고, 이후 벨 연구소에서는 전쟁 중에 필요한 암호 기술을 연구했다. 그러나 섀넌이 이룩한 대혁신, 그리고 그가 한가로이 게임을 즐긴 이유는 《수학적 커뮤니케이션 이론A Mathematical Theory of Communication》이라는 짧은 글[10]에 담겼다. 이 논문은 다음과 같은 간단한 질문으로 시작한다. 메시지를 암호화하는 최상의 방법은 무엇인가?

이 연구가 나오기 전까지 정보를 주고받는 문제는 결정론적인 것으로 받아들여졌다. 잡음이 깔린 전화 통화를 생각해보자. 발신인은 어떤 메시지를 전하려 하고, 수신인은 최선을 다해 그 메시지를 재구성해야 한다. 예를 들어 내가 시끄러운 술집에서 당신에게 전화를 걸어 "호스텔hostel에서 나자를 만나"라고 들리는 말을 전한다면, 당신은 정확히 어디로 가서 누구를 만나야 하는지 짐작해 내야 한다.

그러나 술집 소음 때문에 신호를 제대로 알아들을 수 없다. 나자는 아마도 '남자', 아니면 '나'를, 그것도 아니면 이름이 '나자'라는 사람을 가리킬 것이다. '호스텔'은 진짜 호스텔일 수도 있지만 호텔hotel일 수도, 아니면 병원hospital일 수도 있다.

섀넌은 수신하는 쪽의 핵심 요소인 불확실성을 규명함으로써 이 문제의 틀을 재구성했다. 어디서 누굴 만나라는 건지 불확실할 수는 있으나 메시지의 중간 부분, 즉 누군가를 만나라고 내가 당신에게 전했다는 사실은 불확실성이 덜하다. 한 메시지가 내포한 불확실성의 총량은 섀넌이 정보 엔트로피information entropy라고 부른 척도에 따라 확률적으로 정량화할 수 있다. 엔트로피가 높을수록 나의 말뜻에 대해 당신이 품는 불확실성은 커진다.

이 원칙은 모든 종류의 커뮤니케이션에 적용된다. 하하하하하 같은 문장은 암호화하기에 비교적 쉽고, 따라서 엔트로피가 낮다. 그냥 '하'가 다섯 번 반복된 것이기 때문이다. 가수가 후렴을 세 번 반복하거나 알파벳을 순서대로 노래하는 것 역시 정보의 내용을 기술하거나 다른 누군가에게 메시지를 전달하는 어려움을 표현하기에 제법 간단하다. 그러나 아무 의미도 없는 단어들을 무작위로 나열하거나 세 살짜리 아이가 상상 속 친구와 종알대는 소리는 암호화하기가 상대적으로 어렵다. 결국 메시지의 엔트로피는 길이보다 복잡성의 문제다. 6주 연속으로 하하하하하라고 외치는 게 세 살짜리 아이가 아무 의미도 없는 단어들을 6분 동안 말하는 것보다 덜 복잡할 것이다.

섀넌이 찾은 돌파구는 정보를 궁극적으로 세분화할 수 있는 것으로 보고 물질계의 엔트로피 개념을 빌려 와 정보의 복잡성을 정의하는 것이었다. 이를 통해 그는 이전까지 메시지 재구성이라는 결정론적 행위로 여겨지던 것에다 유의미한 추상화를 덧입혔다. 동시에 컴퓨팅과 압축, 정보 이론이라는 새로운 분야의 초석을 놓았다.

―――――

여느 관광객처럼 나도 라스베이거스에 온 표면적 목적만 있었다. 포커를 구경하고, 자포스 본사와 스트립을 방문하고, 한때 활기가 넘쳤던 곳에서 팬데믹 초창기의 조용함을 느낄 생각이었다. 섀넌의 논문은 일찍이 읽어본 적이 있었고, 나의 대학원 연구도 인간 행동을 나타내는 데이터 흔적이 꼭 정돈된 규칙을 따르는 게 아님을 보여주는 콜모고로프 복잡도 개념을 이용한 것으로 정보 이론과 관련이 있었다. 커다란 맥락에서 인간이 예측 가능할지는 몰라도, 확대해 살펴보면 우리는 여전히 모델보다 약간의 우위를 점하고 있다.

모델은 추상화이자 커뮤니케이션을 위해 우리가 사용하기로 합의한 지름길이다. 이를테면 늑대 그림은 살아 있는 동물을 추상화했다. 우리는 36킬로그램이 나가는 동물을 생포해 침실에 옮겨 오지 않고도 늑대라는 동물의 정신을 불러일으키는 이야기를 전하기 위해 이와 같은 추상화를 사용한다. 한편 **자몽**이라는 단어는 어떠한 물체, 색깔, 질감, 맛을 표현하는 지름길이다. 숫자 7은 대죄부터 음계의 음까지, 산수의 추상적인 기능에 따라 합산하거나 곱

셈할 수 있는 것이면 뭐든 나타내준다.

추상화를 통해 우리는 원인과 결과를 연결 지을 수 있다. 하늘에 먹구름이 몰려들면 비가 오겠다고 말할 수 있는 것도 추상화 덕분이다. 하나의 관점에 따라 새로운 경로 패턴을 제시할 수 있는 것도 마찬가지다.

클로드 섀넌은 세분화한 정보 단위들을 가져다가 그 조각들 속 불확실성을 정량화하는 모델을 만들었다. 컴퓨터가 정교해지면서 프로그래밍 언어와 인터페이스, 원격 서버는 클라우드라고 불리는 추상화를 통해 훨씬 더 많은 계산을 처리할 수 있게 되었다. 끌어서 놓기만 하면 되는 인터페이스는 이면에 코드 수천 줄을 심어놓아서 컴퓨터 프로그래머가 아니더라도 웹사이트를 만들 수 있게 해준다.

태블릿 컴퓨터나 월가의 금융 모델 같은 현대의 추상화를 과거의 재현 방식이나 서사와 비교해보면 몇 가지 특징이 눈에 띈다. 우리의 새로운 추상화는 단순한 묘사는 물론 예측을 가능하게 해준다. 그리고 복잡성에 여러 많은 층위를 덧입힌다. 매슈 크로퍼드 Matthew Crawford는《모터사이클 필로소피》에서 현대 디지털 세계를 두고 이렇게 말한다. "우리의 기계들은 눈에 띄지 않을수록 더 복잡해진다."[11] 모델도 마찬가지다.

현대의 추상화는 그것이 나타내는 패턴을 대신할 때도 많다. 버스 일정, 인구 통계 모델, 기상 예보, 신용 부도 스와프 같은 추상화는 저마다 관찰한 것들을 하나의 패턴으로 묶어낸다. 우리는 그 패턴에 의지할수록 관찰에서 멀어진다.

―――――

 1831년, 젊은 프랑스인이 신생국 미국의 교도소 시스템을 연구하러 미국을 방문했다. 그의 임무는 국왕에게 하사받은 것이었고 그 역시 탐험 의지로 충만했다. 막 스물여덟이 된 알렉시 드 토크빌의 임무는 금세 범위가 넓어졌다. 그는 장장 아홉 달을 여행하며 다양한 사람들과 이야기를 나누었고, 역사가 막 시작된 나라의 역설적이고도 미시적인 모습들을 포착했다.
 이때 토크빌이 기록한 일기[12]는 성경을 방불할 만큼 두꺼운 책이 되었다. 이 책은 라스베이거스 카지노처럼, 사적인 일화들과 냉철한 사색의 대로를 따라 거침없이 뻗어나간다. 그리고 성경과 라스베이거스처럼 특정한 주제를 반복한다. 토크빌이 특히 흥미를 보인 주제는 무엇이 미국인을 이토록 고유하게 만드느냐였다.
 그의 주장에 따르면, 미국인의 고유함은 추상화에 대한 애호에서 비롯한다. 과연 미국인은 추상화에 능하다. 이는 민주주의 안에 살고, 귀족제를 불신하며, 타인과 우리가 평등하게 창조되었다고 인식하는 것의 결과다. "민주주의 안에 사는 인간은 (중략) 자신과 실질적으로 닮은 주변의 존재들을 의식하고 있다. 따라서 전체를 포용할 수 있게 사고를 확장하고 넓히지 않고서는 인류의 어떠한 일부분도 생각할 수 없는 것이다."

오늘날 토크빌이 사막 한복판에 세워진 에펠 탑과 벨라지오 분수를 본다면 아마도 충격을 받을 테지만, 포커 테이블에서 카드 귀퉁이를 슬쩍 보고 곰곰이 추상화를 궁리하는 넬을 보고는 그리 놀라지 않을 것이다.

포커는 칩과 카드와 라운드와 패로 이뤄지는 게임이다. 그리고 게임 규칙, 조합과 확률, 다른 플레이어들과 투자자와 후원사의 정신 모델, 돈과 빚이라는 추상화를 통해 작동한다.

이렇게 층층이 쌓인 추상화의 복잡성은 인간을 상대하는 컴퓨터가 체스와 달리 포커에서 승리를 거두는 데 오랜 시간이 걸린 것으로 증명된다. 1997년 딥 블루Deep Blue(IBM이 개발한 체스 특화 인공 지능Artificial Intelligence, AI 컴퓨터—옮긴이)가 가리 카스파로프Garry Kasparov(러시아의 전설적인 체스 챔피언—옮긴이)를 이겼다. 이는 정말로 컴퓨터 힘의 승리였다. 컴퓨터는 무차별 대입 검색을 통해 미래에 가능한 모든 수를 탐색해 그중에서 성공 확률을 극대화하는 수를 택했다.

포커에서는 그럴 수 없다. 내 친구와 넬이 정확히 파악한 것처럼, 확률은 그 자체로 첫 단계일 뿐이다. 유능한 플레이어는 상대방이 우위를 점하려고 어떻게 움직일지 정신 모델을 형성하고, 상대방이 이전 시합에서 보인 전략을 파악해 그의 약점을 파고든다. 동시에 자신은 예측할 수 없게 움직인다. 만일 자신이 블러핑으로 유명하다면 이따금 정직한 수를 놓는다든지, 반대로 원래 그러지 않는데 블러핑을 시도하는 식으로 말이다. 컴퓨터가 딥 블루로 인간을 포커에서 이기기까지는 20년이 걸렸으며 그마저도 꾸준한 승리는 아니다. 게임을 무한히 진행한다면 컴퓨터가 최종적으로 승리하리라고 예상할 뿐이다.

헤즈업 텍사스 홀덤에서 프로 선수들을 이긴 2008년 알고리즘 혁신의 중심에는 컴퓨터 포커 연구 그룹Computer Poker Research Group[13]이라는, 이름도 참 적절한 캐나다의 어느 대학교 연구진이 있다. 이들의 알고리즘은 후회 최소화regret minimization 전략을 사용했다. 이는 가능한 모든 패의 확률을 계산하고, 다음에 이어질 패와 다른 플레이어들의 베팅을 모두 고려해 최적의 전략에서 최소한으로 이탈하는 베팅 결정을 내리는 전략이다. 짐작할 수 있다시피, 결코 작은 성취가 아니다.

이 알고리즘은 두 달에 걸쳐 초당 60억 패를 계산하는 컴퓨터 4000대로 자가 경기를 무수히 많이 진행하면서 각 패에 대한 지식을 업데이트했다. 수석 연구원 마이클 볼링Michael Bowling에 따르면, 이 알고리즘은 포커를 두었던 어느 인간보다도 더 많은 게임을 치렀다.

이로부터 몇 년이 지난 2015년, 내 친구는 현역에서 물러났다. 포커 게임이 예전 같지 않다고 했다. 확률을 알고서 승률대로만 게임을 치르는 사람이 너무 많아졌다는 것이다. 포커 커뮤니티도 달라졌다. 작고 친밀하던 판이 커졌고 비인간적으로 변했다. 남아 있는 기존 플레이어들은 이제 토너먼트 시합을 시급으로 따진다. 포커 플레이어들은 내가 만난 어느 직업군보다도 예측을 기반으로 사고하는 방식에 익숙하다. 그들은 미래의 가능성과 그에 따른 승률을 그려본 다음, 결과로 얻을 이득에다 그것이 실현될 가능성을 곱한 값을 바탕으로 결정을 내린다.

친구는 게임이 "해결"되었다고 생각해 판을 떠났다. 이제 포커는 최적화되었고, 따라서 따분해졌다.

그러나 친구는 요즘도 대회를 기웃거리면서 생동감 넘치는 시합을 즐기고 있다. 2018년 WSOP에서는 넬이 막판까지 앞서며 라운드를 승리로 가져가는 모양새다. 그러다 아주 안 좋은 패를 만나고야 말았다. 넬은 블러핑을 해보지만 테이블 너머 상대는 콜을 부른다. 넬은 그대로 패한다.

같은 해, 자포스와 라스베이거스가 새로운 방식으로 연을 맺었다. 공들여 작성한 홍보 문구는 이렇게 말한다. "자포스가 세계적인 고객 서비스로 엔터테인먼트 산업을 혁신하는 데 첫발을 내딛습니다. 시저스 엔터테인먼트와의 협업으로 라스베이거스 스트립에 있는 플래닛 할리우드의 액시스 극장이 자포스 극장으로 새롭게 태어납니다."[14]

그러나 해마다 샤니아 트웨인Shania Twain이나 지미 키멀Jimmy Kimmel을 보려고 액시스 극장을 찾는 수천 명의 관광객이 구 시청 건물이 어디인지, 자신들이 구매한 신발이 아마존 자회사의 것인지 모르듯, 새로워진 극장 브랜드의 정체성은 대부분 알아채지 못한다. 그것을 가능하게 한 최적화와 마찬가지로, 변화는 신속했고 대개는 고요했다.

자포스 극장과 WSOP는 커다랗고 거의 언제나 예측할 수 있는 무언가로 세분화하고 추상화하는 것, 즉 평준화 중에 유독 눈에 띄는 사례일 것이다. 그러나 평준화의 뿌리는 생각보다 훨씬 깊다. 아마 어느 프랑스인의 내기로까지 거슬러 올라갈 것이다. 1658년 경 뉴턴이 연금술을 탐구하기 얼마 전, 블레즈 파스칼은 내기를 했다. 들키지 않게 카드를 가슴 바짝 붙이는 포커 플레이어와 다르게, 그는 보란 듯 자기 글에다 패를 까발렸다.

수학자이자 철학자였던 파스칼은 다음과 같은 사고 실험을 했다. 신은 존재하거나 존재하지 않으며, 이성으로는 그걸 입증할 수 없다는 것. 그렇다면 신에 대한 믿음은 일종의 내기라고 할 수 있다. 믿을지 아니면 믿지 않을지를 선택하면 된다.

파스칼은 각각의 선택으로 예상되는 결과를 살핀다. 신을 믿기로 선택했는데 정말로 신이 존재한다면, 손해 보는 것은 거의 없다. 굳이 잃은 게 있다면 시간 정도일 것이다. 하지만 신이 존재하니 천국에서 영원한 행복을 누릴 수 있다(신을 믿어야 사후 세계로 입장할 수 있다는 전제하에). 반대로 신을 믿지 않기로 선택했는데 알고 보니 신이 존재한다면, 사후 세계에서 무한에 가까운 패배에 직면하게 된다.

이는 사고 실험이었으나 실용적이기도 했다. 파스칼의 글은 게임 이론적 사고의 초기 유형을 보여준다. 과학 철학자 이언 해킹Ian

Hacking은 확률 역사를 유려하게 되짚으면서[15] 파스칼의 내기를 가리켜 "결정 이론에 처음 이바지했다고 모두가 인정하는 이론"이라고 말한다.

나아가 이언 해킹은 파스칼을 최초의 통계학자라고 칭한다. 현대 확률 이론, 나아가 궁극적으로 최적화의 초석을 놓은 인물이라는 것이다. 해킹이 보기에 파스칼은 가능한 결과들을 체계적으로 살피는 방법을 성문화한 최초의 인물이었다. 파스칼의 내기는 세분화와 추상화가 가져다주는 것, 즉 승산을 예측하여 내다보는 하나의 사례였다. 세부적인 것들을 종합해보면 우리는 미래를 짐작할 수 있다.

이후 몇백 년에 걸쳐 수학은 파스칼의 확률 그리고 뉴턴과 라이프니츠가 발명한 미적분학을 중심으로 발전했다. 곡선의 고점과 저점을 찾아내는 수학을 발명한 18세기 박식가 레온하르트 오일러는 "최대 또는 최소의 어떠한 규칙도 나타나지 않는 우주에서는 아무 일도 일어나지 않는다"[16]라고 말했다.

우리는 자꾸 예측하려다 무언가를 잃기도 한다. 친구의 말처럼 게임은 "따분"해졌다. 평준화되었고, 상품화되었다. 미스터리와 재미는 사라져버렸다. 바로 이 평준화가 라스베이거스를, 에펠 탑은 말할 것도 없고 숱한 미국 도시들의 복제품으로 만들었다. 도착하면 죄다 똑같이 생긴 대형 체인 중 한 곳에서 차를 빌린 뒤 스타벅스에서 음료를 사고 소수의 대형 체인이 소유한 호텔 중 한 곳에 묵어야 한다.

파스칼의 내기는 여러모로 미래와 벌인 흥정이었다. 한마디로 미래에 일어날 구원의 승산을 갖고 놀았다. 그러나 곰곰이 따져보면 파스칼은 만약을 상정하는 게임을 통해 미래 승산에 대한 현재의 셈법을 굳혔다. 미래의 유연성을 잃는 대가로 현재에서 사고하고 내기할 능력을 키웠다. 규모가 큰 내기는 다 이런 식이다. 당신은 예상되는 이득이나 손실을 가까운 순간에 붙박아놓고 속도를 높인다.

최적화도 마찬가지다. 앞서 우리는 대부분 감춰진 최적화의 트레이드오프를 보았다. 그리고 그것이 특정한 시각을 어떻게 고착시키는지 확인했다. 예를 들어 첫 정착민들을 위해 네바다 사막의 땅덩어리를 구획 짓는 일을 맡았다고 해보자. 당신에게는 선택권이 주어진다. 현시점에서 그 선택들은 언뜻 자의적이고 유연해 보이지만(4만 제곱미터를 떼어 주면 될까? 16만 제곱미터? 아니면 40만 제곱미터?) 한번 결정하고 나면 돌이키기 힘들어진다.

16만 제곱미터로 결정했다고 생각해보자. 당신은 토지를 측량하고 지도로 제작할 사람을 고용한다. 이제 지도가 완성되었다. 지금부터는 갑자기 말을 바꿔 4만 제곱미터를 떼어 주겠다고 말할 수 없다. 확정된 지도를 인쇄소에 가지고 간다. 복사본을 100부나 1000부 만든다. 지도가 사람들에게 배부된다. 머나먼 동쪽의 도시에서 16만 제곱미터의 대지를 고르러 청년들과 노인들이 열차를 탄다. 그들은 우물을 파고, 집을 짓고, 양 떼에 풀을 먹인다. 그들 머릿속에 지도의 선들은 변함없이 고정되었다. 이제는 정말로 돌이킬 수 없다.

―――――

 어떤 사람들은 라스베이거스에서 의외의 요소, 이를테면 아직 남아 있는 인간적인 부분들, 인간의 감정으로 가득 채워져 내기를 걸 수 있는 부분들에서 재미를 느낀다. 반면 어떤 사람들에게는 평준화, 즉 슬롯머신 뒤편의 무감정한 알고리즘이 라스베이거스를 안전한 곳으로, 또다시 돌아오고 싶은 곳으로 만든다. 시간이 갈수록 결국 패배가 예상되지만, 적어도 이곳에 변수는 없다. 하라스Harrah's(시저스 엔터테인먼트의 전신―옮긴이)의 CEO 개리 러브먼Gary Loveman은 승산을 추적하는 자사 카지노의 완벽한 분석력을 극찬한다. 그는 "고객들을 인간 육체에 싸인 일련의 확률들로 인식한다."[17] 모든 것은 자동화된다.

 자동화를 할리우드 블록버스터로 담아낸다면, 계속 돌아가는 기계들, 요란한 작동음, 금속 건물로 이뤄진 기계 시대의 장면들이 하이라이트를 구성할 것이다. 인간의 짐을 덜기 위해 무엇이든 반복할 수 있다는 생각이 이 시대를 지배하고 있다. 최초의 컴퓨터는 기계 엔진만 하게 만들어졌다가 빠르게 점점 더 작아졌다. 인간은 그런 컴퓨터를 수백만 대씩 만들었다. 어찌나 작아졌는지 이제는 주머니에 쏙 들어가고 지문만으로 켤 수 있다.

 수학자 메릴 미크스 플러드Merrill Meeks Flood는 외판원 순회 문제라고 알려진 오래된 난제를 고민했다. 이는 가령 외판원이 집마다 방문하거나, 버스가 정거장들에 정차해야 한다고 할 때, 지도상 정해진 지점들 사이를 가장 효과적으로 돌아다니는 경로를 찾아내야 하는 문제였다. 플러드는 자동화 접근 방식을 취해 통학 버스의 경로를 지정하는 방법을 고안해냈고, 이걸 바탕으로 훗날 일정 수립 소프트웨어의 기반이 된 알고리즘을 개발했다.

    헨리 포드의 리버 라운지 공장 프로젝트가 시작될 수 있었던 것도 자동화 덕분이었다. 이 공장 단지의 길고 조용한 거리는 라스베이거스 대로와 다르지 않다. 감춰진 공장들은 사막 태양과 차단된 채 북적이는 카지노처럼 활발히 돌아간다. 포드의 비전은 노동의 기계화에 그치지 않았다. 그는 공급망 전체를 통제해 돈과 시간을 모두 활용하는 것을 꿈꾸었다.

    자포스의 고객 상담 전화, 공장 라인, 포커로 따는 돈까지, 규모의 감각을 잃기란 너무나 쉽다. 어느 순간부터는 직원들의 이름을 다 외울 수 없고, 이기다가 순식간에 패하며, 통제한다고 생각했던 공급망이 혼란에 빠진다. 아니면 갑자기 물이 고갈된다거나, 조명이 깜박이거나, 전기가 나갈지도 모른다. 그리 긴 시간은 아니겠지만, 당신이 사막에 있음을 깨닫기엔 충분히 긴 시간일 것이다.

    라스베이거스의 아름다움은 어느 정도 불가능성에 기인한다. 이곳의 화려함, 전기가 만들어내는 환하고 기운찬 장관은 스위치를 눌러 수력 발전을 위해 흐르는 물을 멈추게만 하면 덩달아 사라지고 만다. 천천히, 점진적으로 멈추는 게 아니라, 한순간에 사라진다. 카지노는 고요해지고, 환히 빛나던 하늘은 어두워지고, 수영장 물은 증발할 것이다.

이곳은 애초에 존재하지 않았을 수도 있다. 이 도시는 스페인 무역상들이 뉴멕시코에서 로스앤젤레스로 가는 길의 기착 지점으로 출발했다. 골짜기 곳곳에 자분천自噴泉이 있었고, 사방의 평원은 푸르렀다. 골짜기에 물을 더 많이 대기 위해서 그야말로 굉장한 노고를 들였으나 도시는 여전히 필요한 만큼의 물을 보유하지 못했다.

말하자면 라스베이거스는 여전히 해결되지 않은 거대한 골칫거리로 남아 있다. 도시 남동쪽에서 반짝이는 물줄기는 아주 많은 수혜자와 주인을 거느렸다. 1935년 후버 댐 건설과 함께 조성된 미드호Lake Mead는 미국에서 가장 큰 저수지로, 대략 2000만 명의 사람과 방대한 농지에 물을 대고 있다.

따뜻한 날, 심지어는 제법 쌀쌀한 날에도 가족들은 물놀이 기구와 아이스박스를 챙겨 삼삼오오 이곳 물가로 모인다. 팬데믹 시절에도 서로 거리 두기를 하며 모이고, 이따금 아이들이 아장걸음으로 다른 가족의 반경에 너무 가까이 접근한다 싶으면 얼른 불러 세운다. 스테레오에서 저마다 흘러나오는 음악이 경쟁하듯 무리 사이를 떠돌고, 가끔 작은 개가 영역을 벗어나 다른 집 개와 냄새를 주고받거나 아이스박스를 킁킁댄다.

콜로라도강은 한때 미국의 나일강으로 불렸다. 범람 양상이 워낙 극단적이어서 주변 골짜기는 비옥한 습지가 되었다가 바싹 마른 건조 지대가 되었다가 했다. 이러한 범람을 종식하고자 건설된 후버 댐은 213미터 높이의 콘크리트 벽으로, 향후 수천 년은 거뜬하리라 예상된다.

댐 건설은 방대한 양의 물이 흐르는 방향을 바꿔 골짜기를 저수지로 만들었고, 터를 확보하느라 소도시 전체가 밀려났다. 저수지 조성과 함께 강의 법the Law of the River, 일명 콜로라도강 협정이 체결되어 서부 주들이 수량水量을 할당받았다.

저수지가 만들어지고 물줄기 방향이 바뀐 것은 일부의 불만을 잠재우고 상황을 정리하기 위해서였다. 협정이 맺어지기 전까지 콜로라도, 뉴멕시코, 유타, 와이오밍 등 상류 유역의 주들에 캘리포니아는 공포의 대상이었다. 캘리포니아 인구가 급증하기라도 하면 자신들의 주 경계를 관통해 흐르며 주민들에게 물을 공급하는 강물이 말라버릴 것이기 때문이었다. 그런가 하면 애리조나, 캘리포니아, 네바다 등 하류 유역의 주들은 농업이나 도시를 안정적으로 개발할 수 있을 만큼의 강물을 받지 못할까 봐 염려했다.

협정은 1922년 산타페에서 초안이 작성되었고, 당시 상무 장관이던 허버트 후버Herbert Hoover가 주재한 자리에서 서명되었다. 강물의 흐름을 신중히 계산한 끝에 구체적인 내용이 형체를 갖췄다. 상류 유역의 주들은 10년 단위로 수량이 750만 에이커-피트acre-feet(로스앤젤레스 전역을 90센티미터 높이의 물로 채울 수 있는 양) 미만으로 떨어지지 않는 선에서 강물을 끌어다 쓸 수 있다. 물이 남는 해에는 하류 유역의 주들이 110만 에이커-피트의 물을 추가로 받는다.

할당은 협정이 맺어지기 이전 해들의 강수량 관측을 기준으로 했다. 모든 주가 공평하게 지분을 나눠 가질 터였다. 이론상으로는 흠잡을 데 없는 발상이었다.

그러나 현실로 옮겨 오니 몇 가지 복잡한 문제가 생겼다. 일조량이 풍부하고 기후가 건조한 지역에서는 물의 상당량이 증발로 소실된다는 점을 협정 체결 중 누구도 고려하지 않았다. 장부에 적힌 120만 에이커-피트의 물이 해마다 증발해 사라졌다. 강바닥의 식물들이 흡수하는 물의 양도 상당했다. 1944년에는 150만 에이커-피트의 물을 멕시코에 할당하는 협정이 추가로 체결되었는데, 그 물이 어디서 나오는지는 명시되지 않았다.

강의 법과 별개로, 개별적인 주들끼리, 또 주 내부에서 우선권을 놓고 협정이 맺어지기도 했다. 일부 지역에서는 물줄기가 지나가는 곳을 두고 십수 개의 소유권이 제기되었다. 마크 라이저Marc Reiser는 미국 서부 역사를 서술한 책 《캐딜락 사막Cadillac Desert》에서 이렇게 표현한다. "서부에서는 물이 돈을 향해 오르막을 오른다고들 한다."[18]

2020년 미드호의 수위는 327미터를 조금 넘는 정도였다. 수위가 그 밑으로 낮아지면 애리조나주는 할당량 5분의 1을 잃어 농부들과 목축업자들이 큰 타격을 입는다. 2022년 늦여름, 미국 내무부는 물 사용 삭감 조치를 연달아 단행했고, 애리조나, 캘리포니아, 네바다의 농부들과 도시들이 자발적으로 물 사용을 줄이게끔 유도하는 보상책을 내놓았다. 사용자들이 오랫동안 물을 절약할수록 보상은 커진다. 1년 계약을 맺으면 1에이커-피트당 330달러를, 3년 계약을 맺으면 400달러를 보상받는 식이다.

만일 강의 수위가 272미터 밑으로 낮아지면 죽음의 소용돌이, 이른바 '죽은 웅덩이dead pool' 단계에 진입한다. 이는 수위가 너무 낮아져 물이 다른 곳으로 빠져나가지 못하는 상황을 말한다. 더구나 이 저수지는 깔때기 모양이어서 수위가 낮아지면 더 빠르게 바닥을 드러낸다. 수위가 일정 수준까지 낮아지면 강물 계약만 차질을 빚는 게 아니다. 전력 공급도 문제가 된다.

여러분과 나 그리고 지상의 거의 모든 생물에게 물과 에너지는 추상적 관념이 아니다. 깨끗한 물이 없으면 우리 몸은 쪼그라들고 정원은 시든다. 열기가 없으면 얼어 죽고 만다. 주 전력원으로 전력망을 사용하는 미국인 대다수는 전력이 없으면 집의 난방과 냉방을 할 수 없다.

첫 협정에 서명한 주의 대표들에게 물은 실체가 있는 대상이었다. 그러나 이 역시 추상화될 수 있었다. 이제는 더 이상 물 양동이 하나를 놓고 두 사람이 싸우는 문제가 아니었다. 밭에 물을 대고 싶어 하는 하류 지역 농부에 맞서 자기 토지가 범람할까 봐 댐 건설에 반대하는 농부와도 처지가 달랐다. 협정에 서명한 대표들도 당연히 미래를 고려했겠지만, 애초에 예측할 수 없는 것을 법제화하기란 힘든 문제다. 하필 협정은 예년보다 강수량이 많던 시기에 체결되었다. 그 협정은 종이에 적힌 숫자들, 논쟁의 여지가 있는 시스템이었고, 그 내용은 옆 마을에 맞서 무장한 사람들의 지지를 얻을 수도, 법이라는 철저히 추상적인 힘으로 뒷받침될 수도 있었다.

심지어는 다른 종이 위 다른 숫자들과 거래될 수도 있었다.

미드호는 20년 가까이 지나도록 잉여 수량이 발생하지 않고 있다. 오히려 지난 20년 동안 대부분 가뭄이었다.

가게가 즐비한 베네치아풍 운하를 걷다 보니 가능성과 공허함이라는 쌍둥이 감정이 떠오른다. 라스베이거스는 풍요를 약속하지만 동시에 그와 상충하는 헛헛함을 자아낸다.

추상화가 커지면서 기계 시대는 알고리즘 시대에 자리를 내주었다. 새로운 소프트웨어가 시스템 전반에 거대한 최적화를 이룩했으나, 이는 시스템 운영자에게는 다소 낯선 것이었다. 전력망을 예로 생각해볼 수 있다. 클라우드 서비스로 계산 비용이 대폭 낮아져 한때 기계로 (그리고 순전히 인간의 손으로) 처리해야 했던 작업을 벼락같은 속도로 해낼 수 있게 되었다. 100년 전만 해도 우리는 하루 날씨를 관측하기조차 힘들었다. 그러나 2020년에는 노트북과 몇 달러만 있으면 지구의 미래 기후 패턴을 시뮬레이션으로 돌려볼 수 있다.

그런데 물질세계의 자동화에서 계산의 자동화로 옮겨 온 후로 무언가가 일어났다. (나무판 톱질하기, 망치 두드리기 같은) 물질적인 공정뿐 아니라 계산 자체를 기계화하고 나면 상황이 달라진다. 로봇이 자동차를 만드는 과정은 결정론적이며 선형적이다. 이를테면 로봇 열 대는 열두 시간 안에 차 한 대를 만들 수 있다. 또 우리는 로봇들이 어떤 자동차를 만들려 하는지 알고 있다.

그런데 알고리즘으로 규모를 키우고 나면 출력값이 우리와 분리된다. 뉴스 추천 알고리즘은 시간당 열 개의 추천을 생성해낼 수도 있지만 100억 개를 추천할 수도 있다. 100억 개를 생성하는 데에는 아주 약간의 연산력만 더하면 된다.

그리고 높은 확률로 비결정론적이다. 한 공장에서 한 가지 부품을 반복해 찍어내는 것과 같은 단일한 공정은 매번 같은 출력값을 내놓는다. 최초에 나온 알고리즘은 제법 단순했다. X를 입력하면 Y를 출력했다. 그런데 뉴스 기사를 추천하는 요즘의 알고리즘은 확률적으로 움직인다. 알고리즘에 대단한 변화가 없더라도, 브라우저가 오늘은 이런 결과를 내놓고 내일은 또 다른 결과를 나타낼 수 있는 것이다. 이러한 기사와 광고가 노출되기까지 광범위하게 발생하는 최적화를 인간은 일일이 추적할 수 없다.

피터 드러커는 1993년 저서 《자본주의 이후의 사회》에서 정보화 시대에 인간은 산업화 시대를 특징지었던 기계의 속도가 아니라 자신이 직접 설정한 속도로 기계에 할 일을 지시하리라 예측한다.[19] 이 예측의 일부는 정말로 현실이 되었다. AI의 지배를 둘러싼 자극적인 이야기들에도 불구하고, 무엇을 하라고 기계에 지시하는 주체는 여전히 대체로 인간이다. 다만 지시의 주체가 속도, 장소, 효과와 단절되어 있다. 이러한 단절은 지구 반대편에 끔찍한 드론 공격을 지시하는 사례를 통해 단적으로 나타난다. 이때 드론은 마치 비디오 게임처럼 우리 국경 내부의 군사 시설에서 통제된다. 우리는 삶의 단순한 즐거움뿐 아니라 잔혹함과도 단절되었다.

그럼에도, 최적화 덕분에 아주 많은 게 가능해졌다는 사실을 기억할 필요가 있다. 우리가 사용하는 도구부터 삶의 방식, 지구 자원의 활용에 이르기까지, 새로운 효율성을 덧입은 덕에 온갖 기적이 만들어졌다. 최적화가 없다면 주州를 잇는 교통 체계도, 로스앤젤레스도, 현대인의 수명도, 세계에서 맛볼 수 있는 다양한 음식도, 첨단 의학과 치과학도 누릴 수 없을 것이다. 컴퓨터 화면을 마주보며 지구 반대편 사람에게 말을 건네지도 못할 것이다. 이러한 발전의 옳고 그름을 어떻게 믿든지 간에, 인간의 설계를 거쳐 자연과 다른 방식으로 효율성의 이점을 활용하지 않았더라면 발전은 불가능했다.

또한 최적화가 만들어낸 인공물들을 인정하느냐와 무관하게, 우리가 창조한 것이 있듯 많은 걸 잃기도 했다는 사실은 동등하게 진실이다.

이 상실은 심오하다. 우리는 돈이 어디로 흐르는지를 놓쳤다. 라스베이거스의 반짝이는 조명이 어떻게 계속 켜져 있는지도 알지 못한다. 한 세기 전에 강물의 방향을 바꾼 덕에 서버가 돌아가고, 콜센터에 전화가 울리고, 슬롯머신이 작동하고, 비행기가 날 수 있다는 사실도 망각했다.

어느 때보다 빠르게 돌아가는 우리 일상은 기계, 대출, 광고, 일정, 중독, 의무에 의해 사방으로 당겨지면서 점점 더 올을 드러내고 있다. 우리는 무감각해졌고 무력감을 느낀다. 마치 발명과 상상과 유대의 능력을 잃어버린 것처럼 말이다. 그러한 것들이야말로 우리가 기계를 능가할 수 있는 이유이건만, 우리는 올이 다 드러난 무감각 속에서 기계가 조금 더 오래 돌아갈 수 있게 계속해서 조각만 덧대고 있다.

라스베이거스에서 가장 조용한 달은 12월이다. 넬은 집으로 돌아갔다. 대규모 대회와 콘퍼런스도 뜸해졌다. 프로 선수들이 사라진 자리에는 절박한 도박꾼들, 가족 단위로 또는 혼자서 잠시 들른 사람들, 혼자 또는 짝을 지어 온 할머니들만 남았다. 슬롯머신은 계속 윙윙 돌아가고, 크랩스와 블랙잭 테이블은 사람들이 몰렸다가 빠지기를 반복한다.

나는 최적화가 어디서 왔는가를 이해하고자 라스베이거스를 여행했다. 모든 걸 종합해서 그럴싸한 이야기로 꿰어내고 싶었다. 그러나 결국은 터트려져 공중을 떠다니는 색종이 조각들처럼 수많은 부스러기와 함께 남겨졌다. 동틀 무렵 주간 고속 도로를 타고 라스베이거스를 빠져나간다. 빛과 어둠이 분리되고, 스트립의 초현실적인 시뮬라크라(가짜 복사물 또는 모조품―옮긴이)는 이내 사막의 신기루로 대체된다.

3장

고지대 사막의
교회

캘리포니아주의 건조한 도시 빅터빌을 지나면 고요한 효율성의 성지聖地가 나온다.

　인적이 없는 어느 곳에 울타리가 쳐져 있고, 그 안에는 777 제트기 십수 대가 흐트러짐 없는 대형으로 세워져 있다. 한때 북아메리카와 오클랜드를 정기적으로 오가던 에어뉴질랜드 기단의 비행기들이다. 2020년 초 코로나19가 발발해 국경이 폐쇄되자 국가 간 비행은 단숨에 시동이 꺼졌다.

　777 제트기는 역사상 손꼽히게 큰 항공기로 거대하고 조용한 우아함을 뽐낸다. 한 번에 300명이 넘는 승객을 태우고 시간당 약 3200킬로미터 속도로 세계를 누빌 수 있다. 보통 비행할 때에는 조종사 서넛이 동행해 교대로 조종석에 앉는다. 이 대형 비행기들은

추후 지시가 있기 전까지 계속 땅에 붙어 있을 것이다.

조금 더 이동하면 777 제트기들의 미래를 암시하는 듯한 대규모 비행기 폐기장이 나온다. 로스앤젤레스 시내에서 160킬로미터도 채 떨어지지 않은 이곳에는, 수리하거나 분해할 계획조차 없는 비행기들이 햇볕에 달아오른 채 버려져 있다. 우리의 최적화된 세상이 그렇듯, 버젓이 보이는 곳에 폐허가 있다.

이 폐허는 최적화가 정복한 것들은 물론 그로 인해 희생된 것들을 떠올리게 한다. 하늘을 나는 비행기에 타 있으면 장소와 여유, 인간적 규모의 감각을 잊게 된다. 그런데 비행기 자체가 폐허가 되고 나면 모든 게 잊힌다. 호기심의 대상, 로스앤젤레스로 자동차 여행을 가는 중 잠시 들르는 우회로 정도로 기억된다면 모를까.

비행기를 만든 기술과 그걸 사막에 처박아둔 문화는 동전의 양면이다. 2장에서 최적화가 세분화, 추상화, 자동화라는 세 가지 개념적 전환을 통해 이뤄졌다고 상술한 바 있다. 3장에서는 일련의 문화적 전환을 통해 최적화가 어떻게 현대 서구 사회를 지배하는 사고방식으로 공고해졌는가를 살핀다.

제도를 거치기보다 개별적으로 지식에 접근하는 것이 그 전환 중 하나다. 우리는 스스로 알고 싶어 한다. 혹은 토크빌의 표현을 빌리자면 "[미국인은 추정하기를] 자신들이 체험으로 판단을 통제한다고 생각한다. (중략) 그들은 자신들이 찾은 증거에 의존하는 데 익숙하다." 미국의 건국 신화는 구세계로부터 재정적, 군사적 독립은 물론이고 사상의 독립까지 이야기한다. 우리의 개척 신화에는 전통적으로 자급자족의 발상이 배어 있다.

　두 번째 전환은 지상에 좀 더 완전한 세상을 창조할 힘과 그럴 의무가 인류에게 있다는 생각으로의 전환이다. 곧 보게 되겠지만, 19세기 영국의 사상가들은 어떻게 하면 이를 계획적으로, 또 개인의 행동을 통해 이룰 수 있을지 체계화하는 데 일조했다. 이 과정에서 최적화는 조직적인 방식으로 부분을 전체와 연결하는 마스터플랜의 관점을 제공했다. 한때 개인의 덕목이라는 영역에 머물던 것이 이제 공적인 수단이자 도구가 되었다. 산업화 사회에서 이 도구는 대다수가 동의하는 통치와 사회 규범의 표준이 되어갔다.

　세 번째 전환은 앞선 두 전환을 합쳐 더 나은 세상을 위한 개인의 행동을 체계화하는 것이다. 주간 고속 도로 시스템부터 슈퍼컴퓨터까지 미국에서 일어난 여러 거대한 발명들은 굳이 이러한 사고방식에 의지하지 않고도 발생했을 테지만, 만일 그랬다면 미국인의 국민정신에 이렇게까지 크게 와닿지 못했을 것이다. 앞으로 나아가려는 추진력, 경제 성장과 풍요의 추구, 더욱 올바른 통치 시스템 관리처럼 몹시 미국다운 이상들은, 좀 더 완전한 존재를 설계해 우리가 그렇게 될 수 있다는 생각과 관련이 깊다.

　이러한 전환의 성격은 대놓고 종교적이지는 않을지라도 초창기 미국을 지배한 프로테스탄트 신앙과 밀접하게 묶여 있다. 최적화를 복음으로, 777 제트기가 버려진 사막같이 최적화를 물리적으로 표상하는 장소를 성지라 말하는 것은 과장인지도 모르겠다. 최적화의 역사는 생각보다 피상적이며, 최적화의 신도들은 자신들이 최적화를 숭배한다고 생각하지 않을 수도 있다. 그러나 최적화는 공동의 규칙과 관습을 통해 물질세계를 가공한다는 점에서 신앙과 유사하다. 동시에 최적화는, 더 빨리 가고, 더 많이 집어넣고, 돈을 절약하고, 퇴직금을 모으고, 생산성을 높이고, 남에게 뒤처지지 않으려고 노력하는 것 같은 일상적 관행의 집합이기도 하다.

  사막의 비행기들은 장거리 비행이 왕성하던 시절에 설계되어 팔렸다. 그 시절에는 비행기가 수많은 승객을 싣고서 대륙과 바다를 넘나드는 것이 최적의 방식이었다. 그러다 팬데믹이 장거리 비행에 타격을 입혔고, 소형기와 지역 거점 위주의 이동을 중시하는 거시적 추세가 더욱 공고해졌다. 항공사들은 넓은 동체형 제트기 주문을 조용히 취소했다. 사막 폐기장의 비행기들은 결국 내부를 들어내 고철로 팔릴 예정이다. 비교적 최근에 사막으로 온 777 제트기의 운명은 시간이 말해줄 것이다. 2022년 늦여름, 에어뉴질랜드의 비행기 한 대가 서비스를 재개했다.

  사막은 온갖 것을 은폐한다. 옛 군 기지, 트레일러 마을의 빛바랜 풍경, 합성 약물에 취한 테크 업계 부자들의 모임 그리고 과거 미국에서 가장 큰 규모였던 폐기장이 있다. 로스앤젤레스 동쪽으로 가면 푸엔테 힐스 매립지 Puente Hills Landfill가 나온다. 수년간 쌓인 쓰레기 산의 악취가 바람을 타고 퍼진다. 이 폐기장은 2013년에 문을 닫았고, 지금은 먼지로 얇게 덮여 있다. 언젠가는 이곳에 공원을 조성한다고 한다.

빅터빌과 푸엔테 힐스 너머에서는 곤도 마리에가 열심히 일하고 있다.

곤도와 그의 통역사가 검은색 닷지 밴에서 내려 로스앤젤레스의 넓은 랜치 주택(미국 교외에 흔한, 옆으로 길쭉한 단층집―옮긴이)으로 향한다. 셰익스피어 작품 속 요정처럼 곤도가 무대에 오른다. 곤도는 집으로 들어가 집주인과 포옹하고는 쓰레기가 넘치는 공간에 사는 가족에게 한 달 속성으로 비우기와 부부 상담을 다정하게, 그러나 단호하게 코치한다. 한 달 후, 차고는 깔끔해졌다. 옷 더미는 굿윌Goodwill(일자리를 갖기 어려운 사람들에게 훈련과 각종 기회를 제공하는 비영리 단체로 중고 매장을 운영해 자금을 조달한다―옮긴이)이나 폐기장으로 보내졌다. 아이들 얼굴에 웃음이 걸렸다. 가족이 키우는 고양이마저도 만족한 듯하다.

이는 2019년 처음 방영된 유명 넷플릭스 쇼 〈곤도 마리에: 설레지 않으면 버려라〉[1]의 한 장면이다. 곤도가 복잡한 인생과 터지기 일보 직전의 집으로 여유 만만하게 걸어 들어가고 나면, 변화 전후의 비교 장면을 얼른 보고 싶어 하는 시청자를 위해 단 25분 만에 집의 잡동사니가 깔끔히 정리된다. 짧은 설명 영상의 중간중간, 단정한 미니멀리스트 세트장에서 따로 촬영한 인터뷰가 나오는데, 곤도는 무채색 소파에 앉아 한 마리 벌새처럼 꼼지락댄다. 곤도는 크리스털 종을 울리고, 촛불을 켜고, 방 안에 에센셜 오일을 뿌린다. 한순간에 공기가 산뜻해지고 나쁜 기운이 물러난다. 어떤 장면에서 곤도는 수납 상자를 가만히 두드리며 그 안의 오래된 책들을 깨운다. 또 다른 장면에서는 시청자에게 아기 우주복 개는 법을 알려준다.

"옷 개기는 참 재미있어요!" 이렇게 감탄하는 곤도는 누구보다 기쁘고 평온해 보인다.

교훈은 확실하다. 정리는 그냥 마법도 아니고 삶을 바꾸는 마법이라는 것이다. 곤도의 저서 영어판에도 《인생을 바꾸는 정리의 마법The Life-Changing Magic of Tidying Up》(한국어판 제목은 '정리의 힘'—옮긴이)이라는 제목이 붙었다. 주변의 물질적 현실을 잘 다스리는 자가 구원받는다. 상표로 등록된 곤마리KonMari 정리법은 단순히 집을 정리하는 방식 이상을 의미한다. 이는 성스러운 것과 이어지는 방식이기도 하다. 효율성에 구원이 있고, 누구나 그것에 접근할 수 있다.

곤도의 책은 2014년 미국에서 출간되자마자 베스트셀러가 됐다. 1년 후 곤도는 〈타임〉이 선정한 영향력 있는 100대 인물 중 하나가 되었다. 곤도의 미니멀리즘이 현대 미국에서 이토록 선풍적 인기를 끈 이유는 무엇일까? 곤도는 우리가 느끼는 몇몇 불안을 건드렸다. 그중 가장 자명한 지점은 온갖 물건 때문에 점점 커지는 불만족감과 그걸 억누르고 싶은 욕망이다.

우리가 지금보다 물건을 훨씬 덜 소유했을 때에도 미니멀리즘에 대한 욕구는 다른 이름으로 존재했다. 바로 검소frugality라는 이름으로. 곤도보다 먼저 이 덕목을 주장한 인물도 곤도 못지않게 열정적이고 체계적이었다. 벤저민 프랭클린은 작가이자 정치인이었으며 박식가였다. 검소는 그가 스무 살 때 습관으로 삼겠다고 마음먹은 열세 개 덕목 중 하나였다. 그 밖의 덕목으로는 절제, 침착, 질서 등이 있다. 질서에 관해서는 이렇게 썼다. "모든 물건은 제자리에 두고, 일은 제때 하라."[2]

검소의 지침도 간결하다. "타인이나 자신에게 도움이 되는 일 말고는 돈을 쓰지 말라. 즉 무엇도 낭비하지 말라." 프랭클린은 한 번에 한 가지 덕목만 실천하려고 주간 계획을 짰다. 한꺼번에 열세 가지 덕목을 전부 실천하려는 건 부질없다고 보았기 때문이다. 그에게 이 덕목들을 실천하는 과정은 평생의 과제였고 그 자체로 유익했다.

오늘날 효율성이라는 단어를 들으면 광택 나는 철제 기계, 근면함, 대면 회의 또는 음성 회의로 활기를 띠는 사무실 등이 떠오를 것이다. 순탄히 돌아가는 정부, 누구도 굶지 않는 도시, 철도를 따라 달리는 열차, 혹은 누구든 한 푼도 손해 보지 않고 적정 가격을 지불하는 시장이 떠오를지도 모르겠다.

그러나 효율성과 그의 친척 격인 검소 개념의 뿌리는 생각보다 훨씬 더 일상적인 데에서 발견된다. 검소frugal의 어원은 중세 프랑스어로 '열매' 또는 '열매를 맺는 것'을 의미하는 frux로 거슬러 올라간다. 이후 단어가 진화하면서 생산과 결실이라는 개념 역시 농업에서 상업의 맥락으로 옮겨 갔다.

19세기 이전까지 검소는 효율성보다 더 일반적인 개념이었다(최적화는 그보다도 더 늦게 대중 언어로 등장했다). 이때의 검소는 가정의 문제이자 도덕적 행위였다. 낭비하지 말고, 바라지도 말 것. "적은 것으로 만족하며 살라"라고 말한 플라톤 역시 검소를 덕목으로 생각했다. 공적으로는 자본가이자 사적으로는 검소한 사람인 워런 버핏의 조언 또한 지나간 옛 시대의 정신을 물려받았다. "소비 후에 남은 것을 저축하지 말고 저축 후에 남은 것을 소비하라."

프랭클린의 일기에서도 확인되듯, 검소 개념은 특히 초창기 미국에 뿌리를 내렸다. 신대륙에서 살아남고자 분투하던 청교도 식민지 주민들은 풍족함을 조금 저속하게 여겼다. 북아메리카는 통제라는 최적화 이념을 길러내기에 특히나 적합한 땅이었다. 유럽 정착민에 의해 백지상태이자 길들여야 할 야생으로 신비화되어 있었기 때문이다. 노동, 신중, 절약은 모두 연결된 덕목이었다. 프랭클린은 이렇게 썼다. "하루 노동으로 10실링을 벌 수 있는 사람이 반나절 동안 밖에 나가 있거나 게으름을 피운다면, 아무리 딴짓하거나 빈둥대는 시간에 6펜스밖에 쓰지 않았다고 한들 정말 그만큼만 지출했다고 여겨서는 안 된다. 실제로 그는 5실링을 더 썼거나 갖다 버린 꼴이다."

검소에 관해 이야기할 때 프랭클린의 문장에는 유독 도덕적 판단이 들어 있다. 이를테면 다음과 같다. 게으름은 나쁘다. 시간과 능력을 낭비하는 것은 나태와 죄악의 징표다. 또 프랭클린은 달러로 가치를 매기는 현대 효율성의 언어를 사용해서 검소를 이야기하고 있다. 즉 실링과 펜스의 언어로 말이다. 검소란 개인이 지킬 덕목인 동시에 번영한 사회로 가는 길이다.

프랭클린이 구체화해 독자들에게 전달한 검소 개념은 미국식 자급자족("모두가 자신의 제사장이다"[3])과 한 사람의 운명에 대한 구조적 대답의 필요성이 합쳐져 형성될 수 있었다. 우리는 조직하고, 억제하고, 설계하기 위해 하던 일을 살피기 시작했다. 초창기 식민지 주민들은 지극히 미국적인 정신적 고민에 대한 답으로 근면, 개인의 행동, 금욕적 판단이라는, 참으로 프로테스탄트적인 해법에 이르렀다.

검소는 개인의 행동에 일종의 지침을 주었으나, 전체와는 아주 희미하게만, 프랭클린의 실링과 펜스의 언어를 통해서만 연결되었다. 열심히 일하고 저축하더라도 의심은 사라지지 않았다. 지금 이게 옳은가? 이 알고 싶음, 확신에 대한 욕구가 검소를 오늘날 우리가 보는 효율성의 문화로 변화시키는 과정에서 중심에 있었다.

검소와 다르게 **효율성**efficiency은 라틴어 fic(만들다)과 ex(안에서 밖으로)에 어원을 두었다. 즉 안에서 만들어 바깥에 내놓는다는 뜻이다. 검소란 나무처럼 열매를 맺는다. 반면 효율성은 가진 것들로 무엇을 만들고, 설계하고, 짓는다.

한편 영국의 몇 사상가들은 개인들이 검소를 실천해 공공의 선을 완성하자는 주장을 통해 불안에서 벗어나는 방법을 고안하는 데 일조했다.

19세기 영국은 이동과 변화의 시대였다. 농업 사회가 산업 사회로 바뀌었다. 무역은 바다를 건넜다. 변화 속도는 대다수가 이해 못 할 만큼 빨랐다.

이 불확실성을 누르려는 시도가 일련의 법 제정을 통해 이뤄졌다. 곡물법Corn Laws은 국제 무역으로부터 지역의 농업 원자재를 보호하기 위한 것이었다. 다코타산 사탕무와 플로리다산 사탕수수를 보호하는 요즘의 설탕법처럼, 곡물법도 수입 곡물에 무거운 관세와 제약을 부과했다. (이 시절에는 콘corn이 밀, 귀리, 보리 등 여러 곡물을 통칭했다.)

그러다 돌연 분위기가 뒤바뀌어 1846년에 관세가 폐지되었다. 이는 결정적으로 존 스튜어트 밀이라는 젊은이의 노력 덕분이었다. 밀은 곡물법을 없애면 식량 가격이 낮아지고 결과적으로 소득 대비 식량 지출이 큰 노동 계급에 이로우리라고 주장했다.

밀은 무턱대고 과거로 회귀하자고 주장한 게 아니라, 대중이 산업화에 느끼는 불안을 새 목표를 향한 동력으로 바꿨다. 그는 옛 방식으로의 회귀가 아니라 더 나은 설계를 통해 사회가 더 나아지리라고 믿었다. 밀은 "시대정신"이 달라졌으니 "사람들도 새로운 방식으로 통치되어야 한다"라고 적었다. 그리고 그 시절은 정말로 "변화를 잉태"[4]하고 있었다.

곡물법을 폐지하자 식량 가격이 하락했고 자유 무역이 되살아났다. 몇백 년 동안 주로 가까운 사람들끼리 사고팔았던 유형有形 원자재의 추상화가 차츰 상인과 투기꾼이 거래하는 대상으로 변해갔다.

밀이 말한 변화는 무역보다 더 심오한 차원에서 일어났다. 최고의 선은 무엇이며 그걸 어떻게 이루는가? 밀은 이 질문을 던지고 그에 대한 답을 구하는 공리주의 철학의 대표 사상가다. 공리주의는 선함을 측정하고 합계할 수 있다고, 따라서 결과적으로 최적화할 수 있다고 본다. 개인이건 사회이건 최고의 선을 산출하는 행위는 도덕적으로 가장 귀하다.

최적화 성장의 첫 단계가 지식에 평등하게 접근하고 개인의 행동을 도덕적 미덕과 결부 짓는 것이라면, 두 번째 단계는 개인의 행동을 전체와 연결하는 것이었다. 공리주의는 인간이 개인적으로나 집단적으로나 불완전하지만 동시에 매우 완전해질 수 있다는 생각을 골자로 하고 있다.

존 스튜어트 밀의 부친인 제임스 밀은 말수가 적고 재미없는 사람이었다. 이들과 동시대를 살았던 토머스 매컬리Thomas Macauley는 제임스 밀의 글을 가리켜[5] "퀘이커교도답게 무미건조하고 (중략) 냉소적인 경시와 불순한 방식"을 띠고 있다고 평가한다. 한마디로, 그의 방식은 효율적이었다. 인류에 대한 시각이 시큰둥했던 밀은 제러미 벤담과 함께 인간이 자연 세계에서 "희박한 행복의 자원"을 빼앗아야 한다고 말하며 효용utility이라는 개념을 처음으로 창시해냈다.

이 관점에 따르면 야만과 '자연'을 문명화하는 역할은 사회가 맡아야 했다. 정부가 할 일은 "인간이 서로에게서 얻는 기쁨을 극도로 늘리고 고통을 극도로 줄이는 것"이었다. 이 관점은 안전과 구원을 보장받는 것에서 지상의 삶을 완전하게 만드는 것으로 눈을 돌리는, 커다란 전환을 상징했다.

오늘날 가장 강력한 기관들이 이러한 사고의 흐름에 빚을 졌다. 기업이 완전해지도록 스프레드시트를 작성하는 맥킨지 컨설턴트부터, 물질세계를 영적인 솜씨의 발현이라 믿는 모르몬교 사도들, 산업 경제학자들, 마법 같은 행렬과 성공의 사분면을 가르치는 하버드 경영대학원의 선생들, 그리고 누구보다 우리의 정치 지도자들까지 모두 예외가 아니다. 마거릿 대처가 1981년에 "경제학은 방법이며 그것의 목적은 마음과 영혼을 바꾸는 것"[6]이라고 선언했을 때 의도는 분명했다. 경제는 더 커다란 공공의 선과 행동의 변화를 위해 활용할 수 있는 하나의 도구였다.

구원과 올바른 행동에 대한 불안을 실천으로 둔갑시킴으로써, 밀과 동료들은 최적화 렌즈를 형성하는 데 일조했다. 이제 개인은 자신의 선행뿐 아니라 넓게는 이 세상에서 자기 행동이 일으키는 반향까지도 책임져야 한다고 여겨졌다.

한편 공리주의가 팽창하자 공백이 생겨났다. '내가 옳은 일을 하고 있나?' 같은 질문의 답을 구하려 할 때 우리 손에는 한정된 도구만 주어진다. 그나저나 옳은 일이란 대체 뭐지? 나 자신, 가족, 공동체에 최선인 것을 말하는가? 최선은 어떻게 정의하는가? 다른 사람들이 옳다고 생각하는 것을 말하나? 다른 사람은 누구를 가리키지? 내가 사는 도시가 생각하는 올바름과 국가 차원의 올바름을 어떻게 저울질해야 할까? 이러한 질문을 던지다 보면 빠르게 불안의 늪으로 빠져든다.

  무엇이 옳은가는 더 이상 단순한지도, 보편적이지도 않다. 올바름에 대한 결정과 질문은 매번 새로운 자료 조사와 측정을 요구한다. 영국 법 체제에서 가져와 미국인만의 방식으로 상업화하고 혁신한 미국 판례법이 대표적인 사례다. 미국 판례법에서는 선례가 차곡차곡 쌓이고 모든 것이 토론 대상이 된다. 비싼 변호사를 고용할 여력이 있다면 더욱더 그러하다. 물론, 그렇다고 올바름이 아예 존재하지 않는다거나 철저히 주관적이라는 뜻은 아니다. 대법관 올리버 웬들 홈스Oliver Wendell Holmes가 "사상의 자유 시장"[7]이라고 말한, 가끔은 그냥 시장이라고만 칭해지는 것이 언제나 무엇이 옳은가를 결정한다는 의미다. 그걸 받아들일지 말지는 개개인의 몫이다.

  효율성이 하나의 사고방식으로 자리 잡으면서 그것의 결점은 점점 얼버무려졌다. 처음에 곡물법 폐지는 잉글랜드의 곡물 가격을 정말로 낮췄다. 그러나 1800년대 말, 철도와 증기선 항로가 놓이면서 북아메리카와 러시아에서 훨씬 싼 곡물이 수입되기 시작했다. 그곳들의 곡물은 비옥한 토양과 낮은 인건비 덕분에 더 저렴했다. 20세기 초 영국은 자국 농부를 보호하기 위해 다시 관세를 부과했다.

보호주의로 돌아선 잉글랜드의 사례가 보여주듯, 효율성에는 여전히 문제가 있었다. 사회가 완전해질 수 있고 개인의 행동이 공공의 선과 이어졌다고 상정하는 것까지는 문제가 없었다. 신이나 가족을 위해 선한 일을 해야 한다면 가야 할 길은 분명했다. 하지만 현실에서 국제 무역이나 계급 불평등을 해결해야 할 때에는 이를 어떻게 추상화할 수 있단 말인가?

미국 역시 19세기에 보호주의를 강화했으나, 여기에는 서부 팽창과 더불어 법률이나 관습으로 아직 성문화되지 않은, 할 수 있다 정신can-do spirit이 동반되었다. 아마도 이러한 정신이 통했기에 개인의 행동이 중요하다는 생각도 비교적 쉽게 받아들여졌을 것이다. 미국에서는 앞으로 나아가려는 움직임이 있었다. 목적이 무엇이었든 결과적으로 그 움직임은 세 번째 전환, 즉 이 새로운 관점을 깊이 심어 넣고 체계화하는 것을 미국 토양에서 가장 먼저, 널리 일어나도록 만들었다.

곤도 마리에의 복음은 겉보기에 우아해 보이지만 그 중심에는 엔지니어의 사고방식이 깔려 있다. 그것의 약속은 분명 낭만적이기도 하다. 복음을 믿는 제자들은 너무 많은 물건을 이고 철커덩거리는 바퀴들로 굴러가는 일상의 혼란을 잘 다스려 현대성으로부터 도피하기를 열망한다. 현대 세상의 과시와 작별하는 일종의 불에 의한 정화淨化를 통해 곤도 추종자들은 좀 더 단순했던 과거로 돌아갈 수 있다. 동시에 곤도 복음의 체계적인 방식은 거창하고 미래 지향적이다. 정리는 물질세계, 궁극적으로는 그에 대한 개인의 불안을 장악하는 올바른 방법이 된다.

공리주의 이념과 그 발치에 놓인 자유방임주의 경제학(경제학자들은 아주 흔쾌히 '효용'이라는 용어를 받아들였다)은 최적화 기술들과 나란히 발전했다. 그 둘의 중심에는 상향식 선善을 가져다주는 하향식 구조에 대한 이상주의가 깔려 있다.

공리주의와 거기서 파생한 미니멀리즘은 우리의 행동이 공공의 선과 어떻게 이어질지에 대한 불안을 부분적으로 완화해줄 뿐, 결국 그 불안이 거주할 장소를 마련해주었다. 확실성의 문제는 여전했다. 모든 가능성을 전부 소진했다고 어떻게 알 수 있단 말인가? 우리의 행동이 정말로 최선임을 어떻게 확신할 수 있는가?

───────

스타니스와프 울람Stanistaw Ulam은 뉴멕시코로 가게 되었다는 것을 알았지만 정확한 이유는 몰랐다. 그걸 알아내기 위해 향한 곳은 도서관이었다.

울람은 폴란드에서 태어난 수학자(나중에는 물리학자가 되었다)였고 1930년대 말 미국 땅에 처음 도착했다. 1943년, 울람이 미국 시민권을 취득하고 위스콘신대학교 교수로 임용된 후, 그의 동료 요한 폰 노이만이 기밀 프로젝트에 그를 초대했다. 프로젝트에 관해 폰 노이만이 해준 말은 일단 가족을 다 데리고 뉴멕시코로 이사 와야 한다는 것뿐이었다.

울람은 뉴멕시코에 관한 책을 한 권 대출했다. 주의 역사, 문화, 기후에 대한 부분으로 곧장 넘어가기 앞서 이전 대출자들의 명단이 적힌 책날개를 펼쳤다.

희한한 명단이었다. 울람이 잘 아는 동료 물리학자들의 이름도 보였다. 대다수는 몇 달 새 대학에서 묘하게 종적을 감췄다. 울람은 과학자들의 이름을 보고 그들의 연구 분야를 확인했고, 그걸 토대로 기밀 프로젝트의 성격을 짐작할 수 있었다.

제2차 세계 대전이 한창이었다. 울람은 뉴멕시코주 로스앨러모스로 초대되어 훗날 맨해튼 프로젝트로 알려진 연구에 참여하게 되었다.[8]

로스앨러모스로 가는 길은 가팔랐다. 낭떠러지 옆 구불구불 좁은 오르막을 오르다 보면 작은 고원이 나왔고, 그곳에 마을이 있었다. 알라모, 그러니까 요새로 가는 길다웠다(텍사스 독립 전쟁 때 텍사스주 '알라모 요새'에서 판세에 결정적 영향을 미친 전투가 벌어졌다―옮긴이).

길을 다 오르고 나면 오른편으로 작은 공항을 지나게 되고, 곧이어 잘 정돈된 작은 마을에 들어선다. 곤도 마리에가 마법을 부린 공간이라 해도 이상하지 않다. 센트럴 애비뉴에서 잡동사니를 정돈해 꼭 필요한 것들만 남겨놓은 공간 같기도. 작은 식료품점이 두어 군데 있고, 꽃집, 체육관, 반려동물 사료 가게, 주유소가 하나씩 있다. 로스앨러모스에는 수십 곳의 교회와 그에 못지않게 많은 술집이 있다. 꽤 오랫동안 이 마을에 술집은 달랑 하나였다.

로스앨러모스의 진짜 중심은 한참 더 들어가야 나오는, 경비가 삼엄한 연구소다. 요즘도 연구원 수천 명이 아침마다 좁은 샛길을 따라 올라갔다가 오후에 내려오며 산타페 또는 인근 지역에서 통근하고 있다. 이곳은 여전히 뉴멕시코에서 소득이 가장 높은 지역[9]으로 손꼽힌다. 슈퍼컴퓨터가 있는 곳. 특급 과학자들. 여름날 저녁 7시가 넘으면 바람 소리 말고는 고요하다.

75년 전에는 더욱더 대조적이었다. 연구소는 지식의 개척지이자 물리적 변방의 분위기를 물씬 풍겼다. 울람의 아내 프랑수아즈는 로스앨러모스의 첫인상을 이렇게 기록했다. "[그곳은] 사계절 내내 태양이 빛나는 스위스 마을, 공사장, 매점과 식당이 딸린 군 초소를 묘하게 섞어놓은 공간이었다. (중략) 그곳에서 삶은 소박하고 평등했다."

적어도 표면상으로 이 시절은 확실히 평등한 구석이 있었다. 연구실 분위기는 공동으로 일하는 협회와 비슷했다. 맨해튼 프로젝트는 비록 지구 표면에 움푹한 상흔을 남겼으나, 그 자체로 미국의 독창성과 과학적 협업의 승리를 상징했다. 이 프로젝트는 도시들을 파괴했고, 전쟁을 끝냈으며, 핵이 불러올 절멸의 미래를 상상하게끔 했다. 그러고 나서 전후戰後 미국은 비교적 낮은 수준의 불평등과 인플레이션 그리고 이례적으로 높은 성장률을 기록했다. 결혼율도 높았다. 세계 대전은 끝났다. 아니, 적어도 당분간은 보류였다. 이제는 경제가 안정을 찾는 때였다.

프랑수아즈는 덧붙였다. "돌이켜 보면 그때 우리는 높은 고도에서 다들 머리가 조금 어떻게 됐던 것 같다."

울람은 바로 이 전후 시기에 최적화 분야에 가장 중요한 기여를 했다. 그는 가족과 함께 로스앨러모스를 서둘러 떠나 서던캘리포니아대학교로 갔는데, 그러다 1946년 뇌염에 걸렸다. 까다로운 병이었고, 울람은 침상에서 몸을 회복하는 동안 카드로 솔리테어 게임을 하고 또 했다. 그리고 이 게임에서 하나의 생각이 탄생했다.

카드를 내려놓으면서 울람은 생각했다. 이 판에서 나의 승률은? 게임을 충분히 많이 치르고 계속해서 카드를 추적하다 보면 승률을 말해줄 데이터를 확보할 수 있었다. 예를 들어 카드의 첫 배열이 어떠해야 이길 확률이 가장 높은가를 계산하는 게 가능했다. 게임을 많이 할수록 데이터는 더 향상될 터였다. 그리고 많은 수의 게임을 실제로 수행할 필요 없이 가능한 모든 결과의 분포에 근접할 시뮬레이션을 돌릴 수도 있었다.

완치되어 복직한 울람은 이러한 식으로 표본을 추출하는 방법을 솔리테어 게임 너머로까지 응용할 방안을 고민하기 시작했다. 성공한다면 입자 확산부터 암호 작성까지 물리학의 많은 문제에 보탬이 될 수 있었다. 여전히 그와 교류하던 로스앨러모스 시절의 동료 닉 메트로폴리스Nick Metropolis는 평소 울람에게서 도박 중독에 빠진 삼촌 이야기를 자주 듣곤 했다. 울람이 카드놀이를 하며 떠올린 생각인 만큼, 메트로폴리스는 울람의 삼촌이 카지노로 갈 때마다 자주 했다던 인사말 "몬테카를로에 간다"에서 착안해 코드명을 정했다. 그렇게 이 방법의 명칭은 몬테카를로 방법이 되었다.

첫 응용은 중성자 확산을 이해하기 위한 통계학적 접근법이었다. 이는 해결이 어려운 문제였는데, 중성자 행위가 결정론적이지 않고, 따라서 컴퓨터의 도움으로도 예측하기가 힘들기 때문이었다. 울람은 폰 노이만에게 편지를 보내 중성자가 다른 중성자들과 충돌할 때 그 궤적을 추적하는 방법을 제안했다. 결과를 도출하는 데에는 무작위 숫자들이 사용되었다. 이 방법대로면 수많은 상호작용을 여러 번 반복해 추적할 수가 있고, 그걸 통해 핵분열 무기가 어떻게 폭발할지 알려주는 지도를 산출할 수 있었다. 포병대의 사표射表를 계산하는 데 처음 쓰인 아주 초창기의 슈퍼컴퓨터가 이를 시험 삼아 계산해보는 임무를 맡았다.

몬테카를로 방법은 수학, 물리학, 머신 러닝의 여러 분야에 활용되는 기술의 기저를 이루게 되었다. 이 방법은 최적화의 세 요소를 결합한 것으로, 그 요소란 계산을 세분화하고, 그걸 모델이나 시뮬레이션으로 추상화하고, 해법에 다다르기 위해 계산을 자동화하는 것이다. 게임의 영역에서 출발해 국방 예산을 짜는 데까지 적용된 몬테카를로 방법은 오늘날 컴퓨터가 일반적으로 하는 일, 즉 자연현상을 이해하기 위해 대규모 시뮬레이션을 수행하는 것의 초기 사례로 빠르게 자리 잡았다.

몬테카를로 방법이 발명되기 이전에는 울람의 두 동료가 에드워드 텔러Edward Teller(헝가리 출신 물리학자로, 맨해튼 프로젝트에서 개발한 원자 폭탄보다 훨씬 강력한 수소 폭탄을 개발했다—옮긴이)가 제안한 초강력 폭탄의 핵반응이 어떻게 일어날지를 상세히 규명하고자 그와 똑같은 계산을 수행하며 과정을 기록한 바 있다.

[그 과정은] 따분하고 고되었다. 계산의 각 단계는 이해할 수 있었으나 그에 수반하는 여러 요소끼리의 복잡한 상호 작용이 계산 전체를 극도로 복잡하게 만들었다. (중략) 계산의 각 단계는 이전 작업에 달려 있으므로 매 단계를 사실상 무오류로 완수해야만 했다. (중략) 이 계산들이 계산자(로그 눈금이 새겨져 복잡한 계산을 수행하는 계산기―옮긴이)와 인간이 손수 두드리는 구식 탁상용 계산기만 가지고서 이뤄졌다고는 감히 상상하기도 힘들다.

비슷한 시기에 선형 계획법이라고 불리는 연립 방정식 계산법이 발명되었다. 1장에서 다룬 레모네이드 사례로 이 해법을 생각해보자면, 재료의 비율과 음료의 최종적 단맛, 레모네이드의 단맛과 판매량, 계절과 레몬 가격 사이의 관계들을 기술하는 작업이 수반된다고 할 수 있다. 이러한 방정식들을 결합해 풀면 연중 특정 시기에 레모네이드의 수익을 극대화하는 조리법을 발견할 수 있다.

이러한 유형의 계산법은 레모네이드 영역을 훨씬 넘어서까지 응용되었다. 일례로 제조 분야에서는 시간을 잡아먹는 실험을 생략하고 자동차 부품의 형태를 분석적으로 결정하는 데 이 방법이 쓰인다. 교통 분야에서는 버튼 하나로 일정이 생성되고 갱신된다. 에너지 분야에서는 필요한 지역에 전력을 보내기 위해 최적화되는 망을 의미한다.

울람의 몬테카를로 연구는 말하자면 최적화 기술의 황금기를 알렸다. 폰 노이만 같은 동료들은 울람의 아이디어에서 한발 더 나아가 최적화를 위한 동적 계획법 수학에 반복 개념을 적용했다. 얼마 후에는 미국 공군 소속 수학자 조지 댄치그George Dantzig가 일명 심플렉스법simplex method, 즉 일련의 연립 방정식 안에서 여러 다양한 최적의 가능성을 시험해 최선의 것을 찾아내는 체계적인 방식을 고안했다.

이러한 기술들은 세상을 바라보는 우리의 시각을 바꿔놓았다. 울람의 혁신은 개인의 행동을 가능한 결과들의 범위와 연결하는 지도를 우리에게 쥐여주었다. 복수의 여신들과 변덕스러운 운명의 것으로 여겨지던 확률에 비로소 경계가 지어졌다.

그런데 울람은 이런 식으로 불확실성을 제압할 법한 인물이 아니었다. 과학자로서 그는 포용력이 넓었고 협업을 선호했다. 한 인간으로서는 호기심이 많았고 친절했다. 울람의 동료 마크 칵Mark Kac은 이렇게 회고했다. "울람은 (중략) 여가와 대화를 중심으로 사고했다. (중략) 낮이고 밤이고 카페에 앉아 작은 종이에다 다이어그램을 그리면서." 울람의 아내도 같은 이야기를 한다. 울람은 "미국식 '시간표'에 썩 어울리는 사람이 아니었다. (중략) 단 한 번도 9시 출근 5시 퇴근 유형이었던 적이 없다."

울람은 자서전에서 물질세계에 자취를 남긴 수학의 힘에 경외를 표현한다. "칠판에 끄적인 몇 글자가 인류사의 궤적을 바꿀 수 있다는 것이 (중략) 나에게는 여전히 끝없는 놀라움의 원천이다." 그러나 울람의 경외감에는 낭패감이 뒤섞여 있다. 그가 참여한 맨해튼 프로젝트는 핵 파괴라는 새 망령을 세상에 풀어놓았다. 카페에 죽치고 사는 그의 성격과 그가 창조에 일조한 세상은 계속 불화했다. 그리고 이렇게 설계된 궤적들이 인류사를 또는 물질세계를 어느 정도로까지 바꿔놓을지에 대한 의문 역시 풀리지 않은 채였다. 설계된 유토피아를 사랑하면서 다른 한편으로는 폭군의 통제를 두려워한다는 점에서, 울람 내면의 긴장감은 국가 차원의 그것과 다르지 않다.

뉴멕시코의 어느 머나먼 곳에서 19세기 영국의 메아리가 울리고 있었다. 밀을 비롯한 학자들이 구체적인 목표와 가능성을 기술했다면, 울람은 그 가능성의 풍경을 일련의 확률과 구체적인 결과들로 바꾸었다. 자연을 활용해 인류 역사상 가장 잔혹했던 전쟁은 물론 인류 전체를 말살할 가능성을 품은 폭탄을 만들려 했던 과학자들은 계산을 통제하기 위한 새 방법을 고안해냈다. 이것이 개인의 행동을 집단과 연결 짓는 수단을 제공해주었다.

울람이 방법을 알려주었는데도 우리는 여전히 무엇이라는 질문을 풀지 못했다. 이제 지도는 얻었다. 그렇다면 여기서 취해야 할 최선의 행동은 무엇이며, 따라야 할 최선의 경로는 무엇인가?

―――

곤도 마리에는 고등학생 시절 정리의 구루로 새롭게 탄생했다고 말한다. "버릴 수 있는 거면 전부 버리려고 집착했다. 하루는 신경 쇠약 때문에 그만 기절하고 말았다. 그 상태로 두 시간이나 있었다. 다시 정신을 차렸을 때 미지의 목소리가 들려왔다. 정리의 신 같은 존재가 주변 사물들을 좀 더 꼼꼼히 살피라고 말을 걸었다. 그때 내 실수를 깨달았다. 나는 버릴 물건만 찾아다니고 있었다. 정작 해야 할 일은 간직해야 할 물건을 찾는 것이었다. 나를 행복하게 해주는 물건을 발견하는 것, 그게 바로 정리다."[10]

상표로 등록된 곤마리 정리법은 삶에 즐거움을 불어넣는 사물과 행동, 습관과 의식, 관계 등을 잘 살핀 다음 그렇지 않은 것들에 작별을 고하고 간직하기로 한 것들에 고마움을 표현하는 행위를 수반한다. 곤도는 말한다. "나에게 그것은 단순한 정리가 아니다."

고등학생 때 신의 목소리를 들었다는 곤도는 일본 신사에서 미코神子, 즉 무녀로 5년을 일했다. 그러면서 공간을 청결하게 유지하고, 춤을 추고, 무속 전통 의식을 행하는 일을 맡았다. 비즈니스 잡지 〈패스트 컴퍼니Fast Company〉와의 인터뷰에서 곤도는 그때의 경험이 자신의 세계관을 형성했노라고 말한다. "신사는 나에게 딱 맞는 공간이었다. 무생물의 사물들에 고마움을 표현하는 것이 신사의 본질이었다."

이제 하나의 상표가 된 곤도의 정리 과정에서도 주인을 위해 제 기능을 했으나 더 이상 필요 없어진 사물들에 고마움을 표하는 게 중요한 의식 중 하나다. 각 사물에는 카마kama, 즉 생명력이 깃들었으며, 그것의 효용을 인정하는 것은 그 생명에 대한 존중이다.

곤도 마리에 시스템을 따라 서랍에 옷을 개켜 넣는 것을 보고 있으면 일종의 황홀감이 느껴진다. 모든 것이 제자리를 찾아 들어간다. 낭비되는 공간도, 남아도는 공간도 없다. 모든 것이 최적의 상태다.

효율성의 언어로 변화한 검소의 언어는 갈수록 사적인 동시에 외향적인 관점을 갖추었다. 지식 접근의 탈중앙화로 사제의 권위에 의지할 필요 없이 각자 성서를 읽기만 하면 되는 시대가 도래하자 신을 만나기 위해 더는 몇 킬로미터를 걸어 교회에 출석할 필요가 없어졌다. 미국 식민지는 막 시작 단계이던 이념들을 배양할 페트리 접시가 되었다. 토크빌은 이렇게 썼다. "[이 철학은] 사회 조건이 어느 정도 동일해지고 사람들이 어느 정도 비슷해진 시대가 아니고서는 따를 수가 없는 것이다."[11]

효율성은 스타니스와프 울람이 등장하기 이전인 20세기 초엽부터 엔지니어와 관리자 집단이 공정을 체계화하며 많이 사용하던 개념이었다. 대통령(이자 엔지니어였던) 허버트 후버부터 존 D. 록펠러까지 누구나 적은 것으로 더 많은 것을 하고 싶어 했다. 어느 전기 작가에 따르면 "록펠러의 영혼은 거대한 조직이 앞으로 나아가는 힘에 떠밀려 이따금 도로변에 밀쳐지던 투쟁가의 시련보다 비효율성과 사업적 낭비에 더 큰 충격과 공포를 느꼈다."[12]

기업들은 효율성 이념에 열광했다. 1920년대 시카고에 거점을 둔 광고 회사 매더앤드컴퍼니Mather and Company는 공장 노동자들을 고무하기 위한 포스터를 여럿 제작했는데, 사업 효율성에서 '새는 부분을 막으라Stop the Leaks' 같이 기운찬 구호도 포함되었다. 매더앤드컴퍼니는 포스터 하나가 "노동자의 하루 노동량에서 새는 부분을 10퍼센트" 줄일 것이라고 주장했다.[13] 샤를 베도Charles Bedaux가 만든 관리 시스템은 주어진 시간 내에 완수한 작업량에 따라 노동자에게 임금을 지급하자는 제안이었다. 이 시스템은 이스트먼코닥Eastman Kodak부터 듀폰DuPont까지 많은 기업이 따르는 보상 체계의 근간이 되었다. 미국 의원이자 경영 컨설턴트였던 W. 에드워즈 데밍W. Edwards Deming이 수립하는 데 일조한 토요타 생산 시스템은 제조 방식을 간소화했으며 린 제조, 식스시그마 등 화려한 이름으로 불리며 훗날 모든 산업계의 수천 개 기업으로 퍼져나갔다.

곤도 마리에의 철학도 이러한 가닥들과 뒤섞인다. 정돈하려는 개인의 충동이 생명이 깃든 사물들을 향한 감사와 어우러진다. 그렇게 곤도 마리에의 가르침은 울람이 만든 설계된 가능성의 지도를 구체적 행위로 옮겨낸다. 곤도의 프로젝트는 올바른 행동을 통해 개인의 미덕을 좇자는 프랭클린의 검소 정신을 닮았다.

2020년, 소소하게 우리의 일상을 장악한 곤도 마리에의 존재감은 집 밖을 나가 직장까지 진출했다. 120억 달러 규모의 일본 전자상거래 대기업 라쿠텐Rakuten이 곤마리미디어KonMari Media의 지분 과반을 인수한 후였다. 곤도는 경영대학원 교수와 함께 《짧고 굵게 일합니다》를 썼다. 이 책에 실린 감사의 글에서 곤도는 자신의 목적을 언급한다. "우리 회사의 비전은 세상을 정돈하는 것이다"라고.

이 책은 곤도의 집 정리 프로그램처럼 따르기 쉬운 목록으로 지침들을 전달한다. 각 장은 사무실 공간 정리부터 '시간 정리', '결정 정리'까지 다룬다. 독자들은 업무 하나하나를 진지하게 들여다본 뒤 "과연 이 업무가 내 자리의 보전이나 승진에 필요한가?", "과연 이 업무가 일에 대한 만족도를 키워주는가?" 같은 기준에 따라 그 업무를 지속할지 아니면 관둘지를 결정하도록 요구받는다.

"스캔의 함정을 조심하라", "규칙 2: 서류를 곧게 세워 보관할 것" 같이 기본적인 조언들도 있다. 두 번째 조언이 필요한 이유는 다음과 같이 충실하게 설명된다. "최적의 효율성을 위해 걸이형 파일 시스템으로 서류를 보관하는 게 필수다. (중략) 이렇게 보관해야 서류량이 얼마나 되는지를 파악하기 쉽기 때문이다. 또 보기에 깔끔하고 단정하다."

요즘 우리가 말하는 효율성은 1720년이나 1920년에 이야기되던 것과 많이 다르다. 닳아서 못 쓰게 된 물건을 수리한다고 해보자. 양말을 기우거나 의자 천을 교체하는 행위는 여전히 약간의 미덕을 지녔으나 현대 미국인 중에 굳이 시간을 내서 그런 일을 하거나 그걸 효율적이라 말하는 사람은 드물 것이다. 빵집에서 빵을 사는 대신 집에서 직접 굽는 행동은 경제적 필요에 의해서라기보다 재미로 여겨진다. 빵집에서 살 수 있는 빵은 (말하자면) 효율성으로 구워진 까닭에 더 저렴하기도 하다. 마찬가지로 누군가에게 선물하려고 양말을 뜨개질하는 것은 (온라인으로 구매해 수천 킬로미터를 건너 배송되는 비싼 실을 사용하기는 하지만) 사려 깊은 행동이자 취미 활동으로 여겨진다. 시간과 돈의 측면에서 결국 가장 효율적인 행동은 코스트코 냉동 진열대에서 손바닥 크기만 한 애플파이가 열여섯 조각 담긴 상자를 하나 사거나, 커클랜드 브랜드 양말이 여덟 켤레 포장된 상자를 구매하는 것이다.

우리의 언어가 돈이나 시간의 절약을 미덕으로 인정하는 방향으로 바뀜에 따라 절약의 역할도 달라졌다. 파이를 굽는 것이 그 자체로 검소한 행위이듯, 검소는 본질적으로 행동에 내재한 미덕으로 여겨진다. 반면 효율성은 시스템 전체에 관한 질문을 던진다. 파이를 굽는 것과 가게에서 사는 것 중 무엇이 더 효율적인가?

효율성은 경제적 성격을 띠기도 했다. 우리가 4장에서 본격적으로 만날 윌리엄 스탠리 제번스William Stanley Jevons는 상품의 가치에 관한 새로운 이론을 제안했다. 제번스가 활동한 1870년대 이전까지 상품의 가치를 설명하는 지배적 이론은 애덤 스미스의 것이었다. 그의 노동 가치설은 상품의 가격이 그것에 투입된 노동의 값을 반영한다고 상정했다. 여기에는 작물을 심고 수확하는 것처럼 직접적인 노동은 물론이고 농부들이 사용하는 수확 장비 같은 필수 자본에 투입된 노동까지 포함된다.

제번스는 이 논리를 뒤집어 생각했다. 상품의 가치가 그것에 투입된 노동의 값에 따라 측정되는 게 아니라 시장에서 얼마나 값어치가 나가느냐에 따라 결정된다는 것이다.[14] 즉 상품을 구매하거나 사용하는 사람에게 제공하는 효용성으로 좌우된다.

이렇게 거꾸로 뒤집힌 논리는 중대한 결과를 낳았다. 제번스의 아이디어는 가치를 결정하고 효용을 집단으로 극대화하는 개인들의 집합으로서 가격과 시장 전체를 바라보도록 가능성을 열어주었다. 이는 경제적 가치라는 개념을 일종의 부가적인 것에서 레모네이드처럼 최적화할 수 있는 폐쇄된 시장 또는 시스템으로 바꾸었다.

―――

1970년대에 학계를 떠났던 스타니스와프 울람이 로스앨러모스로 되돌아왔다. 이번 방문은 저번과 달랐다. 처음에 뉴멕시코로 갔을 때에는 거창한 계획에 착수한 오합지졸 엘리트 과학자 집단의 일원으로 합류한 것이었다. 맨해튼 프로젝트가 성공할지 아무도 몰랐다. 두 번째 방문은 맨해튼 프로젝트가 성공한 후였고, 로스앨러모스 국립 연구소가 공식 개소한 뒤였다. 그리고 울람이 투병하는 와중에 몬테카를로 방법을 고안한 이후이기도 했다.

다시 돌아온 울람 앞에는 다른 유산이 있었다. 1960년 〈타임〉은 올해의 인물로 '미국 과학자들'을 선정했다. 미국 경제는 과학적 협업과 혁신의 가능성에 힘입어 거침없이 질주했다. 성장은 무한해 보였다. 이 모든 것이 일어나는 곳이 바로 국립 연구소였다.

울람이 뉴멕시코에 처음 왔던 시절 이후로, 미국인 대부분은 공학과 계산 기술이 미래의 핵심이 되리라는 믿음을 품게 되었다. 로스앨러모스 같은 국립 연구소들이 먼저 실험한 아이디어들이 이후 다른 곳에서, 이를테면 1980년대의 월가에서, 21세기 초의 실리콘 밸리에서, 최근에는 생명 공학 연구소에서 되풀이되었다.

새로운 계산법들이 현대 과학을 발전시키기는 했으나 그림자가 없었던 것은 아니다. 울람은 자서전과 이후 몇 번의 대담에서 자신이 탄생에 일조한 시대에 관해 양가적 감정을 드러낸다. 아내 프랑수아즈와 함께 산타페에 정착한 울람은 유니테리언 교회에서 주최한 일요 강연에 참석하러 로스앨러모스로 차를 몰았다. 그는 이렇게 회상한다. "그날의 논의는 (중략) 과학과 도덕의 관계에 집중되었다." 또 다른 수학자 앙리 푸앵카레Henri Poincaré 역시 1910년 글에서 같은 지점을 고민했다. 울람은 푸앵카레를 인용하며 그 후로 변화가 어마어마했노라고 말한다. "과거에는 문제들이 이렇게까지 불안을 자아내지 않았다. 원자력이 세상에 풀리고 유전자 조작이 가능해진 지금, 문제가 아주 많이 복잡해졌다."[15]

울람의 안온한 낙관주의는 말년에 한결 누그러졌다. 어쩌면 모든 것을 꼭 이용하거나 설명해야 하는 건 아닌지도 몰랐다.

울람이 일요 강연을 가며 지나쳤던 길에서 바버라 그로서스Barbara Grothus는 색다른 교회를 해체하는 중이다.[16]

바버라의 부친 에드 그로서스Ed Grothus는 로스앨러모스 국립 연구소에서 20년간 기계 기술자로 일했다. 아이오와에서 태어나 상선에 탔고, 한동안 여객선에서 일하다가 뉴멕시코에 정착했다.

연구소에는 1949년에 취직했다.

1960년대 말, 에드는 정치관이 달라지기 시작했고 전쟁과 핵 확산을 반대했다. 10년 후에는 로스앨러모스에 있는 피글리위글리 Piggly Wiggly 식료품점을 사들여 그곳을 반핵의 성지로 바꿨다. 그가 연구소에서 일하며 모은 물건들과 갖가지 원자력 기계들이 전시되었다. 대형 트레일러 두 곳에 잡다한 물건들이 채워졌고, '최후 심판의 돌'이라 불리는 화강암 기념비처럼 내부에 들이기 힘든 물건들은 야외에 놓였다. 식료품점 옆에는 A 자 형태의 교회가 있었다. 에드는 그곳을 제일 첨단 기술 교회 First Church of High Technology 라 명명했다. 제법 자연스럽게 스스로 목사가 되었고, 이후 교황이 되었다.

히로시마와 나가사키 원폭 투하 기념일이 되면 에드는 건물 바깥에다 "핵폭탄 투하를 사과합니다"라고 적힌 대형 배너를 내걸었다. 과거에 자신이 일했던 연구소를 두고 에드는 의학과 기타 분야에서의 연구는 존경하지만 "그건 나쁜 일이었다. 우라늄은 땅속에 그대로 두었어야 했다"[17]라고 말했다.

2009년 에드가 세상을 떠난 후로는 바버라가 성지를 지켰다. 내가 잠시 산타페에 거주했을 때만 해도 그곳에 방문해 기념품을 사서 집에 가져갈 수 있었다. 그러나 에드가 모았던 활기와 제자들은 이미 흩어진 후였고, 결국 바버라는 전시품들을 매각한 뒤 박물관 문을 닫았다.

얼마 전 기자에게서 "전쟁. 전쟁은 무엇에 좋습니까?"라는 질문을 받았을 때 바버라 그로서스는 대답했다. "뉴멕시코 경제에 도움이 되었죠. 로스앨러모스는 경제력이 상당해요. 다른 산업들에 영향을 미치고, 우리 주에 사는 특정 사람들에게 분명 큰 이득이 됐습니다."

바버라의 대답은 반쯤 아이러니했고 반쯤 낙관적이었다. 하지만 바버라는 로스앨러모스에서 일어난 모든 일을 대체로 "우울"하게 보았다. 박물관 터를 어떻게 사용할 계획이냐는 질문에 그는 "멋진 식료품점이 되겠죠"라고 대꾸했다.

최적화의 복음과 그에 수반하는 믿음, 즉 세상을 우리가 취할 대상으로 보는 관점에 모두가 만족하는 것은 아니다. 에드 그로서스의 교회는 소수의 신도를 끌어모으는 데 그쳤으나 맹목적인 진보에 끝까지 맞섰다. 4장에서 우리는 더 많은 사례를 살펴볼 것이다. 박물관은 팔렸지만, 그곳의 유물은 로스앨러모스에 있는 브래드버리 과학 박물관에 여전히 전시되어 있다.

―――

2019년 곤도 마리에는 로스앤젤레스로 이사했다. 2021년 봄에는 셋째 아이가 태어났다. 온 가족이 캘리포니아 남부의 햇살을 받으며 활짝 웃고 있는 사진이 400만 명의 팔로워를 거느린 인스타그램 계정에 올라왔다.

알고 보면 곤도의 이야기는 그리 일직선이 아닌지도 모른다. 곤도의 철학은 단 하나의 비전으로 나타나지 않았다. 물론 돌이켜 보았을 때 신사에서 일한 경험이 영감이 되었노라고 곤도는 주장하지만 말이다. 그의 베스트셀러도 전혀 예상 못 한 결과는 아니었다. 곤도는 책 쓰기 대회에 참가해 거기서 구루의 탄생을 직감한 대형 자기 계발서 편집자 눈에 띄었다. 곤도는 열심히 책에 살을 붙였고 그 책의 일부로 성장했다.

곤도의 복잡한 캐릭터는 그가 전달하는 메시지의 차분한 톤과 잘 개진 아기 양말에 다소 묻힌 감이 있다. 복잡한 구원자는 어딘가 덜 매력적이니까.

셋째를 출산한 곤도는 해야 할 일이 너무 많다는 걸 깨달았다. 한 인터뷰에서 그는 언제나처럼 진심을 담아 메시지를 전한다. "그때 그 환상을 본 후로 인생에서 즐거움을 위한 시간을 무엇보다 우선시하기로 했고, 바쁠수록 더욱 그렇게 한다. 나는 즐기고 원하는 것을 하기 위해 일부러 시간을 낸다."[18]

곤도는 우리 시대의 산물이자 전형이다. 그는 탁월한 최적화인이다. 그러나 동시에, 정리정돈을 통해 우리의 빈곤한 언어에 즐거움과 심미안을 되찾아준, 진정한 신봉자이기도 하다.

넷플릭스 쇼에서 곤도가 청소를 도운 로스앤젤레스 랜치 주택의 가족이 요즘은 어떻게 살고 있을지 참 궁금하다. 옛 방식으로 돌아가 예전과 똑같은 모습으로, 새로운 쓰레기 더미가 쌓인 집에서 살고 있을까? 혹은 정반대로 변해 극도의 미니멀리즘을 추구하고 있을까? 아니면 그 중간 어디쯤이려나?

우리 대다수는 최적화의 복음을 신뢰하기가 점점 더 힘들어진다. 차고에 싸구려 잡동사니를 숨겨놓고, 빚은 늘어나고, 트위터와 TV에서 어지러운 메시지들이 뒤섞여 쏟아지는 요즘, 우리 일상과 복음은 더 이상 썩 어울리지도 않는다. 지상 목적에 대한 답을 찾아 나선 우리에게 프랭클린, 밀, 울람, 곤도와 같은 사람들은 부분적인 유예를 벌어다주었다. 이들의 사유는 우리의 행동을 사회와 연결 지었고, 물질세계를 우리가 개량할 수 있는 대상으로 보게끔 했다. 그렇게 우리는 집을 정리했고, 제트기를 설계했고, 산을 깎았고, 원자를 쪼갰다. 그리고 이제 그 답을 찾으려고 하면 우리가 발견하는 것은 비행기 폐기장과 얇게 내려앉은 먼지 아래, 사막의 눈부신 햇빛 속에 감춰진 폐허다.

4장

메타포의
붕괴

갑작스러운 일이었다.

2021년 2월, 텍사스의 절반이 멈췄다. 찬 공기의 저기압 덩어리인 극 소용돌이polar vortex가 꽁꽁 얼어붙은 촉수를 남쪽으로 뻗쳤다. 남동부에 일주일 가까이 겨울 폭풍이 몰아쳤다. 기온이 영하로 떨어져 금세기 최저 기록을 세웠고, 보통은 온화한 지역을 눈과 얼음으로 뒤덮었다.

각종 전원 장치가 나가버리자 집들은 실내 난방을 높였다.[1] 텍사스 전력망의 일부가 고장 났고 전체가 꺼질 위험에 놓였다. 4만 6000메가와트 상당의 전력을 차단해야 했다. 환산하면 전력 소비가 많은 날을 기준으로 900만 가구에 전기가 끊기는 것과 맞먹었다. 천연가스관이 얼었고, 밸브가 막혔으며, 풍차가 멎었다. 천연가스가 끊기면 가스를 연료로 사용하는 발전소가 충분한 양의 전기를 생산할 수 없다. 더구나 텍사스 집들의 약 35퍼센트에 난방을 제공하는 천연가스의 경우, 가공하는 데 전기가 필수다.

전력망은 단계적으로 정전을 일으켰다. 위기가 최고조에 이르렀을 때에는 주 전역의 소비자 약 500만 명이 전기를 쓰지 못했고 그보다 많은 수가 간헐적 정전을 겪었다. 오스틴의 거리가 얼어붙었다. 정수 처리장에 전기가 끊기자 물을 끓여서 사용하라는 명령이 떨어졌다. 휴스턴 주민들은 숯을 태웠고 땔감용 나무를 주우러 다녔으며 공용 수도에서 양동이를 채워 가려고 길게 줄을 섰다. 사우스 파드리 아일랜드 근처에서는 새끼 바다거북들이 구조되어 임시로 만든 실내 풀장에서 몸을 녹였다.

이뿐 아니라 지극히 낮은 공급량 대비 수요가 치솟자 메가와트시당 전기 가격이 30달러에서 9000달러로 폭등했다. 추위가 걷히고 고지서를 전달받은 텍사스 주민들은 여전히 집은 싸늘한데 수천 달러를 내야 한다는 사실에 경악했다.

텍사스 재난 사태는 일종의 배출이었다. 이 재난은 외부적이었고 가시적이었으며 체감할 수 있었다. 조명이 끊겼다. 집이 추워졌고, 손가락이 얼어붙었으며, 스토브에 물을 끓여 써야 했다. 슈퍼마켓 선반이 비었고, 빙판길에 차들이 미끄러졌다. 가족들은 담요로 만든 요새 안에서 서로 꼭 붙어 몸을 녹였고, 촛불을 켜고 차게 식은 음식을 먹었다. 마침내, 머나먼 곳의 전쟁과 눈에 보이지 않는 바이러스 다음으로 찾아온 이 아포칼립스는 대본대로 움직였다.

제법 그럴듯한 전개였다.

3장에서 우리는 최적화의 약속과 현실의 괴리에 뿌리를 내린 불만감을 살폈다. 마이크 캠벨보다 이 감정을 잘 설명한 인물은 또 없을 것 같다. 어니스트 헤밍웨이의 소설《태양은 다시 떠오른다》에 등장하는 인물 마이크는 제멋대로인 참전 용사다. 술꾼이기도 한 그는 많은 적과 산더미 같은 일화들, 막대한 빚을 얻는다. 어쩌다 파산했냐는 물음에 그는 간단하게 답한다. "방법은 두 가지였지. 점진적으로, 그리고 갑자기."[2]

2008년 금융 위기로 신용 부도 스와프가 불어나면서 플로리다 랜치 주택에 대한 채무 불이행이 천천히 퍼지기 시작했다. 캘리포니아에서 화재 관리는 수십 년간 점점 소홀해졌고, 불이 잘 붙는 나무들로 가득한 삼림을 교외 주택들이 서서히 잠식했다. 금세기 초엽부터 공급망에 작은 균열이 생겨났으나, 코로나19 팬데믹이 터지기 전까지 주의를 기울이는 사람은 없었다. 그래서 붕괴가 갑작스러워 보였다.

점진적으로, 추상화와 자동화가, 마른 연료와 과도한 대출이 축적된다. 점진적으로, 여분이 사라지고 취약성이 자란다. 점진적으로, 시스템의 책임자들이 시스템의 설계도와 취약점을 놓친다. 점진적으로, 우리는 문제들을 숨기기 급급해진다.

그러다 갑자기, 전기가 나가고, 배관이 얼어붙는다.

텍사스 정전 사태는 수십 년 전부터 예견된 일이었다. 전력망은 북아메리카 대륙 전역으로 뻗어나가는 복잡한 선 뭉치들과 발전소들로 이루어진다. 발전기, 작동기, 소비자들은 땅속 선들과 할당 알고리즘으로 뒤죽박죽 얽혀 있다. 미국 전력망은 크게 세 부분으로 나뉜다. 동부 전력망은 대륙의 거의 절반을 지나 로키산맥 기슭까지 이어진다. 서부 전력망은 나머지 절반을 관통해 태평양까지 간다.

그리고 텍사스 전력망이 있다. 텍사스는 여러 분야에서 여러 이유로 미국의 나머지와 분리되어 있다. 텍사스 연결 시스템Texas Interconnected System은 제2차 세계 대전 때 멕시코만으로 다량의 전기를 끌어오고 전쟁에 필요한 연료를 댈 목적으로 지어졌다. 그때부터 텍사스주는 전기를 독자적으로 관리하게 되었다.

텍사스의 고유성은 완충 장치이자 골칫거리였다. 2021년 2월에 텍사스주가 전국과 더 잘 연결되어 있었더라면, 겨울 폭풍이 좀 더 국지적이었다면, 동부 전력망이 개입해 도움을 줬을 수도 있다. 하지만 처음에 불어닥친 한랭 전선의 극 소용돌이는 미국 남부 주 대다수를 강타했다. 따라서 도움을 주기도 여의치 않았다.

설상가상으로 상당수의 발전소가 겨울철 보수를 위해 운영을 멈춘 상황이었다. 그러나 보수와 날씨는 미리 알 수 있는 것들이다. 풍부한 공학 문헌 덕에 통계적으로 정확한 장애 지점을 예측할 수도 있다. 대지진을 앞두고 지진계가 강하게 움직이듯, 붕괴 이전에 나타나는 상황의 '특징' 역시 존재하기 마련이다.

그런데 왜 이러한 붕괴는 대부분 예기치 못하게 나타나는 걸까?

앨런 길머Allen Gilmer는 텍사스 대실패Texas fiasco라 스스로 명명한 사태에 관해 그 나름의 생각이 있다. 그에 관해서는 조금 있다가 말할 생각이다. 당장은 나에게 라스트 나이프 파이터에 관한 이야기를 들려준다. 수염이 덥수룩한 이 카우보이는 언제나 위스키 병을 들고 다니고 새벽 3시에 전화를 걸어 고래고래 소리를 질러대는 습관이 있다. 길머에 따르면, 라스트 나이프 파이터는 오늘날까지 남아 있는 최후의 진정한 싱어송라이터다. 한때 하키 선수였으며 지금은 술꾼이고 은둔자이자 저항자이며 영웅이다. 충만한 삶을 사는 인간. 그는 텍사스주 패러다이스 외곽의 남루한 땅에 살며 무법자 포크의 아버지the Father of Outlaw Folk를 자처한다.

라스트 나이프 파이터는 종잡기 힘든 사람이지만 확실히 끼는 넘친다. 그동안 그는 유튜브, 스포티파이, 인스타그램에 노래를 발매했다. 어떤 곡은 위스키 회사의 후원을 받았다. 이따금 푼돈을 벌고 재미도 볼 겸 라이브 공연을 하기도 한다. 하지만 길머의 말에 따르면, 믿어도 좋다. 이자는 진짜배기니까.

텍사스주 오스틴에서 길머와 나는 널찍한 테라스에 앉아 마르가리타를 홀짝이고 있다. 아니, 정확히 말하면 홀짝이는 건 나뿐이다. 길머는 사업 미팅 차 방금까지 점심을 먹으며 술을 몇 잔 걸치고 온 상태다. 길머는 혈기가 식은 저항자이자 한때는 5억 달러 규모의 에너지 회사를 이끌었던 CEO였다. 그리고 라스트 나이프 파이터의 팬이다. 길머가 열띠게 늘어놓는 이야기는 일종의 우화에 가까워진다. 이 나라의 컨트리 음악 바닥에서 내슈빌(컨트리 음악의 고향—옮긴이)을 변절하지 않은 사람은 이자뿐이라는 거다.

술잔이 채워지고, 길머가 말을 잇는다. 음악은 물론 모든 방면에서, 인간을 달로 보냈던 집념은 사라지고 없다고. 우리에게 더 이상 대단한 포부는 없다. 이제는 기껏해야 전기차, 보조금을 받는 풍차 터빈, 그리고 알고 보면 석유보다도 환경에 더 나쁜 헛소리들만 남았다.

나는 길머의 생각에 동의하지 않을 수 없다. 녹색 에너지는 구원인 척 포장되지만, 막상 까보면 가짜인 경우가 태반이다. '우주'로 쏘아 보내려다 실패한 로켓도 한두 대가 아니다. 좋건 싫건 지구 전반에 영향을 미치는 문제를 해결하려고 스타니스와프 울람 같은 과학자들이 머리를 맞대던 시절도 까마득한 과거가 된 듯하다. 그러나 과연 내가 달 탐사 우주선은 물론 차기 맨해튼 프로젝트를 이끌 사람으로 라스트 나이프 파이터를 선택할지는 잘 모르겠다.

대단한 포부가 쪼그라든 이유가 최적화라는 아이디어 자체가 쇠퇴하고 있어서는 아닌지, 그 자리를 무엇으로 대체해야 할지 모르기 때문은 아닐지 의문이 든다.

최적화에 대한 엄청난 집중은 놀라운 혁신을 일으켰다. 하지만 그러한 집중에는 트레이드오프가 따랐다. 그것은 바로 여유 또는 휴지 시간의 상실, 장소와 세부적인 것들의 추상화였다. 이는 인간적 규모의 상실로 이어졌고, 텍사스 전력망 붕괴 같은 사건이 빈번해지는 원인이 되었다.

 이러한 트레이드오프가 조명받으면서 문제들을 일단 감추고 보는 경향이 생겼다. 고갈된 토양과 농사 짓는 지식을 잃은 사람들의 모습으로 전달될 공장식 농업에 대한 청구서가 마치 영원히 오지 않을 것처럼 군다. 시장 메커니즘으로 전력망 고장을 막을 수 있으리라 상상하고, 전기차를 굴리려면 어마어마한 양의 석탄을 태워야 한다는 사실을 가뿐히 외면한다.

 길머가 그렇듯 지나간 황금기를, 혹은 미래의 유토피아를 미화하는 경향도 생겼다. 5장에서 우리는 최적화로 인한 상실을 사람들이 어떻게 해결하려 하는지 살필 것이다. 여기에서는 마침내 최적화의 취약성을 받아들이는 단계에서 살아간다는 것이 어떤 의미인가를 고찰한다.

 이 단계란 어디일까? 어떤 느낌일까? 어쩌면 마이크 캠벨처럼 우리도 약간 만성적인 파산 상태에 놓였는지도 모르겠다. 최적화는 지금도 계속 알아서 기능하고 있다. 규모가 작을수록 더욱 그렇다. 열차는 시간표를 엄수하고, 공장 라인은 돌아간다. 그러나 메타포의 시대는 저물고 있다. 효율적인 게 언제나 더 낫다는 믿음이 말이다. 여기저기가 고장 나고 지연되면서 처음에는 몰락의 언저리를 본다. 그러다 갑자기 붕괴가 들이닥친다. 마치 산업 전체가 굴복한 것처럼 보인다.

 2008년은 세계 금융 시스템이 파열한 해였다.[3] 시장의 자유와 무한 성장을 대표하던 대형 금융 기관들의 줄도산을 막으려면 극단적인 개입이 필요했다. 2018년에는 대형 테크 기업들에 대한 믿음이 무너지고 있었다. 미국인 대다수가 그 전까지 은행들에 의존했듯이 테크 기업들의 서비스에 의지하고 있었지만 말이다. 우리는 2020년대 초반에도 유사한 붕괴를 목격했다. 세계 공급망이 언제나 작동하고 상품이 영원히 저렴하리라는 생각이 무너진 것이다. 메타포의 쇠퇴는 우리가 그걸 통과했음을 의미하는 게 아니라, 그것의 결함들이 집단적으로 나타나기 시작했음을 의미한다.

3장에서 우리는 식민지 시대 미국부터 19세기 영국의 정치 이론가들, 제2차 세계 대전 후의 계산 혁신, 곤도 마리에의 미니멀리즘 운동까지 살피며 메타포의 시대의 뿌리를 추적했다. 혹시 이 최적화의 뿌리가 더 깊은 곳까지 내려가지는 않을까? 누군가는 현시대가 시장 또는 화폐의 탄생, 혹은 주변 현실을 형성하는 도구의 탄생과 함께 시작되었다고, 심지어는 기독교에서 말하는 에덴동산 추방의 서사를 받아들인 순간부터 시작되었다고 주장한다. 선악과를 베어 문 순간, 그 앎을 이용해 자연의 뜻을 따르는 대신 도리어 자연을 설계하기로 한 순간, 우리는 현대성의 모든 환멸과 통하는 문을 열어젖혔다.

이 책은 비교적 최근의 최적화 서사를 다루며 효율성이라는 미덕이 우리를 어떻게 유혹하고 동시에 망가트리는지에 주목하는 만큼, 시대의 범위를 한정해서 보고 있다. 시작점은 미국의 초창기 문화가 형성되고 개인과 집단의 구원에 관한 프로테스탄트 사상이 현대 의식에 자리 잡기 시작한 뉴턴 시대부터다.

그리고 끝나는 지점도 표시해볼 수 있다. 미국의 핵심 신화 중 하나가 서부 팽창이라고 한다면, 개척의 종료는 일종의 불안을, 모든 것이 발견되었고 둘러싸였다는 느낌을, 말하자면 일종의 야생성을 상실했다는 느낌을 남겼다. 실제로 초창기 미국인들은 대륙을 마치 에덴동산처럼 묘사한다. 그 땅을 길들이는 것은 목표인 동시에 허무한 결말이다. 변방의 땅이 열려 있는 한 성장과 효율성은 비례했다. 그러나 닫힌 순간부터 효율성은 생존을 위해 자기 잠식을 감행해야 했다.

최적화란 경계가 지어졌을 때, 제로섬 게임일 때, 가장 순탄하게, 가장 순수하게 작동한다. 판에 말을 더하거나 뺄 수 없어야 하고 게임 바깥에 있는 사람과 거래할 수 없어야 한다. 석유나 황금 같은 천연자원이 무한해 보인다면 그건 탐험가의 게임이다. 하지만 땅을 측량하고 광산을 캐고 나면, 판은 영토를 관리하고 지도를 익힌 경영자에게 넘어간다. 오랫동안 우리는 끝없는 자원과 무한 성장의 가능성에 눈이 가려져 이 전환점을 간과했다.

2022년 초 주식 시장 붕괴를 두고 금융 전문가 피터 애트워터Peter Atwater는 이렇게 말한다. "이것은 '기술주 매도'가 아니다. 추상화에 대한 대대적인 가격 조정이다. 우리의 꿈에 거품이 끼었던 거다."[4] 효율성 신화를 두고도 비슷하게 말할 수 있다. 우리가 효율성에 꾸준히 열광했던 것은 유한한 시스템에서 영원히 성장을 뽑아낼 수 있다는 꿈, 그 잘못된 추정에 일부 기인했다.

태양이 뉘엿뉘엿 지고 테라스의 식물들도 시드는 듯할 즈음, 길머와의 대화 주제는 컨트리 음악에서 미국 석유의 미래로 옮겨 가고 있다. 때는 2021년 5월이다. 기나긴 겨울을 빠져나와 새로운 세상으로 들어가는 분위기가 감돌고 있다. 팬데믹이 여전히 지구를 휩쓸고 있지만 초기 치료제가 미국에 들어오기 시작했다. 사람들의 수군거림에서도 기대감이 엿보인다. 이제 진짜 끝나지 않을까? 햇살은 따사롭고 바람은 부드럽다. 모두가 피어나고 있다.

최고, 유일무이, 최초. 봄철에는 거창한 것을 주장하기가 쉽다. 최적화는 프로테스탄트 학자들과 영국 기업가들, 고지대 사막 연구소의 세계적인 과학자 집단에 의해 탄생했다. 그러나 확고한 발판을 만든 곳은 20세기 말 미국이었다.

그런데 20여 년이 지나고 나서부터 그 발판이 서서히 기울기 시작했다.

―――――

길머는 인베러스Enverus로 이름을 바꾼 드릴링인포Drillinginfo의 창업자다. 이 회사는 에너지 업계에 데이터를 판매한다. 전력망 사업자, 석유와 광업권 투자자가 고객이다. 라스트 나이프 파이터 이야기를 끝마친 길머는 텍사스 정전 사태로 석유와 가스 부문에 과도하게 지워진 죄책감을 덜어내고 싶어 한다. 사람들은 천연가스를 탓하지만 정확히 따지고 보면 원인은 시스템 전반의 붕괴였다. 이 붕괴는 전기 발전소에서 처음 시작되어 주기적으로 문제를 일으켰고 끝내 화력 발전소와 천연가스 공급사의 실패로 이어졌다. 길머는 나에게 데이터와 도표로 빼곡한 인베러스 보고서 이야기를 꺼낸다. 보고서에는 이 지역에 폭풍이 닥치기 전후와 닥친 시점의 물가를 비롯해 전력망의 고장 지점들, 공급사별로 손해를 본 발전량 등의 내용이 자세하게 담겼다.

길머가 사업을 시작했을 때만 해도 세상은 그래프와 도표로 포착되는 오늘날의 모습과 사뭇 달랐다. 지도에 담기지 않은 세상이었다. 길머는 땅덩어리에 어떻게 값을 매기는지 동료들과 이야기를 나누다가 함께 회사를 차렸다. 땅덩어리가 가치를 얼마만큼 창출할지 어떻게 미리 가늠할 수 있을까? 땅 밑에 석유가 얼마만큼 묻혀 있을까? 잠재적 에너지가 얼마만큼 들었을까?

창업자들은 이런 질문들을 확률 분석학과 지질학의 문제로 치환했다. 그러려면 디지털 기록이 존재하기 전, 컴퓨터와 연산력이 지배하는 시대 이전의 이질적인 데이터까지 꼼꼼히 모으고 결합해야 했다. 이제껏 업계는 무모한 채굴업자들과 즉흥성, 주먹구구식 시추와 운에 주로 의지해왔다.

우리의 테라스 수다는 종업원들이 테이블을 치우고 다시 차리는 내내 이어진다. 이제 길머는 자신이 제작 중인 영화 이야기를 한다. 그러나 그 주제로 넘어가려면 먼저 풀어낼 사연이 좀 있다. 이 모든 게 사실은 어느 카우보이 이야기에서 시작한다고 했다.

카우보이의 이름은 윌 앤더슨Wil Andersen이다. 앤더슨은 서부 개척자이자 몬태나주 보즈먼 외곽의 소몰이꾼이다. 1972년 영화

〈11인의 카우보이〉에서 존 웨인이 앤더슨 역할을 맡았다. 앤더슨은 643킬로미터나 가야 하는 소몰이를 도와줄 사람이 필요하지만, 경험 많은 일꾼을 구하지 못해 애를 먹는다. 결국 어린 소년들을 고용하게 된다.

이윽고 소몰이가 시작된다. 고원을 지나고 강둑을 따라 소 떼를 몰다가 밤이 되면 캠프를 친다. 동이 트면 다시 시작이다. "해가 중천이다." 앤더슨이 소리를 치면 소년들은 굼뜨게 침상 밖으로 나와 안장에 올라탄다.

그런데 얼마 안 가 난관을 만난다. 문제가 발생한다. 브루스 던 Bruce Dern이 연기한 에이사 '롱 헤어' 와츠 Asa 'Long Hair' Watts는 꿍꿍이를 숨긴 선동가다. 와츠 패거리는 소몰이꾼이 되겠다며 앤더슨을 찾아가지만 태도가 불량하다는 이유로 거절당한다. 그러다 우연히 앤더슨과 소년들을 마주치고 습격할 계획을 세운다.

이 무법자들은 카우보이와 소년들, 캠프 요리사의 뒤를 쫓아 소 떼를 훔쳐 몰 작정이다. 무장한 와츠 패거리의 습격을 받은 앤더슨은 맞서 싸울 수밖에 없다. 소년들의 안전이 걱정되었던 앤더슨은 이건 소년들과 무관한 일이니 끼어들지 말라고 주의를 준다. 이 싸움은 자신과 와츠의 일이기 때문이다. 하지만 소년들은 자신들의 은인을 도우러 나선다. 와츠와 앤더슨은 맨몸으로 맞붙는다. 승리가 앤더슨에게 기우는 듯한 순간, 와츠가 총을 꺼낸다.

존 웨인의 영화에는 매번 악당과의 결투가 등장하고 선과 악이 존재한다. 선한 쪽은 무조건 존 웨인이다. 그는 올바른 것을 위해 싸우고 끝내 승자가 된다.

그런데 〈11인의 카우보이〉에서는 주먹다짐에서 밀리던 와츠가 총을 꺼내 무기가 없는 앤더슨의 다리에 한 방, 심장에 한 방 총을 쏜다. 이후 와츠 패거리는 소 떼를 훔쳐 달아난다. 소년들과 캠프 요리사가 앤더슨을 도우러 달려오지만 너무 늦었다. 소년들은 리더를 잃었다.

이 영화는 존 웨인이 스크린에서 처음으로 죽음을 맞이한 작품이다.

엘패소의 어둑한 영화관, 영화를 보려고 집에서부터 네 시간이나 차를 타고 온 열세 살 소년이 아빠 옆에 앉아 있다. 소년의 이름은 앨런 길머다. 그의 영웅이 죽었다. 이제 그의 세상은 예전으로 돌아갈 수 없다.

―――――

자신의 기원 서사를 말하는 길머는 제법 뻔뻔하다. 남자다운 부분을 과장하는가 하면, 여기까지 오는 데 도움을 주었을 정보나 전략보다는 자신의 운과 투지를 강조한다. 인터뷰차 만난 산업 잡지 기자 앞에서 그는 부산한 손짓과 함께 자신이 지질학을 공부하게 된 이유를 설명한다. "지질학은 어떤 전공보다도 미끼 상술을 부리는 데 능합니다. 처음에 화석, 동굴에 사는 혈거인, 공룡처럼 흥미진진한 주제로 사람을 유인하거든요."

길머와 동료들은 드릴링인포를 차리고 허가증과 석유 채굴권 기록을 모았다. 이들의 사업은 텍사스 일대에서 시작되어 점차 다른 지역과 산업으로 확대되었다. 처음에는 모든 걸 직접 했다. 법원과 철도 위원회에서 허가증 기록을 받은 뒤, 텍사스주 254개 카운티 법원에 등록된 임대차 기록을 컴퓨터 데이터베이스에 일일이 입력했다. 길머는 텍사스 한쪽 끝에서 반대쪽까지 온종일 차를 몰며 카운티 법원을 돌아다니던 날들을 기억한다. 이런 정보 조각들을 다 모은 결과, 어디에 무엇이 묻혔는지에 관한 확률 지도를 구성할 수 있었고, 이후 그걸 감정사와 투자자에게 팔았다.

그때만 해도 석유 산업은 매우 국지적이었다. 길머의 설명에 따르면 "석유 기업가 한 명이 한 지역을 통째로 다뤘다. 다른 지역은 알지 못했다." 드릴링인포는 그 점들을 연결해 지도를 제작했다.

지도가 만들어지면 영토를 바라보는 시각이 달라진다. 우리는 모델을 형성하게 되고, 그 모델은 시간이 흐를수록 공고해진다. 우리는 데이터 세트와 통계 검정과 분석을 선택한다. 머지않아 구질구질한 탐사의 기억을 잊고 숫자와 멀어진다.

마찬가지로 세상을 지도로 나타내다 보면 우리는 나침반과 모험심을 내려놓게 되고 길을 잃는 것을 편히 받아들이지 못하게 된다. 우리는 남들이 만들어놓은 지도를 활용하기 시작한다. 발아래 밟히던 양치식물을 망각한다. 얼마 지나지 않아 우리는 창문을 굳게 닫고서 방향을 알려주는 GPS에 의존해 살아간다.

스타니스와프 울람이 계산 모델 구축의 새 시대를 열었다면, 앨런 길머는 그 개념을 받아들여 실현했다. 석유 또는 무언가를 탐사하는 것의 목적은 가장 깊은 매장층과 가장 높은 봉우리를 찾아내는 것이다. 알고리즘은 이 검색을 최적화하기 위해 설계되었다. 알고리즘 교과서는 특정 지역 또는 디렉터리의 파일 세트를 검색하는 여러 방법을 가르친다. 깊이 우선 탐색, 너비 우선 탐색 같은 것들을 말이다. 지도가 완성되고 최단 경로가 정해지고 나면 그 정보를 불러내기가 훨씬 더 간편해진다.

최적화 기술이 점점 더 큰 규모의 프로젝트에 적용되면서 발견과 유지 보수가 분리되기 시작했다. 구글 같은 기업에서, 과학 연구소에서, 금융과 물류 분야에서 그런 현상이 일어났다. 역할이 세분화되었고, 모델이 추상화되었고, 모든 것이 자동화되어 시스템을 만드는 데 관여하지 않은 사람들에 의해 관리되었다. 입력값과 출력값이 블랙박스 알고리즘(사용자가 내부 구조를 열람하거나 작동 원리를 알 수 없는 알고리즘—옮긴이)에 들어갔다. 기계 시대의 뼈대대는 공장 라인에서는 일어날 수 없는 일이었다.

《삶으로서의 은유》에서 조지 레이코프George Lakoff와 마크 존슨Mark Johnson은 메타포가 물질세계를 바라보고 해석하는 방식을 구조화하고 변화시킨다고 주장한다.[5] 토머스 쿤도 《과학 혁명의 구조》에서 비슷한 말을 한다. 새로운 아이디어는 오래된 모델에 구멍을 내고, 새로운 앎의 방식은 옛 잔해에서 모습을 드러낸다.

길머의 세상에서 무한정의 탐사는 최적화와 알고리즘에 의해 게임 이론적 계산으로 축소되었다. 인간과 컴퓨터의 생산량을 최소한으로 들여 새로운 탄소 매장층을 빠르게 발견할수록 좋았다. 모델 구축의 역할은 이해라는 구식 아이디어에서 통제라는 신식 개념으로 옮겨 갔다.

지도에 의존해 가장 높은 봉우리들을 발견하고 나면 또 다른 일이 일어난다. 마법이 사라져버리는 것이다. 길머에 따르면 시간이 흐를수록 모델을 만드는 사람들은 데이터에 흥미가 떨어졌다. 전력망을 운영하는 사람들은 그것이 어떻게 만들어졌는지 잊었다. 땅에서 작업하는 사람들은 지질학을 모르며 토지에 대한 지식조차 없다. 픽업트럭과 수첩과 비포장도로로 이뤄진 길머의 세상은 오스틴의 깔끔한 신축 사무실로 바뀌었다.

실제로 그런 적은 없지만, 길머는 자신이 채굴업자이면서 동시에 라스트 나이프 파이터 같은 한량 유형이라는 생각을 한다. 길머의 사업은 석유와 가스 업계가 탐사하고 토지의 가치를 매기는 방식을 바꾸었다. 그런데 물질세계를 지도화해 대단한 수익을 챙긴 이후로 그는 달라졌다. 곡물 수확자인 동시에 원자재 선물 거래자가 되어버린 다코타 지역 농부들처럼 길머도 손톱에서 흙모래가 빠졌다. 그는 회사의 경영 일선에서 물러나 회장으로 취임했다. 그의 일부는 자신이 창조에 일조한 문명화된 땅을 보며 낭패감을 느낀다. 존 웨인의 죽음처럼 그것은 계산의 영역을 벗어나 있다.

―――

2021년 텍사스와 동떨어진 1851년 호주 뉴사우스웨일스에서 금이 발견되어 골드러시가 시작되었다. 그로부터 3년 후, 열아홉 살의 (3장에서 짧게 만났던) 윌리엄 스탠리 제번스는 런던에서 하던 공부를 관두고 호주로 가서 시금자試金者(광석이나 합금의 성분을 분석하는 사람―옮긴이)가 되었다. 1859년 잉글랜드로 돌아온 제번스는 골드러시가 가격에 미치는 영향을 연구할 작정이었다. 그런데 얼마 못 가좀 더 지저분한 원자재에 관심을 갖게 됐다. 모두가 석탄에 주목하고 있었다. 잉글랜드의 석탄 공급이 바닥을 치자 가격이 치솟을 거라며 다들 전전긍긍했다.

하지만 실제로는 정반대되는 일이 벌어졌다. 석탄 공급이 끊기자 공학자들이 독창적인 채굴 방법을 찾아냈고 단위당 채굴 가격은 오히려 더 낮아졌다. 석탄이 저렴해지고 풍부해지자 석탄을 더 많은 곳에 사용하기 시작했고, 집에서나 직장에서나 석탄에 더 많이 의존하게 되었다. 제번스의 책《석탄 문제The Coal Question》[6]는 자원의 풍부함과 가격의 상관관계를 논한다. 이 반직관적인 결과를 제번스의 역설이라고 부른다. 자원이 효율적으로 채굴되어 풍부해질수록 수요가 줄지 않고 오히려 커진다는 역설이다.

제번스의 역설은 현대 최적화의 역설로 반복되고 있다. 지역 내에서 최적화가 원활하게 작동할수록 최적화의 산물들을 더 많은 데 사용할 수 있고, 그러다 보면 최적화라는 개념 자체를 돌이키기 힘들어진다. 길머가 법원 기록 보관소에서 방대한 양의 현장 데이터와 기록을 모을수록 그가 만든 지도가 땅을 대신하게 된다.

제번스가 주목한 석탄 시장과 마찬가지로 텍사스 에너지 시장도 규제받지 않기 때문에 사실상 자의적으로 가격이 형성된다. 평소에는 소비자들이 안정적인 요율에 따라 사용량만큼 값을 치르는 경쟁 시장이라는 뜻이다. 그러나 2021년 2월처럼 공급이 곤두박질치고 수요가 증가하면 가격은 천정부지로 치솟는다. 그러니까 이 시장은 모든 게 환상적으로 작동할 때에만 환상적으로 작동하도록 최적화된 시스템이다.

실제로 전력망의 전기 할당과 가격 책정은 어떻게 '결정'될까?

이 과정에서 작동하는 알고리즘이 몇 가지 있다. 꼭대기에 설탕 장식이 올라간 삼단 케이크를 떠올리면 된다. 맨 아래층은 에너지를 어떻게 할당할지, 또 새로운 발전소나 소비자가 추가되었을 때 무엇을 할지 결정하는 네트워크 알고리즘이다. 가운데 층은 단기 계획을 담당하는 시스템이다. 주말에는 보통 문을 닫던 대형 사무실 건물이 갑자기 토요일에 문을 연다고 해보자. 그 전기는 어디서 공급받아야 할까? 만일 텍사스에 극 소용돌이가 닥치면 조명 전력을 어떻게 유지해야 할까?

맨 위층은 교점node들의 경로를 지정하는 통신을 담당한다. 이때 가격 책정 메커니즘은 일종의 어음 교환소처럼 작동한다. 입찰과 제안을 받아들인 다음, 어느 정도의 가격을 부담하고 받을 의향이 있느냐에 따라 소비자들에게 전기를 할당한다.

마지막으로 금융 상품이 있다. 케이크에 두툼하게 올라간 설탕 장식처럼 겹겹이 쌓인 금융 상품은 전력 발전소, 때로는 소비자까지도, 장기적으로 기대 수익을 꾸준하게 확보할 수 있도록, 혹은 2021년 텍사스 사례처럼 수요가 급증하는 사태에 대비할 수 있도록 해준다. 물론 여기에는 금융가의 주머니로 들어가는 비용이 따라붙는다.

미국 전력망, 그중에서도 텍사스 전력망은 국지적인 최적화의 조합으로 개발되었다. 원래 있던 발전소들이 서로 연결되었고 효율성이 축적되었다. 경매 메커니즘 덕에 복잡한 입찰과 소통이 이뤄질 수 있었다.

균열 지점이 나타나더라도 각 부품 조각은 최적화되어 작동한다고 여겨졌다. 전체를 허문다는 것은 상상할 수 없는 일이었다. 그랬다가는 수백만 가구와 기업과 산업 고객이 전력을 사용할 수 없었다. 전력망은 오히려 더 많아진 수요를 감당해야 했다. 더 많은 생산량을 산출해야 했고, 새로운 종류의 연료와 사용 패턴의 변화에 적응해야 했다.

추위에 떠는 수백만 가구에게 시스템 붕괴란 일어나서는 안 되는 일이었다. 그러나 시장 메커니즘을 설계한 자들이 보기에 전력망은 도리어 정확히 계획대로 기능하고 있었다. 공급이 줄면 수요는 늘기 마련이었다. 가격은 그에 맞춰 자동으로 변화했다. 전력망에서 고장이 난 부분은 '고작' 40퍼센트뿐이었다.[7] 하버드대학교 글로벌 에너지 정책 교수이자 텍사스 전력망 알고리즘의 '설계자'인 빌 호건Bill Hogan에 따르면 "이 위기 상황은 전례가 없었다. (중략) 그러나 시장의 설계 구조와 시스템 운영사의 신속한 조치 덕에 최악의 재앙은 모면할 수 있었다."[8]

호건에 따르면 2021년 2월처럼 자원이 부족한 상황에서는 가격을 정확히 책정하는 것이 "특히나 중요"해진다. 즉 알고리즘이 제 할 일을 하도록 둬야 한다는 것이다. 비록 일반 가정 소비자가 1만 6000달러의 고지서를 받게 되더라도 말이다. 호건은 소비자가 가격 신호를 인지하고 나면 피크 타임에 전기를 덜 쓸 것이라고 주장한다. 그는 이렇게 결론 내린다. "이런 상황에서 모든 건 어쩔 수 없는 일이었다."

그것은 어쩔 수 없는 일이었고, 시스템을 설계한 사람들에게는 심지어 계획대로 일어난 일이었다. 그렇다고 한다면, 왜 텍사스 사태 같은 붕괴를 최소한 미리 내다보거나 방지할 수 없는 것일까?

최적화를 지지하는 사람들은 그것의 공정함과 우아함을 자주 언급한다. 예를 들어 구글 광고 이면의 경매 시스템은 제법 기술적이면서 동시에 꽤 아름다운 개념들을 수반한다. 하지만 텍사스 사태의 경우, 이러한 메커니즘이 물질세계와 밀접하게 엮여 있다. 그리고 그 물질세계는 여러 접속부와 손본 곳들, 그리고 경제학자들이 즐겨 표현하듯 '마찰 지점'들로 기워져 있다. 이러한 물질적 상호 작용은 구글 광고 캠페인과 비교했을 때 측정하고 이론적 모델로 구축하기가 훨씬 더 까다롭다.

에너지, 환경, 금융 시장에 이르기까지 여러 다양한 위기 상황의 이면에 이와 비슷한 문제가 깔려 있다. 모델의 과적합overfitting(머신 러닝 알고리즘이 데이터를 과하게 학습한 탓에 명확한 예측이나 결론에 도달하지 못하는 것—옮긴이)은 허다하게 일어난다. 이런 현상은 추론을 내리려고 현실 세계 데이터의 작은 하위 집합에 지나치게 의존할 때 발생한다. 모델은 작은 데이터에 너무 밀착한 나머지 더 큰 조건을 정확하게 예측하지 못한다. 예를 들어 우리는 플로리다주의 2월 날씨 예보만 보고 그곳은 비가 드물게 내리고 심하게 더운 날도 없으리라는 결론을 내릴 수 있다. 하지만 이때 우리는 허리케인이 상륙하는 가을철 강수량과 여름철 최고 기온을 간과하고 있다.

최적화의 개념적 모델이 과적합해 그 마법이 깨지고 나면 우리는 사방에서 실패의 흔적을 목격한다. 2022년은 항공기 결항이 역사상 가장 많았던 해였다. 분유 공급난이 몇 달씩 이어졌다. 시스템 붕괴는 아무리 많은 사례를 겪었다 하더라도 책임 소지를 밝히고 바로잡을 방법을 찾아내기가 힘들다. 텍사스 정전이 있고 나서 한 달 후인 2021년 3월, 컨테이너선 에버기븐Ever Given호가 폭풍을 만나 수에즈 운하에 좌초했다. 길이가 400미터쯤 되는 에버기븐호가 운하 길을 막는 바람에 다른 선박들도 통행이 힘들어졌다. 그 상태가 엿새 내내 이어졌다. 매일 세계 공급망에서 수천만 달러가 낭비됐다.

1869년에 개통한 수에즈 운하는 유럽과 아시아, 나아가 태평양을 연결하는 최초의 수로였다. 운하는 이동 경로를 단축해주었을 뿐 아니라 덜 위험한 길을 열어주었다. 곶을 피해 다닐 수 있었고 연중 어느 때든 항해할 수 있었다. 얼마 지나지 않아 대형 선박들이 건조되었고 이 최적화의 산물들을 중심으로 무역이 활기를 띠었다.

그러나 수에즈 운하 길은 바람이 워낙 거세 동력 없이는 횡단하기가 어려웠다. 그래서 화석 연료로 움직이는 선박이 늘었다. 20세기 중반에 선적 컨테이너가 발명되면서 세분화된 화물을 좀 더 쉽게 배에 실을 수 있게 되었다. 이때만 해도 이러한 진보의 흐름이 무엇으로도 깨지지 않을 것처럼 보였다.

―――

삶과 예술은 다르지 않다. 〈11인의 카우보이〉에서 브루스 던이 존 웨인을 살해한 장면은 중요한 이정표가 되었다. 이후로도 웨인이 여러 작품에서 주인공으로 활약한 덕에 그때는 그렇게 보이지 않았겠지만 말이다. 그렇지만 그때 이후로 장르를 하나로 묶어주던 가닥이 너덜너덜해졌다.

존 웨인은 강인하고 절제하는 남성상의 표본이었다. 그런 그가 소년들이 보는 앞에서 변변찮은 브루스 던에게 패했다. 소년들은 빠르게 철이 들어 웨인을 대신해 소몰이를 완수한다. 최적화는 완벽한 공학 기술은 절대 붕괴하지 않노라고 약속했다. 그러나 전력망과 공급망 같은 대규모 시스템의 공적 붕괴는 보란 듯 그 약속을 깨트렸다. 존 웨인의 죽음이 서부 영화의 암묵적인 법칙을 깨트린 것처럼. 텍사스의 에너지 시장이 변함없이 운영되고 있듯이 웨인은 계속 스크린에 등장했다. 하지만 이제는 모두의 눈에 너덜너덜해진 가닥이 보였다.

 단 한 번의 충격으로 몰락한 문화 또는 제국에 관한 이야기를 흔히 접한다. 1917년 혁명이 제정 러시아의 통치를 종식했고, 에스파냐의 멕시코 정복자 에르난 코르테스Hernán Cortés와 그의 부하들이 가지고 들어온 천연두가 아즈텍 문명을 무너뜨렸다. 마찬가지로 우리는 메타포의 붕괴가 차츰 힘을 잃은 관점 때문이 아니라 갑작스러운 시대정신의 변화 때문이라고 생각하는 경향이 있다.

 인식의 변화라는 것도 훗날에는 단일한 사건으로 기록될지언정, 사실은 아주 점진적으로 진행될 때가 많다. 1989년에 꼬마였던 나는 엄마와 할머니가 며칠이고 TV 앞에 앉아 있던 장면을 기억한다. 어렸을 때지만 그날 광경이 지금까지 생생하다. 지지직거리는 흑백 화면, 채널을 바꾸려면 돌려야 했던 부서진 플라스틱 손잡이, 커다란 건물과 그 앞에 운집한 사람들. 반복해 나오는 영상. 소음과 사람들의 성난 외침들, 헬리콥터 한 대. 그리고 지구 반대편에 있지만 지금 내 눈앞에서 숨죽여 우는 여자들. 나중에 알게 된 사실이지만 이 모든 건 갑작스럽게 일어났다. 그러나 동시에 한참 전부터 들끓던 것이기도 했다. 한 번의 작은 외침, 통제할 수 없는 인파, 40여 년 가까이 통치하다 크리스마스 날 총살된 독재자.

 루마니아 사람들은 자신들과 함께 자라온 정권의 붕괴를 보았다. 안도감이 피어났지만 불확실성도 감돌았다. 오랫동안 그들에게는 저항할 무언가가 있었다. 이제는 무엇에 맞서야 하는지 불분명했다.

길머가 그리워하는 영웅시대는 존재하긴 했을까? 우리가 믿고 싶어 하듯 오래 무탈하게 지속되었을까? 처음에는 대충 지은 영화 촬영장 같았다가 수백 년 동안 고착되어 그걸 현실로 여기게 된 건 아닐까?

길머는 석유와 가스 업계가 구렁에 빠져 있을 때 회사를 차렸다. '대기업들', 그러니까 쉘, BP, 엑슨모빌 같은 기업들에 일자리를 구걸하며 굽신댈 자신이 없어서이기도 했다. 요즘 이 대기업들은 텍사스 서부의 퍼미언 분지에서 셰일 가스를 개발하느라 난리다. 얼마 전까지만 해도 이 지역은 독자적으로 일하는 탐사자와 생산자의 땅이었다. 그런데 불과 몇 년 만에 대기업들이 100억 달러를 들여 땅을 사들였다. 엑슨모빌 CEO 대런 우즈Darren Woods의 말을 빌리자면, 그들은 셰일 가스로 "게임의 판도"를 바꾸고 싶어 한다.[9]

어쨌거나 길머는 자기 몫을 챙겼다. 그러나 결국 그도 자기 세상의 일부를 잃은 건 아닌지 생각해본다. 드릴링인포가 2019년 인베러스로 재탄생했을 때, 회사는 1500명 가까이 되는 직원을 고용할 만큼 성장해 있었다. 하지만 길머가 나에게 해준 이야기, 또 잡지 인터뷰를 통해 밝힌 이야기의 초점은 거의 다 과거에 머물러 있다.

그는 로이터 기자에게 이렇게 말한다. "'내일도 살아남을 수 있을까?'라는 질문만큼 큰 원동력은 없습니다." 또 이렇게도 말한다. "굶주림과 두려움은 석유 가스 업계에서 독자적으로 사업하는 사람이면 누구나 아는 감정이지만, 석유 가스 대기업 밑에서 일하는 사람은 평생 못 느낄 감정이죠."

고전 서부극은 광활한 땅을 배경으로 한다. 이를테면 법정과 직업적 위계질서와 교회 위원회와 사회적 관계가 얽혀 작동하는 문명의 힘과 멀리 떨어진 변방의 무법 지대, 술집이 하나뿐인 외딴 마을이 배경이다. 변방의 땅에서는 결국 인간이, 그리고 거의 전적으로 남자만이, 자신들이 따르는 정의에 따라 악과 싸우고 질서를 복원하는 역할을 맡는다. 그들은 이성과 법률로 아직 경계 지어지지 않은 세상에 존재한다.

이 세상은 마치 영원히 계속될 것만 같은 분위기를 풍기지만, 본질적으로 끝이 예견되어 있다. 흙먼지를 뒤집어쓴 남자들과 총싸움이 존재하는 세상은 무한정 존속할 수 없다. 작가 겸 저널리스트 조앤 디디온 Joan Didion은 암 투병하는 존 웨인을 보며 이렇게 쓴다. "[그가] 말을 타고 나의 유년기에, 그리고 아마 당신의 유년기에 들어온 순간부터 그는 우리 꿈의 형태를 영원히 결정지어버렸다. 그런 사람이 병에 걸리고, 가장 불가해하고 다루기 힘든 질병을 내면에 안고 있다니 불가능한 일처럼 보였다."[10]

영화 비평가 로저 이버트 Roger Ebert는 〈11인의 카우보이〉를 평가하면서 웨인이 초기 작품에서 한두 번 죽음을 맞이한 적이 있노라고 지적한다. 그러나 그가 전설이 된 후로 그의 영화들은 언제나 그를 살리는 것으로 끝났다.

〈11인의 카우보이〉 전까지는 정말로 그랬다. 이버트는 이렇게 쓴다. "존 웨인이 마침내 죽음을 맞이한 것은 〈11인의 카우보이〉가 서부 영화의 관습을 위반했기 때문이었다. 선한 사람은 절대 빗나

가지 않고 악당은 절대 명중하지 못한다는 것이 이 장르의 신성한 믿음이건만."

오늘날 미국이 스위치를 누르기만 하면 불이 들어오는 작은 기적을, 한마디로 전기를 당연하게 받아들이는 것처럼, 우리는 자라면서 배운 규칙들을 당연하게 생각한다. 제국과 무한한 성장, 언제든 더 나은 것을 얻을 수 있고, 더 빠르고 더 저렴한 것이 명백하게 더 많은 이로움과 풍요로움과 호화로움과 선택지를 가져다준다는 세상을 살아가고 있다. 아니, 그런 세상에 던져졌다. 그곳에서는 더 많은 것이 언제나 선하다.

대다수 서부극은 대규모 총격전이 아니라 다소 일상적인 장면으로 끝난다. 선과 악의 싸움은 대체로 해결되지 않는다. 이야기는 그냥 거기서 끝이다. 메타포는 붕괴한다. 서부극에 빗대어 이야기하자면, 석양이 지고 철도가 펼쳐지면 황량한 서부에 정의의 필요성도 저문다. 새로운 메타포의 시대가 스며든다.

―――

그러나 길머는 여전히 가능성을 보고 있다. 퍼미언 분지에 관해 그는 이렇게 말한다. "퍼미언에는 무한에 가까운 자원이 묻혀 있다고 보면 됩니다. 이 분지에서 내다 팔 수 있는 석유 방울이 마를 날은 결단코 없을 겁니다."

물론 숫자도 그의 주장을 뒷받침한다. 조 단위의 배럴. 2000년 동안 끄떡없을 공급량. 현재 미국 국내 총생산GDP의 상당 부분을 차지하는 최대 100조 달러의 돈. 온 세계가 지도화되었을지언정 그는 여전한 낙관주의자다. 주변에서 성장 가능성을 발견한다.

한편 그는 역사를 잊지 않았다. 인베러스의 경영 일선에서 물러난 후 다른 분야로 눈을 돌렸다. 영화 제작이 그중 하나다. 최근작 〈텍사스에서의 죽음Death in Texas〉을 제작할 때에는 라라 플린 보일Lara Flynn Boyle부터 막 떠오르던 로니 블레빈스Ronnie Blevins(길머는 "그를 스타로 만들고 싶다"라고 한다)까지 뛰어난 배우들을 섭외했다. 그중 한 사람은 길머에게 특히나 낯익은 배우다. 브루스 던, 〈11인의 카우보이〉 영화에서 '롱 헤어' 와츠를 연기한 배우가 〈텍사스에서의 죽음〉에서 또다시 악당으로 캐스팅되었다. 길머는 던이 존 웨인을 죽인 인물임을 잊지 않았다.

〈텍사스에서의 죽음〉은 안타까운 반전과 설득력 없는 전개로 가득해 종잡을 수 없는 영화가 되었다. 평론가들은 혹평을 퍼부었으나 일부 팬들은 열광했다. ("나이 든 사람일수록 이 영화가 마음에 들 것이다. 남자들은 질색하고 여자들은 좋아하더라. 이유는 모르겠다." 길머는 너스레를 떤다.) 총과 질주하는 자동차, 마약과 사막 풍경처럼 뻔한 이미지뿐 아니라 죽어가는 어머니와 효심 가득한 아들까지 나온다.

영화는 2021년 6월, 길머가 〈11인의 카우보이〉를 처음 관람했던 엘패소 극장에서 첫선을 보인다. 영화는 죽어가는 어머니를 살리려고 암시장에서 간을 구하려다 멕시코 마약 카르텔과 얽히는 전과자 이야기로 출발한다. 이후 두 시간 동안 허무맹랑한 사건들이

롤러코스터 타듯이 펼쳐진다. 하지만 마지막 2분 동안 최후의 반전이 나타난다. 나머지 플롯을 하나로 묶는 데 전혀 불필요한 장면에서 갑자기 브루스 던이 연기한 인물이 총에 맞아 죽는다. 막이 내려가고, 그와 함께 악당도 무너진다. 선한 주인공들은 석양을 향해 차를 몬다.

던을 캐스팅할 때 길머는 그에게 전체 대본을 주지 않았고 마지막 장면에 대해서도 말하지 않았다. 던이 죽음을 맞이하리라고 귀띔하지도 않았다. 배우는 마지막 순간이 되어서야 마지막 대사를 전해 들었고, 그리하여 갑작스럽고 예상하지 못한 죽음을 경험했다. 텍사스주 엘패소 영화관에 앉아 있다가 존 웨인의 죽음을 맞닥뜨린 열세 살의 앨런 길머처럼.

존 웨인을 죽인 인물이 죽음을 맞이했다. 이렇게 복수는 돌아오고 메타포의 시대는 종말을 고한다. 완벽하게 예정되었으나 겉보기에는 전혀 뜻밖의 사건으로.

영화 크레디트가 올라간다. 텍사스주 패러다이스에서는 라스트 나이프 파이터가 구슬픈 가사를 노래한다. "내 손에 이 술병도 한때는 가득 차 있었지. 그 안의 공허한 약속들이 나의 우울을 앗아가주었네."

5장

가짜 신들

캘리포니아라고 하면 고속 도로가 끝나는 곳, 꿈이 제자리를 찾는 곳이라고들 한다. 이렇게 말하는 사람들의 눈이 반짝인다. 스타트업 부자들, 인피니티 풀, 할리우드 언덕. 당연하게도 스톡턴은 이들의 머릿속에 맨 마지막에야 떠오른다.

샌프란시스코에서 동쪽으로 차를 몰기 시작해 길이 막히지만 않으면 한 시간 반 혹은 두 시간 후 그곳에 도착한다. 길게 펼쳐진 잿빛 바다를 건너, 오클랜드 항구의 거대한 적재기(흙, 자갈, 모래 등을 싣는 기계—옮긴이)를 지나, 부유한 교외 마을, 푹푹 찌는 과수원, 리버모어의 정부 연구소들, 트레이시의 군사 창고를 지나면, 바닷물이 샌와킨강과 만나는 곳, 동쪽에서 서쪽으로 이어지는 고속 도로가 5번 주간 고속 도로와 연결되는 지점이 나오고, 당신은 뒤엉킨

길목들 속에서 북쪽의 시애틀로 또는 남쪽의 로스앤젤레스로 갈 수 있다.

아니면 스톡턴에서 하루 머무는 것도 방법이다. 주간 고속 도로를 따라 모텔이 많이 들어서 있다. 라퀸타, 데이스인, 모텔6 같은 곳들. 아침은 데니스나 IHOP에서 먹으면 된다. 스톡턴은 골드러시가 한창이던 시절 보급소로 성했던 곳이다. 그리고 2012년 파산을 신청한 미국 최대 도시가 되었다(2013년에 디트로이트가 이 기록을 깼다). 처음 주목받았을 때 이 도시는 딱히 부유한 곳도, 그렇다고 심하게 빈곤한 곳도 아니었다. 한쪽에는 국제도시 샌프란시스코를, 다른 한쪽에는 농경지인 센트럴 밸리를 두고 터를 잡은, 이렇다 할 특징 없이 중간에 끼어 있는 이 교외 지역에는 약간의 슬픔이 고여 있다.

이야기가 이렇게 흘러서는 안 되었다. 최적화는 더 완전한 사회로 이어져야 했다. 존 스튜어트 밀이 공공의 선을 추구했을 때, 앨런 길머가 아직 채굴되지 않은 석유 지대의 지도를 그리기로 했을 때, 스타니스와프 울람이 가능성의 총계를 내기 위해 슈퍼컴퓨터를 이용했을 때, 목적은 더 적은 것으로 더 많은 것을 더 잘하기 위함이었다. 효율성 증대는 힘의 균형을 이룬다는 뜻이어야 했다. 크게 이긴 자들과 그보다 더 크게 패배한 자들로 나뉘어서는 안 되었다. 쇠퇴하는 중간 지대에 갇혀 아무렇게나 불어난 교외 지역은 계획에 없었다.

4장에서 우리는 과잉 최적화가 어떻게 순식간에 실패하는가를 살폈고, 세상을 바라보는 기본 시각으로서의 최적화 역시 순식간에 붕괴할 수 있음을 확인했다. 이제 우리는 영원히 최적화할 수 있으리라는 효율성의 변함없는 약속과 주변 현실의 괴리에 직면했다. 불완전한 세상, 과도한 일정, 연착된 항공편, 몰락하는 제도가 현실이다. 또 우리는 질문에 봉착했다. 최적화의 약속과 현실을 어떻게 일치시킬 것인가?

샘 올트먼은 답을 알고 있다. 30대 중반의 나이에도 똑 부러지고 부산한 대학생처럼 보이는 그는 여러 답을 알고 있는 사람이다.

창업가, 상위 중산층 출신, 사립 학교 졸업, 스탠퍼드대학교 컴퓨터공학과 전공, 스탠퍼드대학교 컴퓨터공학과 중퇴. 올트먼의 이력은 실리콘 밸리식 미사여구로 가득한 증서처럼 읽힌다. 실리콘 밸리에서 대학 중퇴는 최고 지위의 상징 중 하나다. 2015년에 올트먼은 〈포브스〉가 선정한 30세 미만 최고 투자자로 이름을 올렸다. (10대와 20대 투자자 명단이 굳이 만들어진다는 것은 거기에 선정된 사람들은 물론 실리콘 밸리에 관해 많은 걸 말해준다. 테크 업계는 벼락부자와 소년 천재의 신화 위에서 번영한다.)

올트먼은 전기차와 로켓선의 거물인 일론 머스크와 함께 창업한 오픈AI의 CEO다. 이 회사의 목적은 "범용 인공 지능artificial general intelligence, AGI을 온 인류에게 이롭게 만드는 것"이다. 올트먼은 실리콘 밸리 최고의 스타트업 인큐베이터인 와이콤비네이터 대표를 지냈으며, 온라인 커뮤니티 사이트 레딧의 임시 CEO였고, 현재는 핵에너지 회사인 헬리언Helion과 옥토Okto, 두 곳의 이사회의장을 맡고 있다. 마지막으로 차린 벤처 월드코인Worldcoin은 사람들의 홍채를 스캔해 암호 화폐를 보상으로 제공한다. 2022년 기준으로 실리콘 밸리 투자자들에게서 1억 2500만 달러의 자금을 모았다.

그러나 올트먼은 이미 얻은 성공에 안주하지도, 심지어는 그걸 입에 올리지도 않는다. 대화할 때에는 명석하고 호기심 넘치고 친절하다. 하지만 점잖고 친근한 겉모습 이면의 그가 얼마나 투지가 넘치는지는 단박에 티가 난다. 자신이 무엇에 열정을 쏟아붓는지 설명하던 그는 세상의 필요에 부합하는 자신의 역량과 자원 등의 요인들을 가늠해 자신이 가장 크게 영향을 미칠 수 있는 일곱 개 정도의 영역을 결정하는 데 어떻게 스프레드시트를 활용했는지 이야기한다. 올트먼은 자신이 감정을 읽는 일에 서툴며, 거의 모든 대화를 논리와 퍼즐처럼 생각하노라고, 세상을 구원하고 싶을 뿐 아니라 그 구원을 충분히 손에 넣을 수 있다고 믿노라고 거리낌 없이 인정한다.

2016년 〈뉴요커〉 인물 소개란에 올트먼은 이렇게 소개된다. "이 사람의 최대 약점은 비효율적인 인간들에게 관심이 전혀 없다는 것이다."[1]

그러던 올트먼이 캘리포니아주 스톡턴에 관심을 갖게 되었다.

스톡턴은 보편적 기본 소득Universal Basic Income, UBI을 대표적으로 공개 실험한 지역이다. UBI는 아무런 자격이나 조건 없이 고정된 소득을 주자는 정책이다. UBI는 도움이 가장 절실한 사람들에게 현금을 지급하고, 복잡한 재분배 계획을 방해하는 불필요한 요식과 특수 이익을 최소화하겠다고 약속한다. 올트먼이 영향을 미칠 수 있는 분야를 기록한 스프레드시트에 UBI는 이름을 올렸고, 그렇게 올트먼은 미국 여섯 개 도시에서 UBI의 효과를 연구하는 분석가 집단에 자금을 댔다. 비록 스톡턴 실험에 직접 개입하지는 않지만 꾸준히 그곳을 예의 주시하고 있다. 처음에 스톡턴 경제력 강화 시범 사업Stockton Economic Empowerment Demonstration[2]은 테크 업계의 또 다른 거물이자 페이스북 공동 창업자 크리스 휴스Chris Hughes의 지지를 받았다. 이 프로젝트를 통해 125개 가구가 24개월 동안 매달 500달러씩 받았다. 분배된 소득과 향상된 결과 사이의 인과 관계를 수립하기 위해 여러 지표가 수집되었다.

  UBI는 새로운 개념이 아니다. 나폴레옹부터 마틴 루서 킹 주니어까지 여러 지도자가 일정 소득을 보장하자는 개념을 제안했다. 하지만 현대 미국의 UBI 개념은 사회가 완전해질 가능성을 옹호하는 공리주의와 기술과 실험 경제학에 관한 현대 사회의 믿음이 합쳐져 근래 들어서야 형성되었다.

  경제학자들은 고정 소득 개념을 처음으로 제안한 집단 중 하나인데, 이들의 제안은 세계를, 현재로서는 미국을 발전시키자는 맥락에서 나왔다. 경제학계의 창의적 스타이자 노벨상 수상자인 에스테르 뒤플로Esther Duflo는 빈곤한 국가에서 소액 융자 실험을 진행해 이름을 알렸다. 뒤플로는 자신의 학문 분야인 경제학에 낭만을 품지 않으며 "경제학자는 배관공"[3]이라는 개념을 지지한다. 뒤

플로는 경제학의 목적이 거창한 이론을 주창하는 게 아니라 현실에 뿌리내린 경험주의에 있다고 주장한다. 뒤플로를 필두로 한 UBI에 대한 요즘 논거는 미덕과 자선의 관점보다 경제학 교과서의 차가운 언어에 빚지고 있다. UBI의 이점이 자원을 최적화하고, 불평등을 줄이고, 그럼으로써 사회가 얻는 보상을 극대화하는 관점에서 기술된다.

UBI 실험은 여러 도시에서 진행되고 있다. 그중 상당수가 올트먼이 설립한 단체에서 재정을 지원받으며, 일류 학술지에 실을 수 있는 데이터 수집 방법론을 채택하고 있다. 올트먼은 뛰어난 경험주의자답게, 나에게 자신의 연구 과제와 그 가설을 테스트하고 분석하기 위해 수집 중인 데이터를 상세히 설명해준다.

올트먼의 샌프란시스코만 지역 사무실에서 몇천 킬로미터 떨어진 곳에서는 다른 유형의 프로그램이 돌아가고 있다. 나와 전화 통화를 하던 아이샤 니얀도로Aisha Nyandoro는 자신의 연구를 단순히 UBI로 정의하는 것에 조금 발끈한다. "우리는 보편적 기본 소득이라는 용어를 쓰지 않아요. 보장 소득guaranteed income이라고 하죠. 이건 대상이 명확해요. 차별받는 사람들에게 의도적으로 지급됩니다." 니얀도로는 매그놀리아 마더스 트러스트Magnolia Mother's Trust 설립자로 유명하다. 이 프로그램은 미시시피주 잭슨에 사는 흑인 싱글 맘들에게 다달이 돈을 지급한다. 니얀도로는 복지 시스템이 마땅히 도와야 하는 사람들을 전혀 돕지 못한다는 걸 알게 된 후로 이 프로젝트를 시작했다. "사회 안전망은 가정의 자립을 저해하도록 설계되었습니다. 계속 벼랑 끝에서 버티게끔 하죠. 말하자면 처벌적 가부장제예요. 숨통을 조이는 '안전망'이고요."

관료제는 비인간적이라고 니얀도로는 말한다. 가장 기초적인 지원이라도 받으려면 "그럴 자격이 충분하다는 것을 입증"하라는 요구를 받기 때문이다. 매그놀리아 마더스 트러스트는 구체적인 집단을 겨냥한다는 점에서 고유하다. 니얀도로는 사실들을 줄줄이 나열한다. 잭슨 지역의 저소득 여성은 대다수가 양육자다. 미시시피주 아동 네 명 중 한 명이 빈곤하며, 유색 인종 여성의 소득은 백인 남성 소득의 61퍼센트에 그친다. 이러한 불평등이 공동체 전반에 영향을 미치고 있다. 2021년, 트러스트는 여성 100명에게 다달이 1000달러를 지급했다. 니얀도로는 UBI를 향한 관심이 늘면서 자신의 프로그램이 주목받는 게 기쁘다면서도 해야 할 말을 참지 않는다. "인종이 문제라는 것을 명확히 짚고 넘어가야겠습니다."

니얀도로는 프로그램 규모를 키워서 자격을 갖추었는지와 무관하게 잭슨 지역의 더 많은 여성 양육자에게 현금을 지급하는 것을 목표로 삼았다. 매그놀리아 마더스 트러스트는 스톡턴 프로젝트와 거의 같은 시기에 시작되었으며, 보장 소득이라는 명칭도 이제는 제법 유명해졌다. 프로그램에 참여한 여성 양육자 하나는 잡지 〈미즈Ms.〉에 기고한 글에서 이렇게 말한다. "이제야 모두가 보장 소득에 관해 이야기하는데, 시작은 이곳 잭슨이었다." 시작점이 정말 잭슨인지 아닌지, 소득을 구체적인 집단에 보장해주는지 아니면 광범위하게 분배하는지와 상관없이 부인할 수 없는 사실은, 모두가 UBI 이야기를 하는 듯 보인다는 것이다.

테크와 정치 분야의 유력 인사들이 이 아이디어를 붙들었다. 명상하듯 처진 눈과 구루의 수염을 지닌 억만장자이자 트위터 창업자인 잭 도시도 흥미를 보인다. 2020년에 그는 미국 서른 개 도시에서 이 실험을 하도록 1500만 달러를 기부했다.

아마도 이 아이디어를 가장 요란하게 알린 인물은 실리콘 밸리의 또 다른 산물이자 2020년 미국 대선 후보였던 앤드루 양일 것이다. 양은 진지하긴 한데 어딘가 확실히 이상해 보인다. 그의 직설적인 정책을 이끄는 건 다름 아닌 숫자다. 그가 대선 캠페인 때 쓰고 다닌 파란색 야구 모자에는 **수학**MATH이라는 단어만 달랑 새겨져 있다.

UBI를 옹호하는 사람들은 복잡하게 꼬여 있는 미국 복지 시스템을 단순화해 기울어진 운동장을 평평히 만들 잠재력이 UBI에 있다고 본다. 취업으로 기본 소득을 마련할 필요가 없어지면 누군가는 의미 있는 일을 좇을 자유를 얻을 것이다.

그러나 이 개념은 많은 지지 세력을 거느렸음에도 정치 양극단의 반발을 샀다. 우파 비평가들은 UBI가 복지 국가의 연장선이어서 자유 시장을 방해하리라고 비판한다. 좌파 비평가들은 자원의 '비효율적인' 분배를 지적한다. 왜 고소득자가 빈곤선 아래 있는 사람들과 똑같이 돈을 받아야 한단 말인가? 가난한 사람들은 그들 자신이, 자본주의 체제가 도산하지 않을 만큼만 벌어야 한다는 소리인가?

좌우 진영의 비판 세력이 사용하는 언어는 기본적으로 같다. 효율성과 자원 극대화의 언어. 사실, UBI를 비판하는 사람들의 언어는 무작위 통제 실험을 주장하고 사회를 폐쇄된 경제 체제로 바라보는 UBI 지지자들의 언어와 무척이나 유사하다. 최적화의 약속과 현실의 괴리에 맞서 제안된 해법도 어김없이 더 많은 최적화로 귀결된다.

왜일까? UBI 같은 것들을 효율성의 언어 바깥에서 평가할 수는 없을까? 몇 가지 질문을 달리 던져볼 수 있다. 방정식에 의해 달러가 개인이나 사회의 효용으로 변환될 수 있다는 주장을 포기한다면 어떨까? 더 나아가 '최선'의 정책을 결정하는 수단으로서의 측정을 포기한다면? 계산기를 잠시 내려놓고, 최적의 사회를 설계하기 위한 것이 정치라는 발상 자체를 지운다면? 그러면 총체적 무질서 상태가 되려나?

이런 질문을 던지기 힘든 이유는 어차피 소용없을 것 같기 때문이다. 차라리 문제에 정면으로 맞서는 편이 훨씬 더 쉽고 보편적이다. 석유 중심 경제의 대안으로 불리는 테슬라 같은 전기차 네트워크는 충전소를 어디에 설치할지, 배터리를 어떻게 만들지, 소프트웨어 업데이트를 어떻게 내보낼지, 나아가 환경에 미치는 영향을 어떻게 형성할지를 최적화하려 한다. 농업의 수확량 극대화로 음식물에서 영양소가 빠져나가버리자 그 자리를 비타민이 채우고 있다. 비타민은 건강의 최적화를 약속한다. 도시의 수직 농법은 SAP 같은 대기업이 개발한 기술 플랫폼상에서 온실 식물에 햇볕과 비료를 제공하는 방식을 새롭게 최적화함으로써 산업형 농업의 문제들을 해결하겠다고 주장한다. 《포브스》의 한 기사는 수경법 덕분에 "더 많은 사람이 배를 불릴 수 있고, 귀중한 천연자원을 덜 사용할 수 있고, 좀 더 건강하고 맛있는 먹거리를 얻을 수 있다"⁴라며 숨 가쁘게 극찬을 늘어놓는다. 그에 투입되는 많은 양의 에너지, 노동, 교통 비용 같은 문제들은 짤막하게 언급할 뿐이다. 실내 농업에 적합하지 않은 곡물이 많으며 토양의 자연적인 재생 능력을 대체하기에 합성 비료의 한계가 뚜렷하다는 사실은 언급조차 없다.

최적화의 결점에 대응하는 과정에서 외려 최적화와 더 밀착하게 된 건 아닐까? 탈중앙화된 디지털 화폐와 지역 생산 경제를 둘러싼 온갖 담론에도 불구하고, 사실 우리는 어느 때보다 서로 연결되고 중앙화된 것은 아닐까? 아마존, 에어비앤비, 엣시 같은 플랫폼에 묶여 있는 한 예전보다 덜 자유로운 것 아닌가? 이런 기술들을 굴러가게 하는 알고리즘이 정확히 어떤 일을 하는지 이해하는 사람은 줄고 그에 의지하는 사람은 늘어나고 있으니, 자유의 결핍은 더욱더 깊어지고 있는 게 아닌가? 탈최적화 시도가 사실은 최적화 사상을 더 깊이 뿌리박게 하는 것 아닌가?

1952년에 발표된 커트 보니것의 소설은 탈최적화의 유혹과 위험성을 잘 보여준다. 《자동 피아노》는 인간 노동이 거의 불필요해진 기계화 사회를 묘사한다. 남은 노동자들은 기계가 꺼지지 않게 살피는 엔지니어와 관리자 정도다. 소설의 핵심 서사는 일리엄 웍스Ilium Works라는 공장 단지에서 벌어진다. 이곳을 지배하는 가치는 "효율성, 절약, 품질"이다. 이 소설은 최적화가 어디까지 갈지에 대한 우리 시대의 분노(혹은 무력감)를 예견하고 있다.[5]

서른다섯 살 먹은 폴 프로테우스는 일리엄 웍스의 관리자다. 폴의 아버지도 똑같은 일을 했다. 폴은 언젠가 국가 제조 위원회의 수장직에 오르리라는 기대를 받는 인물이다. 일리엄에서 각 업무는 R-127, EC-002같이 숫자로 구분된다. 폴의 직무는 기계를 감독하는 것이다.

책이 나왔을 무렵에 보니것은 제2차 세계 대전을 겪으며 환멸을, 제너럴일렉트릭General Electric, GE에서 엔지니어링 관리자로 일하며 좌절을 경험한 신진 작가였다. 일리엄 웍스는 제법 노골적으로 GE를 풍자한다. 소설에서 폴은 해방을 시도하며 "인류의 주된 임무는 기계, 기관, 시스템의 부속물로 기능하는 게 아니라 (중략) 인간답게 좋은 일을 하는 것"이라고 분연히 저항한다. 폴은 비밀 단체인 유령 셔츠 협회Ghost Shirt Society가 자동화를 깨부술 모의를 꾸미고 있음을 알게 되고, 아내를 데리고 오래된 농가에 들어가 살 궁리를 한다. 한마디로, 기계화된 세상에서 탈출할 방법을 꾸민다.

그러나 그의 노력은 헛수고로 돌아간다. 폴은 실패하고 좌절의 늪에 빠진다. 기계의 장악과 인간들의 폭동 끝에 모든 것은 파괴된다. 그런데도 기계화를 향한 인간의 사랑은 여전히 깊다. 기계들이 파괴되자 사회의 변두리 계층인 잡역부들과 기술자들이 서둘러 기계를 복구한다.《자동 피아노》는 사회와 의미의 붕괴, 그리고 우리가 알던 자동화 세상이 얄팍하게 재건설되는 것이 최적화의 결말임을 그리고 있다.

───────

폴 프로테우스의 일리엄 웍스가 세상에 알려진 지 70여 년이 흐른 지금, 진짜 GE는 변하고 있다. 21세기 들어 CEO를 맡고 있는 제프리 이멀트Jeffrey Immelt는 단순화를 지향한다. 이멀트는 직원들을 가혹하게 해고하고 생산성을 높이는 식스시그마 경영을 강조한 전 CEO 잭 웰치의 후계자다. 웰치는 "끊임없이 완성을 향해 [비전을] 밀어붙여야 한다"라고 믿었다. 이제 이멀트 체제에서는 효율성 자리에 단순화가 들어섰다.

이멀트가 말한 대로 단순화란 "성장에 투자하고 고객의 문제를 더 잘 규명하고 해결하기 위해 자원을 재할당하는 것"에 달렸다.[6] 새로운 시대에는 새로운 방법이 필요하다. 세계화되고 시스템이 통합되던 1990년대를 정의한 것이 탁월한 운영과 비용에 대한 의식이었다면, 새 밀레니엄의 CEO는 혁신을 통해 규모를 키우는 것을 임무로 삼았다.

결과는 애매했다. 2022년 1월, 〈워싱턴 포스트〉는 단순화가 여전히 "진행 중"이라고 단언했다. 이는 단순화가 아직도 완성에 이르지 못했으며, 목적이라기보다 '과정'임을 은근히 강조하는 표현이었다. 최근에 GE는 다시금 에너지 효율성에 초점을 맞춘 캠페인을 내놓았다. 그러나 GE가 단순화로 방향을 바꾼 것은 언어를 보기 좋게 다듬는 것 이상의 의미였다. GE는 이런 질문을 던진다. 어떻게 탈최적화를 최적으로 이룰 수 있을까?

효과적인 UBI를 향한 탐색의 근원에도 이 질문이 있다. 샘 올트먼과 앤드루 양이 나서기 훨씬 전부터, 경제학자들과 경영 이론가들은 공장 라인이 되었건 경영 판단이 되었건 최적의 과정을 형성하는 게 무엇인가를 성문화하고 있었다.

허브 사이먼Herb Simon도 그중 하나였다. 중서부 출신의 사이먼은 밀워키에서 성장해 시카고대학교에서 공부했고 이후 카네기멜런대학교 교수가 되었다. 그의 연구는 산업 경제학부터 수학, 심리학까지 여러 분야를 망라했고, 경영에서 어떻게 의사 결정을 내릴지, 경제학을 어떻게 가르쳐야 할지, AI를 어떻게 생각해야 할지 등에 영향을 미쳤다.

그러나 지금까지 가장 널리 알려진 사이먼의 연구는 확률과 선택에 관한 것이다. 그는 역동적인 정보가 주어진 의사 결정 과정에서 최선의 답에 가장 효율적으로 도달하는 방법을 알아내려 했다.

수학에서 거짓 최적값false optima은 착각을 유발하는 중간 지점을 의미한다. 마치 정상처럼 보이지만 알고 보면 더 높은 꼭대기가 존재한다. 높지만 가장 높지 않은 이 지점은 최선의 방식으로 방정식을 풀었다는 희망을 일으키며, 그 자체로도 아름다운 전망과 산속 호수 같은 그 나름의 장점을 보유했으나, 결국 우리를 정상까지 오르게 해주지는 못한다.

이러한 현상은 3차원 세상에서만 일어나는 게 아니라 수천 개 변수로 이뤄진 방정식 세계에서도 일어난다. 최적화 연구는 적절한 검색을 통해 지역 최댓값local maxima뿐 아니라 전역 최댓값 global maxima을 찾아내는 방법에 초점을 맞춘다. 올트먼이 부를 재분배할 최적의 방안을 찾아내려 하듯이 수학자들은 이에 대한 답을 맹렬히 찾아다녔다. 일명 언덕 오르기hill climbing 기법은 최적화 문제에 대한 잠재적 해법들로 이뤄진 지형에서 자의적인 지점을 하나 고른 뒤, 그곳에 올라 인접한 해법들을 살피는 알고리즘을 활용한다. 인접한 해법들 가운데 언덕의 더 높은 지점으로, 정상과 더 가까워지게 해주는 것이 있는가?

이러한 알고리즘의 문제는 특정 유형의 최적화를 위해서 중간 꼭대기에 멈추는 선택을 한다는 것이다. 덴버의 어느 작은 언덕에 서 있다고 해보자. 저 멀리 고원이 보이고 그 너머로는 눈으로 뒤덮인 로키산맥이 어렴풋하다. 이때 이 알고리즘은 지금 서 있는 언덕에서 몇 걸음 더 올라가는 것이 최선이라고 주장할 것이다.

이러한 문제를 피하려면 알고리즘을 어떻게 변형해야 할까? 한 가지 방안은 매번 조금씩 다른 매개 변수를 넣어 알고리즘을 반복해 작동해보는 것이다. 등반의 출발점을 하나만 두는 게 아니라 여러 개로 시험해보면 된다. 그렇다면 이 출발점들을 어떻게 선택하느냐는 문제가 대두된다. 지형을 전체적으로 훑은 다음 정상으로 가는 경로를 좁힐 것인가? 지도의 한쪽 모퉁이부터 맞은편까지 규칙적으로 이동하며 언덕 하나하나를 정상까지 올라 높이를 기록한 뒤 다음 언덕으로 넘어갈 것인가? 아니면 지도 위 지역들을 무작위로 추출해 최소 몇 개의 높은 지점이 포함된 지역이 어디인지를 평가한 다음 그곳을 중심으로 표본을 다시 추출할 것인가?

그리고 언제 멈춰야 할까?

허브 사이먼은 지역 최적값에 관해서, 또 전역 최적값을 찾아내는 데 따르는 비용에 관해서 할 말이 많았다. 의사 결정의 효율적인 방법을 탐색하는 이 작업을 두고 사이먼은 이렇게 적는다. "합리성을 추구하지만 자기 지식의 한계에 갇힌 인간 존재가 이러한 난점을 부분적으로 극복하는 작업 절차를 고안해냈다." 그러면서 이러한 기법의 전제를 언급한다. 그 전제란, 폐쇄된 시스템, 개수가 제한된 변수들, 그리고 "범위가 한정된 결과들"이다. 즉 의사 결정은 매개 변수들이 규명된 단순한 문제로 환원될 때 최상의 상태에 놓인다.

폐쇄된 시스템. 나머지 세계와의 단절. 개수가 제한된 변수들. 범위가 한정된 결과들. 이러한 조건들은 거의 모든 최적화의 조건이기도 하다. 명확히 정의된 목적 함수와 매개 변수와 제약 조건. 사이먼은 이러한 최적화를 인간 행동에도 적용하고자 한다. 그는 전역 최댓값을 구하기 힘드니 지역 최댓값이라도 추구해야 하는 불확실한 상황에서의 의사 결정을 나타내는 말로 '최소 만족satisficing'이라는 용어를 창시한다. 만족스러움satisfying과 충분함sufficing을 혼합한 '최소 만족'은 주어진 상황에서 최적은 아니어도 '충분히 좋은' 결과를 가리킨다.

최소 만족 상태임을 어떻게 알 수 있을까? 최적화가 얼마만큼 일어나야 '충분'할까?

비슷한 시기에 제안된 알고리즘 사고 실험은 이 질문에 대한 수학적 대답을 모색한다. 비서 문제라고도 알려진 이른바 최적 정지 문제optimal stopping problem는 다음과 같은 질문을 던진다. 면접을 보기로 한 구직자들이 줄을 서 있다고 해보자. 언제쯤 면접을 중단하고 적임자를 골라야 할까?

줄을 서 있는 구직자들의 수준은 다양하다. 이 사고 실험은 단순화를 위해 좋은 비서를 고르는 기준과 다른 후보들을 추가로 면접하는 데 드는 비용(당신의 시간)을 측정하는 지표를 하나로 압축한다. 예를 들면 비서는 타자 속도로만 평가받으며 그 범위는 분당 50단어에서 100단어까지다. 문자를 얼마나 빨리 입력할 수 있는지에 따라 달라지는 이 속도는 훌륭하거나 그렇지 않은 비서를 가르는 화폐 '가치'로 쉽게 변환된다. 다른 후보들을 면접하는 데 드는 비용은 시간당 100달러라고 가정한다.

이 두 가지 변수를 기준으로 삼았을 때, 면접을 언제 중단하는 것이 가장 적합한지 어떻게 알 수 있을까? 충분히 좋은 후보를 찾은 상황에서 더 나은 사람을 만날지 모르니 면접을 지속하는 비용이 정말 그런 사람을 발견해 얻을 약간의 잠재적 이득을 넘어서기 시작했다는 것을 언제 어떻게 판단할 수 있을까?

너무 일찍 중단하면 그저 그런 수준의 비서를 고용하는 위험을 안게 된다. 몇 번 더 면접을 본다면 좀 더 나은 비서를 만날지도 모른다. 반대로 너무 오랫동안 면접을 보면 시간만 허비하는 꼴이다. 일찍이 면접을 본 후보와 최종적으로 고용하게 될 비서의 수준이 별반 다르지 않을 수도 있다.

이 최적화에는 놀랍도록 우아한 이론적 해법이 존재한다. 무작위로 정렬된 후보가 n명일 경우, 그중 N/e명을 면접한 다음 그 후에 만난 최고의 후보를 뽑는 것이다. 이 공식에서 e는 자연로그의 밑으로 대략 2.7에 상응하는 상수다. 그러므로 지원자가 100명이면 100 나누기 2.7, 즉 서른일곱 명을 면접한 다음 그 후에 만난 최고의 후보를 뽑으면 된다.

이것이 바로 최적의 준최적값suboptimum이다.

하지만 정지 문제에서 우리는 UBI에서 목격한 것과 유사한 막다른 지점에 도달한다. 두 사례는 타자 속도가 되었건 현금이 되었건 모든 것을 단 하나의 측정 지표로 환원한다. 그리고 저마다 목적 함수를 제시한다. 비서 문제의 경우에는 면접 비용을 최소화하는 것이고, UBI 사례의 경우에는 긍정적인 사회적 이득을 창출하고자 최적의 방식으로 부를 분배하는 것이다. 정지 문제가 흔히 말하는 장난감 모델 내지는 실증적 사례라고 한다면 UBI 프로젝트는 더 대담한 주장으로 나아간다. 공정과 빈곤, 공동체 구성원의 의무에 관한 문제들이 다면적 차원에서 고려되기보다 풀어야 할 방정식, 분배해야 할 돈뭉치로 환원되는 경우가 많다.

전후 시대의 사이먼 같은 경제학자들과 스타니스와프 울람 같은 과학자들이 세분화와 자동화의 언어를 창조한 이후로, 실리콘 밸리는 그 언어를 미화했다. 효율성이라는 고루한 개념이 혁신이라는 개념에 자리를 내주고, 링귀네부터 란제리까지 모든 것이 게임화되면서, 마침내 테크 대기업들은 자신들이 세상을 구원하고 있노라고 천연덕스럽게 말할 수 있게 되었다.

이렇게 낭만화된 최적화의 목적은 실리콘 밸리가 손대는 거의 모든 것에 가닿는다. 사람끼리의 연애도 예외가 아니다. 기술 전문가 에이미 웨브Amy Webb는 혼란스러운 온라인 데이트를 정복하기 위해 사랑에 관한 스프레드시트를 생성했다. 표에는 이상적인 남편감이 갖춰야 하는 일흔두 개 특징의 목록도 포함되었다. 심지어는 브로드웨이 뮤지컬 취향의 수준까지 세세하게 적혔다. 〈에비타〉는 괜찮지만 〈캣츠〉면 곤란하다. 그런 다음 웨브는 이 목록을 활용해 자기 짝을 탐색하는 과정을 최적화했다. 데이트 컨설턴트 로건 유리Logan Ury는 배우자를 찾는 과정에 최적 정지 문제를 적용한다. 20대와 30대에 짝을 찾을 계획이라면 '정지'하기에 이상적인 나이는 27세, 그러니까 20년의 약 37퍼센트가 흐른 지점이라는 것이다. 그 나이가 되면 이전에 만난 최고의 파트너를 기준점으로 삼아 다음에 만나는 사람이 그 기준을 넘어설 시 그와 정착하라고 유리는 조언한다.

《사랑은 왜 끝나나》에서 사회학자 에바 일루즈Eva Illouz가 추적하듯이, 현대 세상은 "남자와 여자가 극대화해야 하는 감정적 속성의 묶음으로 자신들을 생각하도록 유도"하며, 이때 연애 관계는 "감정이라는 상품을 담는 그릇"으로서 기능한다. 행복 이론가 알랭드 보통은 현대 세상에서 결혼이 과거처럼 연애, 재산 또는 핏줄을 보존하는 제도가 아니라 양쪽의 성장을 최적화하기 위한 심리적 제도가 되었다고 주장한다. '감정 노동'이란 개념은 보수를 받을 수 없고 대체로 인정받지 못하는 돌봄과 배려를 의미하는데, 지난 10년 사이 우리가 쓰는 언어에 자리 잡았다. 이 단어는 분명 중요한 생각을 담고 있으나, 그것이 비판하고자 하는 경제적 언어로 표현된다. 돌봄과 감정마저 개별적이고 숭고한 무언가로 다뤄지지 못하고 노동의 언어로 환원되어 가격표가 붙어야 하는 것일까?

경영도 사랑과 마찬가지다. 〈이코노미스트〉의 한 기사는 팬데믹 와중에도 생산성을 유지하는 방법을 조언한다. 구글 직원이었던 트리스탄 해리스Tristan Harris는 최적의 방식으로 기술과 단절하는 방법을 트위터로 설명하지만, 자신이 단절을 주장하는 바로 그 기술을 활용해 메시지를 전하는 아이러니에 대해서는 거의 자각하지 못한다. 만일 도움이 더 필요하다면 '해법'은 있다. 빌어먹을 앱들을 끊을 수 있게 해주는 앱을 내려받는 것이다. 이때 결국 단절의 목적은 온라인으로 되돌아왔을 때 생산성을 더 높이는 것이다. 적어도 샘 올트먼은 기술적 해법을 추앙한다는 면에서 일관성이 있다.

텍사스주 오스틴에서의 어느 저녁 자리, 요즘 내가 최적화에 관해 글을 쓰고 있다고 하자 구글 직원 하나가 말한다. "아, 그것참 흥미롭네요. 내가 하는 일이 대규모로 페미니즘을 최적화하는 것이거든요." 대체 그게 뭔 말인지는 지금도 모르겠으나, 적어도 테크 업계가 최적화와 규모에 집착하고 있으며, 공평과 젠더 문제에 관해 터무니없는 혼란에 빠져 있다는 것쯤은 알 수 있다.

이 부조리 속에는 깊은 불안이 박혀 있다. 우리는 세상이 통제 불능하며 불공평하다고, 제대로 작동하지 않는다고 느낀다. 최적화는 그런 우리에게 문제를 해결할 언어를 주었다. 따라서 제대로 작동하지 않는 최적화의 조각들을 해결하기 위해 최적화의 언어를 사용하고, 그럼으로써 최적화를 더욱 강화하는 흐름은 제법 자연스럽다.

이러한 강화의 흐름은 기후 변화 문제에서 특히나 뚜렷하다. 국제연합United Nations, UN 사무총장 안토니우 구테흐스António Guterres의 2018년 발언처럼 기후 변화는 "우리가 직면한 가장 중요한 문제"다. 2021년 퓨 리서치 센터 조사에 따르면, 밀레니얼 세대와 Z세대 응답자의 3분의 2 이상이 기후 변화를 최우선 과제로 답했다. 관심도 커지고 있다. 2018년 미국인의 74퍼센트가 지난 5년간 극단적인 기상 이변을 목격하면서 기후 변화를 심각한 문제로 주목하게 되었노라고 답했다.[7]

왜 지금, 기후가 전면적이고 중심적인 문제가 되었을까? 사실 인간으로 인한 환경 피해는 새롭지 않다. 그에 대한 우리의 인식도 마찬가지다. 그러한 우려는 우리 자신을 자연 세계와 분리된 존재로 인식해온 역사만큼이나 오래되었는지 모른다. 산업 혁명은 소음과 공해, 공장 중심의 일정으로 인한 가족 해체 등의 문제를 낳았다. 초기 자동차는 19세기 말 '말똥 위기'에 대한 해법으로 홍보되었다. 폭발적 성장을 나타내는 일명 하키 스틱 그래프는 1970년대 인구 증가를 경고하기 위해 널리 쓰였고, 기후 변화에 관한 정부 간 협의체Intergovernmental Panel on Climate Change의 지구 온난화 보고서가 세상에 공개된 1990년대에도 쓰였다.

기후 변화는 수십 년 동안 곁다리 문제쯤으로 존재해오면서 넓은 범위에서 환경 및 자연 보호 문제들과 접목되었다. 미국 대통령 지미 카터는 1970년대 말에 토론회를 소집해 몇 가지 완곡한 경고를 내놓는 데 그쳤다. 1988년 미국 항공우주국National Aeronautics and Space Administration, NASA 과학자 제임스 핸슨James Hanson은 미국 상원에 출석해 "이제 세계 온난화는 온실 효과와 실제로 관찰된 온난화의 인과 관계를 높은 수준의 확신을 갖고서 설명할 수 있는 수준에 이르렀다"라고 증언했다. 그동안 시큰둥하던 워싱턴은 화들짝 놀랐다. 〈로스앤젤레스 타임스〉는 "세계 온난화가 1990년대의 뜨거운 감자가 될 것"이라고 예측했다. 그러나 1997년이 되어서야 맥없이 교토 의정서가 나왔고 그마저도 효력을 발휘하기 시작한 건 2005년 이후였다. 대략 2018년까지 갤럽 조사에서 기후 변화가 자신들의 생애 동안 "심각한 위협"이 되리라고 믿는 미국인은 50퍼센트가 채 되지 않았다. 그러다 2020년, 기후 문제가 전면에 대두되었고 논의는 갈수록 종말론적 색채를 띠기 시작했다. 청소년 운동가 그레타 툰베리는 "우리 집이 불타고 있다"라는 경고와 함께 권력을 쥔 사람들을 통렬하게 규탄한다. "당신들이 나의 꿈과 어린 시절을 앗아 갔다"라고.

무엇이 달라진 걸까? 수십 년 동안 나중으로 미루며 학계 과학자들과 비정부 기구Non-Governmental Organization, NGO의 몫으로 떠밀었던 문제에 왜 갑자기 기업과 정치인과 대중의 관심이 쏠렸을까? 누군가는 미국 경제계가 기후 변화와 경영 실적을 연결 짓기 시작한 후에야 관심이 모였다고 주장한다. 어떤 사람들은 로비스트와 정책 입안자가 대중의 인식을 끌어올리는 데 중요한 역할을 했다고 말한다.[8] 한편 어떤 사람들은 산불과 허리케인 같은 극단적인 기상 이변의 증가가 사람들의 경각심을 일깨웠다고 말한다. 일각에서는 40년 넘게 데이터를 모으고 모델을 구축하면서 지구에 끼치는 인간의 해악을 의심의 여지 없이 보여주는 정밀성이 확보되었기 때문이라고 주장한다.

이 모든 답은 어쩌면 저마다 의의가 있을 테고 서로 무관하지도 않다. 지난 반세기 동안 데이터를 모으고 처리하는 우리의 능력은 어마어마하게 향상되었고, 그와 함께 측정하고 해결하려는 욕구가 생겨났다. 기후 문제에 새롭게 집중하는 것은, 지극히 미국적인 복음주의의 일면이자 실리콘 밸리에 팽배한 해결주의solutionism의 일면이기도 하다. 측정할 수 있으면 해결되어야 한다는 논리 말이다. 19세기 말 도시민이 말똥과 비인간적인 공장 환경에 토로한 불만은 대부분 세부적이고 심미적인 문제였다. 따라서 해법도 문제와 마찬가지로 심미적인 경향을 띠었다. 20세기 중엽 사람들은 소음이 덜한 주택과 자동차를, 영양가 있고 차리기 간편한 음식을, 기계화되는 노동의 위험으로부터 유예를 제공해주는 법률을 발명했다.

 기후 변화에 대한 해법은 그것을 연구할 때와 마찬가지로 주어진 도구를 충실히 활용한다. 기후 모델이 연산력의 힘으로 점점 복잡해질수록 모델의 예측 결과에 관한 해법 또한 복잡해졌다. 탄소세와 정교하게 설계된 배출권 거래제는 인간이 환경에 미친 해악을 거둬들이겠노라고 약속했다. 1990년대 록 밴드 그레이트풀 데드Grateful Dead의 멤버들이 아침 대용 시리얼을 만들었듯이[9] 비행기로 이동하는 만큼 어딘가에 투자하는 탄소 상쇄 제도는 아마존 열대 우림을 지키리라 공언했다. 최근에는 로봇부터 가정 에너지 절약을 위한 센서, 뒤죽박죽 얽힌 재생 에너지, 그린 뉴딜이라는 이름으로 포장된 인센티브까지 여러 아이디어가 등장했다.

 지난 50년 동안 환경주의는 세부적이고 심미적인 것에서 거대한 데이터 세트, 추상 모델, 기업 인센티브, 국가 간 조약을 아우르는 전 세계적 현상으로 변모했다. 문제를 해결하고픈 욕구와 함께, 해법에 직접적으로 영향을 미칠 수 없어 무력감도 함께 커졌다. 물론 우리는 스스로 비건이 되거나 자전거를 타고 출퇴근하는 것을 선택할 수 있지만, 그러한 실천은 말똥, 산성비, 석면처럼 국지적인 문제를 직접 바꿀 수 있는 개인의 능력에 비하자면 미미하기 그지없다.

 추상화와 해결주의의 결합은 딱히 해결해주는 건 없으면서 사람들을 혹하게 하는 듯하다. 사소하지만 장밋빛 결과를 약속하는 다이어트 프로그램이 최고의 성공을 거두고, 결제 대금의 최소 금액만 제때 납부해 은행이 수고스러운 수금 노력 없이 높은 이자를 수취할 수 있게 하는 신용 카드 사용자가 '최고'의 고객이듯, 요즘 최고로 주목받는 현안은 긴급함과 무력감을 결합해놓았다. 우리는 모델의 커다란 메커니즘과 단절되었고, 그렇기에 기후 문제를 실질적으로 '해결'할 능력이 없다. 거창한 해법을 얻는 대가로 여유와 장소와 규모를 내주고 말았다.

이와 같은 분리는 연구를 수행하는 방식에서도 드러난다. 기후 모델을 구축할 때 과학자들은 에뮬레이터emulator라고 하는 하위 모델에 의존한다. 에뮬레이터는 열대성 태풍 같은 복잡한 과정을 다루기 쉬운 일련의 방정식과 확률로 표현해 그것의 근사치를 계산해낸다. 이러한 모델은 탐색 가능한 규칙들이나 간단한 몬테카를로 시뮬레이션이 통하지 않는 기후와 기상 현상의 삭용을 파악할 때 무척 유용하다.

에뮬레이터는 참 놀라운 도구이지만 구체적인 사례에는 효과가 없다. 그리고 대체물 뒤편에 더 복잡한 현상이 존재한다는 사실을 망각하도록 유도한다. 마찬가지로 기후 문제를 우리가 접근할 수 없는 방정식으로 변환하는 것은 우리의 초점을 손에 닿는 메커니즘에서 모형화된 결과로 이동시킨다. 우리의 해법 역시 실질적이고 구체적인 것에서 추상적이고 종말론적인 것으로 옮겨 간다.

종말이 가까워졌으나 개인이 기후 문제를 해결할 수 없다는 프레임은, 최적화를 문제 삼고 심지어는 도덕적으로나 심미적으로 반기를 드는 것을 우리가 얼마나 망설이고 있는지 보여준다. 지금 우리의 해법은 본질적으로 세계적이고 경제적이다. 그리고 많은 경우에 덜 효율적이기도 하다. 탄소 상쇄 제도는 수십 년이 지나도록 아마존 열대 우림을 보존하는 데 거의 구실을 하지 못했고, 오히려 그걸 지지한 기업들의 배를 불리는 데 큰 역할을 했다. 로봇과 수직 농장은 물과 질소, 인간 노동력을 효율적으로 사용해 정밀한 환경에서 식물을 재배하는 데에는 성공했을지 몰라도, 농부와 소비자와 토양 사이에 끊긴 관계를 복원하는 데에는 실패했다. 오히려 현재 진행 중인 농업의 실패를 영속화하고 있다.

대안은 명백하지만 쉽지 않다. 추상적인 해결주의 대신 기본 원칙들과 인간적 규모로 돌아가 다시 노력해보는 것이다. 그러나 안타깝게도 규모 복원에서는 어떠한 성과도 없으며, 투자는 더더욱 희박하게 이뤄지고 있다.

―――

전기차 거물 일론 머스크는 영화감독 베르너 헤어초크Werner Herzog의 다큐멘터리 〈사이버 세상에 대한 몽상Lo and Behold, Reveries of the Connected World〉에 나와 이렇게 단언한다. "AI의 가장 큰 위험은 그게 자기 의지로 발전하리란 게 아닙니다." 머스크는 말을 멈춘다. 극적인 효과를 주기 위해서라기에는 어딘가 어색한 순간. 그리고 다시 말을 잇는다. "창조자들이 정해놓은 최적화 함수를 따르리라는 거죠."

머스크는 알고리즘의 힘이 우리가 생각하는 것만큼 강력하지 않다고 말한다. 할리우드 영화에서처럼 알고리즘이 인간의 자리를 정복해 빼앗는 일은 없을 거라는 소리다. 머스크에 따르면, 오히려 인간의 오류와 그릇된 판단이 기계에도 프로그래밍되었을 가능성이 크다. 기계는 그 자체로 순수하다. 프로그래머가 지닌 취약점에 함께 빠지지만 않는다면 세상을 구원할 수도 있다. 그러나 우리 인간은 완전하지 않고 최적화될 수 없다.

편견을 제거하고 모든 것을 완벽하게 프로그래밍하고 싶은 바람이 기술 유토피아적 정서를 지배하고 있다. 달을 민영화해서 그 수익을 지구의 빈곤을 완화하는 데 사용하자는, 영국 애덤 스미스 연구소Adam Smith Institute 경제학자들의 (진정성 있을지는 몰라도) 부조리한 견해도 그 일환이다. 일론 머스크는 세계 최고 부자에 등극한 2021년, UN 세계 식량 계획이 세계 기아 문제의 해법을 일목요연하게 설명할 수 있다면 자신이 60억 달러를 투척하겠다고 트위터에 공약했다. 누군가는 실제 목표를 이루려고 힘쓰기보다 백서를 작성하는 데 시간을 더 많이 쓰고 있는 NGO들이 드디어 진실을 외칠 순간이 왔다고 생각했다. 반면 누군가는 전 인류를 먹여 살리고도 남을 한 남자의 눈치 없는 트롤 짓이라 여겼다. 머스크와 UN이 드러낸 문제는 결국 똑같았다. 엄청난 부와 거창한 계획으로도 이토록 가장 기초적인 필요를 충족하기에 부족했다. 양쪽이 사용한 언어도 똑같았다. 스프레드시트, 숫자, 트레이드오프로 이뤄진 언어였다.

오픈AI를 머스크와 공동 창립했을 당시, 올트먼은 AI를 멋진 도구이자 세상을 구원할 대안으로 보았다. AI 기술은 빠르게 발전하고 있었고 앞으로도 그럴 터였다. 올트먼은 인터넷에 글을 올려 머지않아 이 기술로 모든 성인이 매년 1만 3500달러를 받을 수 있을 만큼 부가 생성될 것이라 주장했고, 그의 주장은 주요 언론 매체에 보도되었다. 그러나 이후에 그는 이 숫자는 근거 없는 주장이었다고 나에게 털어놓는다. 정확히 그렇다는 뜻은 아니었다는 거다. 하지만 아이디어는 유효하다. 자동화는 인간이 창조적인 활동을 즐기며 새로운 것을 발명하는 데 생산력을 쏟을 수 있도록 지금보다 훨씬 많은 여가를 보장해줄 것이다.

울람 시대 이후로 컴퓨터 알고리즘은 몬테카를로 유형의 시뮬레이션, 최댓값을 찾기 위한 선형 계획법, 추상화의 층위를 겹겹이 쌓아 올렸다. 변화는 상당했다. 모델을 구축하는 방식에도 변화가 있었다. 초기 모델은 켄터키주 아마존 공사장의 불도저를 보고 처음 내가 막연하게 상상했던 것과 다르지 않았다. 벌판의 지형을 따라 자연스러운 기복을 살리며 바큇자국을 새겼다. 도시와 농장을 지을 때 일단 우리는 땅의 형세를 파악했고 바람의 방향과 물의 흐름을 살폈다.

그런데 요즘은 백지상태에서 출발한다. 우리는 거기에다 데이터 뭉치를 던진 다음 컴퓨터 코드가 '최선'의 것을 내놓도록 명령한다. 결과는? AI가 과거의 어느 작가를 완벽하게 모방한 글을 짓고, 원래 있던 작품을 복제해 윤곽을 뚜렷하게 살린 그림을 생성한다.

즉각적이고 포괄적이지만 결국은 가짜다. 베트남 호찌민에서 캔버스를 줄지어 세워놓고 모네의 수련 그림을 베껴 그리는 화가들 같은 가짜를 말하는 게 아니다. 그것은 우리 인간의 창의성을 강탈한다는 점에서 가짜다. AI는 오래되고 고된 창작의 방식을 몰아내고 있다. 입력값에 깊이 의존하기 때문에 인간 예술을 추동하는 쇄신과 탈피 시스템의 힘이 빠져 있다.

《경제학자처럼 생각하기Thinking Like an Economist》의 저자인 사회학자 엘리자베스 팝 버먼Elizabeth Popp Berman은 경제 정책에 관하여 20세기 중반부터 지금까지 공화당과 민주당 행정부를 막론하고 워싱턴 DC를 지배해온 의견을 이렇게 표현한다. "효과적이고 효율적인 결과를 추구하기 위해 선택, 경쟁, 인센티브, 시장의 힘을 활용하는 것에 집중한다." 그에 따르면 지난 반세기 동안 이러한 관점이 미국 정책에 스며들었다.

정치뿐 아니라 오늘날 미국의 주요 산업들도 마찬가지다. 올트먼의 최적화 사고는 홍채를 스캔하면 암호 화폐를 주는 월드코인 사업으로 이어진다. 거기서부터 그 사고는 궤도를 이탈하기 시작했다. 그 회사의 발표는 실리콘 밸리에서 반응을 얻었다. 생체 특징으로 지상 모든 인간의 신원을 확인한다는 독특한 발상에 투자자들이 달라붙었다. 그러나 다른 곳에서는 홍채 스캔 같은 데이터 수집에 쓰이는 '오브orbs'(홍채를 인식하는 둥근 모양의 기계—옮긴이)가 심한 저항에 직면했다. 특히 이 기술이 도입된 개발 도상국의 개인들과 정부가 크게 반발했다. 나눠 주겠다던 암호 화폐는 지급되지 않았다.

그 회사는 UBI를 염두에 두고 좀 더 대단한 계획이 있노라고 주장한다. 부를 균등하게 분배하는 데 일조하고 싶으며, CEO 알렉스 블라니아Alex Blania가 〈버즈피드 뉴스〉에 밝힌 대로 홍채 데이터 수집이 "인간이고, 고유하며, 살아 있는" 존재의 신원을 인증할 방법이라는 것이다. 이러한 인증은 사상 최초인 데다 모든 인터넷 기술에 엄청나게 중요할 것이라고 블라니아는 믿는다. 심지어 이 회사의 슬로건은 정부들이 딴지를 걸기조차 무색하다. "모든 사람이 월드코인 프로젝트에 참여하면 우리 모두가 이득을 봅니다."

〈버즈피드 뉴스〉 필진인 리처드 니에바Richard Nieva와 아만 세티Aman Sethi는 시큰둥한 결론에 이른다. "종합해보면, 여러 문화권의 수십억 인구가 자신들의 거창한 비전을 받아들이리라고 확신하는 실리콘 밸리 경영진과 세계 현장에서 사람들의 홍채를 스캔하며 어려움을 겪는 오브 운영자들 사이는 단절되어 있다."

샘 올트먼을 비롯해 그와 비슷한 사람들은 최적화의 횃불을 든 선구자들이지만 자유 시장 지상주의의 승자 편에 서기는 주저하고 있다. 이 망설임은 최적화에도 한계가 있을지 모른다는 서글픈 인정으로 형체를 갖춘다. 이를테면 효율적 이타주의 운동을 바라보는 올트먼의 시선은 낙관적이지 않다. 효율적 이타주의란 소규모의 테크 노동자와 지식인 집단이 실천하는 느슨한 철학적 원칙이다. 효율적 이타주의 단체의 웹사이트에 따르면, 효율적 이타주의란 "실천할 수 있는 선을 극대화하는 데 집중"한다. 이는 가능한 최선의 일과 자선 활동에 시간과 자본을 신중히 투입하는 것으로 달성된다. '최선'과 '최대'가 어찌나 많이 등장하는지 머리가 어지러울 정도다.

올트먼은 이 운동에 뛰어들기를 망설이고 있다. 그는 현실주의자다. 모두가 모든 것을 계산으로 바라보지 않는다는 것쯤은 알 만큼 요령이 있다.[10] 어떤 것은 일반화해서 계산할 수 없으며, 어떤 것은 순전히 개인 취향의 문제라고 그는 믿는다. 물론, 개인 취향도 스프레드시트로 상세히 정리될 수 있겠지만 말이다.

―――

최적화의 환상은 깊이 흐르고 있다. 지난 20년 사이 수학적 모델을 구축하는 것의 본질은 크게 변화했다. 연산력은 폭발적으로 성장했다. 결과뿐 아니라 모델 자체의 매개 변수도 최적화되었다. 그럴수록 최적화를 실행하는 사람은 수학 이면의 물질세계를 더욱 이해하지 못하게 되었다.

모델이 현실과 멀어질수록 최적화의 약속은 더 높은 확률로 실패한다. 그때마다 우리는 미봉책만 늘려가는 듯하다. 계획 위원회, 측정과 측량, 임상 시험과 실험이 자꾸만 많아진다. 최소 만족 또는 최적의 탈최적화가 언뜻 해법처럼 느껴지기도 한다. 얼마만큼 최적화할지, 언제쯤 만족스러운 지역 최적값을 찾아 멈출지를 가늠할 수만 있다면 우리는 최적화의 장점만 취하면서 문제들을 해결할 수 있을 것이다.

 이러한 논리는 전혀 다른 방식의 사고가 필요한 순간에도 자꾸만 최적화의 관점에서 사고하도록 유도한다. 가장 좁은 의미에서 우리는 어쩌면 최적의 준최적값을 발견했는지도 모르겠다. 한편으로 우리는 최적화에 대한 믿음을 공고히 다지며 역동적이고 변화하는 세상을 다른 방식으로 평가하는 법을 거의 배우지 못했다.

 이러한 탈최적화에는 또 다른 문제가 있다. 애초에 최적화를 통제하는 사람들의 편의를 위해 동원되는 경우가 너무 많기 때문이다. 선승禪僧이 명상 조언자로 참여하는 구글의 마음챙김 프로그램을 예로 들어보자. 명상은 일종의 복지로 홍보되며, 인재를 끌어들이고 생산성을 높이는 도구로 활용된다. 결국 이 프로그램은 직원 개인을 위한 것이지만 그에 못지않게 구글을 위한 것이기도 하다. 마찬가지로 금융 시장이 과도하게 최적화되었을 때 일시 매매 중지가 발동하면 대체로 소액 투자자들이 상황을 파악하기 한참도 전에 큰손들이 먼저 이득을 챙긴다. 2021년과 2022년, 연방 준비 제도는 미국 경제의 '연착륙'을 설계 중이라고 줄곧 주장했다. 방법은 인플레이션이 목표율에 도달할 때까지 금리를 올리는 것이었다. 비관적인 전망을 하기로 유명한 경제학자 누리엘 루비니에 따르면, 연방 준비 제도의 계획은 애초에 "불가능한 임무"다. 그렇게나 복잡한 시스템을 미세하게 조정할 방법은 없기 때문이다. 이는 통제하고 설계하려는 욕구가 어디까지 왔는가를 여실히 보여주는 사례다.

왜 우리는 설계된 해법을 이토록 기꺼이 받아들이는 걸까? 아마도 우리가 효율성의 언어에 빠져 헤엄치고 있기 때문일 것이다. 동시에 출구로 나가고 있다는 느낌을 원하기 때문일 것이다. 이러한 탈최적화는 미리 설계된 탈출로를 제시함으로써 마치 우리가 앞으로 나아가고 있다는 환상을 일으킨다.

샘 올트먼 팀은 전국적으로 실험을 벌이며 '막대한 양의 데이터'를 모았다. 그러나 나는 소득 분배가 성장 복음과 어떻게 잘 맞물릴지 여전히 의문이 든다. 올트먼이 인터넷에 올린 글에도 이 논지가 요약되어 있다. "민주주의는 성장하는 경제에서만 작동한다. 경제 성장으로 복귀하지 못한다면, 민주주의 실험은 실패할 것이다."

돈과 성장에만 집중하는 세상에서 최적화의 문제들을 어떻게 해결할 수 있을까?

실리콘 밸리의 진단은 간단하다. 돈이 충분하지 않다는 것이다. 해법은 사람들에게 더 많은 돈을 주는 것, 최적의 방식으로 화폐를 재분배하는 것이다. 돈이 얼마나 필요한지는 실험으로 알 수 있다. 600달러와 500달러의 효과를 비교해보면 된다. 600달러를 주면 월 지출의 변동률을 46퍼센트에서 36퍼센트로 줄일 수 있을까?

니얀도로와 매그놀리아 마더스 트러스트의 언어는 조금 다르다. 엄마가 집세를 낼 수 있고 아이 생일에 피자를 사줄 수 있게 되었다. 그러나 결과적으로는 올트먼의 세상이 더 많은 돈을 통제하고 있는 게 현실이다. 어디나 그렇듯 잭슨 지역도 실리콘 밸리의 해법에서 자유롭지 않다.

샌프란시스코 남쪽 아래, 세찬 태평양의 바닷물은 청록색에 가깝고 햇빛을 받아 반짝인다. 똑같은 태양이 금속으로 지어진 사무실 건물들과 갓 포장된 도로를, 유칼립투스 숲과 황금빛 언덕을 쌩 지나치는 자동차들을 비춘다.

여기저기 들어선 테크 캠퍼스와 획일적으로 생긴 콘도와 랜치 주택만 빼고 보면, 실리콘 밸리는 바라보기만 해도 뭉클할 만큼 아름다운 자연을 품고 있다. 언덕에 둘러싸인 바다를 향해 280번 주간 고속 도로를 오르고, 몬테레이와 빅 서의 절벽 길을 따라 해변으로 내려가고, 비로소 태양과 파도, 유칼립투스와 오크의 향을 들이마시는 순간, 이런 공간이 실존한다는 사실에 감격이 차오른다.

이렇게 물질적으로 찬란한 공간에 있다 보면, 우리가 사는 이 세상이 아직 완전하지 않을지언정 완전하게 만들 수 있는 곳이라고 믿기가 쉬워진다. 이 믿음은 특히 실리콘 밸리에서 굳건하다. 이곳에서 완전함이란, 19세기 잿빛 잉글랜드에서 고투하던 제임스 밀의 상상력보다 훨씬 더 작은 조각의 상상력을 요구한다.

실리콘 밸리 엘리트 집단이 받아들인 완전하게 만들 수 있는 세상 개념은 황당무계한 수준을 넘어선다. 엔지니어들이 말하는 "더 나은 세상 만들기"는 HBO 드라마 〈실리콘 밸리〉에서 패러디되었을 뿐 아니라 기술 전문가들이 하는 말에 빠지지 않고 등장한다. 더 부유해지고 더 유명해지는 것을 둘러싼 논의가 인류의 운명을 더 나은 길로 이끈다는 허울로 꼼꼼히 포장된다.

최적화 복음은 실리콘 밸리가 소비하는 것들에도 존재한다. 소이렌트Soylent(식사 대용 파우더, 셰이크, 바를 판매하는 기업—옮긴이)와 방탄 커피Bulletproof Coffee(에너지 보충을 위해 버터를 넣은 커피—옮긴이), 특수 비타민 팩과 구석기 식단paleo diet은 건강을 최적화한다. 엔지니어는 최적의 데이터 저장 솔루션을 찾아다닌다. HR 담당자는 인력을 최적화한다. 이 모든 걸 종합해보면, 우리는 세상을 최적화할 수 있다.

캘리포니아주 팰러앨토 같은 곳과 미국의 나머지 지역 사이에는 커다란 틈이 존재한다. 이 틈은 인종·구조·경제·지리·문화적이다. 지난 두 세기 동안의 최적화로 갈라진 승자와 패자 사이의 거리이기도 하다. 최적화의 성과와 실패 사이의 단절에서도 이 틈은 목격된다. 우리는 첨단 의약품, 사무직, 신용 카드, 모기지, 신형 자동차를 가졌다. 철도를 최적화해 대륙을 횡단할 수 있고, 기계를 최적화해 깊이 묻힌 광물을 캐낼 수도 있다. 우리는 연구 개발Research and Development, R&D의 효율도 높였다. 클라우드에서 컴퓨터를 만들었고, 해외 저임금 노동을 간소화했다. 그리고 우리는 어느 때보다도 단절되었다고 느낀다.

하지만… 원래 계획은 이게 아니었다. 최적화는 균등함을 가져다주는 힘이어야 했다. 존 스튜어트 밀의 동료 제러미 벤담이 말했듯, 최적화의 의도는 "모두가 하나를 갖고 누구도 그 이상을 갖지 않는 것"이어야 했다. 밀이 행복을 추구하는 데 있어 하향식 계획 수단에 대한 믿음과 개인의 자기 결정에 대한 자유방임적 믿음, 서로 모순되는 이 두 가지 믿음을 하나로 묶을 수 있었던 것도, 결국 효용 개념과 그 안의 효율성 개념 덕분이었다.

최적화를 옹호하는 사람들은 여전히《자동 피아노》가 패러디한 유형의 기술 유토피아를 외치고 있지만, 비판하는 사람들도 나오고 있다. 우리는 GMO를 반대하는 농부 밥, 반핵 교회를 운영하는 에드 그로서스를 비롯한 몇몇을 이미 만나보았다. 이러한 비판은 대체로 낭만적 어조를 띠며 단순했던 옛 시절로의 회귀를 주장한다. 1970년대에 일어났던 대지로 돌아가기back-to-the-land 운동은 집에서 치즈 만들기와 집단생활을 소소하게 유행시켰다. 좀 더 최근으로 와보면, 꽃무늬 원피스와 천연 발효종으로 대표되는 코티지코어Cottagecore 스타일과 미국 보루American Redoubt 분리주의 운동(보수 기독교인만의 안전한 공동체를 만들자며 발생한 2010년대의 집단 이주 운동—옮긴이)이 다양한 정치적 미사여구를 구사하며 낭만적 도피를 추구하고 있다.

또한 많은 비평가가 데이터와 프라이버시에 관한 테크 기업들의 관행을 문제 삼고 있다. 쇼샤나 주보프Shoshana Zuboff는 기업의 이득을 위해 개인의 데이터가 상품화되는 현상을 가리켜 '감시 자본주의surveillance capitalism'라는 표현을 창시했다.[11] 이러한 표현은 적확하고 충격적이지만, 측정과 예측이라는 렌즈를 통해 세상을 바라볼 때 발생하는 더 큰 해악을 다 포착하지는 못한다. 이런 알고리즘과 그것의 결점을 다뤄본 나는, 기술의 과도한 영향에 관하여 주보프보다는 좀 더 낙관적인 입장이다. 디지털 감시의 잠재력은 실로 위험하지만, 머신 러닝의 능력은 지나치게 과장되어 알려졌다. 상당수의 모델은 그리 뛰어나지 못하다. 특히 어지러운 현실 데이터를 정리하고 연결 짓는 데 형편없다. 이미 페이스북의 메타버스, 오픈AI의 GPT-3와 달리DALL-E 같은 값비싼 장난에 대한 관심이 시들해진 듯 보인다. 이런 것들이 우리에게 남긴 것이라고는 자동 생성된 뉴스 기사와 뻔하고 매력 없는 디지털 미술 작품 정도다.

내가 보기에 더 큰 문제는 이러한 프로그램의 힘이 막강하다고 생각하는 우리의 믿음이다. 이런 관점에서 세상을 바라보기로 한 우리의 선택은 이 관점을 강화할 뿐 아니라, 통제력을 쥔 인간 제도가 이 신념을 긍정하고 거기서 이득을 취할 수 있도록, 나아가 우리를 착취하도록 공간을 터준다. 이와 연관된 또 다른 문제는 우리가 (테크와 소셜 미디어 분야에서 이미 그러기 시작한 것처럼) 세부적인 부분에서 신뢰를 잃었는데도 근거 없는 믿음이 존속된다는 점이다.

기술 해결주의와 최적화 전반이 흔들리고 있다는 것을 내가 어렴풋이 감지한 순간은 10년도 더 전이었다. 이 의구심은 플로리다 앞바다를 떠다니는 크루즈 위에서 형태를 갖추기 시작했다. 크루즈에 탑승한 지 이틀째 되던 날, 나는 배가 원래보다 속도를 절반 늦췄다는 사실을 알아차렸다. 일부러 말이다.

크루즈를 타본 건 난생처음이었는데, 탑승한 지 24시간 만에 다시는 크루즈를 타지 않으리라 마음먹었다. 2011년 봄, 우리는 해안에서 160킬로미터도 채 떨어지지 않은 바다에 떠 있었다.

배는 어마어마하게 컸으나 주변 배들에 비하면 가장 왜소한 축에 속했다. 우리를 마이애미 크루즈 부두에 내려준 택시 기사는 멀리 보이는 배들의 이름을 하나하나 알려주었다. 이건 카니발호, 저건 로열캐리비언호. 그러더니 마지막으로 우리가 탈 배를 험담하기 시작했다. 제일 약해빠진 놈, 승객을 몇 배나 더 태울 수 있고 물미끄럼틀, 무도회장, 회랑까지 그야말로 선상 대도시를 꾸며놓은 거선들 사이에 낀 난쟁이라나.

하지만 몸집은 그렇다 쳐도 우리가 탈 배는 보통 크루즈가 아니었다. 나는 새로운 콘퍼런스 시리즈를 출범하려는 젊은 테크 브로(테크 산업에 종사하는 부유한 청년을 일컫는 말—옮긴이) 집단의 초대로 크루즈 여행을 후원받은 터였다. 이들은 차세대 TED를 꿈꿨다. 다른 점이 있다면 장소가 크루즈 아니면 산꼭대기라는 점이었다(나중에는 유타주의 스키 리조트를 통째로 매입하기까지 했다). 물론, 이 브로들은 스스로 브로라 칭하지 않았다. 따지고 보면 기술 분야에 실제 종사한 경험이 있는 것도 아니었다. 하지만 이 사람들은 기획의 귀재였다. 크루즈에는 CEO, 벤처 캐피털리스트, 일류 과학자 그리고 음악, 정치, 영화계의 거물이, 그야말로 온갖 유명인이 탑승할 예정이라고 했다.

이들 눈에 나는 자신들의 브랜드가 대변했으면 하는 밝은 미래의 상징이었다. 젊은 여자인 데다 "더 나은 세상을 만들기" 위해서 데이터를 익숙하게 다룰 줄 아는 사람이었으니까.

택시에서 볼 때 배들의 크기는 굉장해 보였으나 막상 안에 들어가니 폐소 공포증이 느껴졌다. 천막이 쳐진 입구로 들어서자 탑승을 기다리는 근사한 사람들의 줄이 구불구불 나 있었다. 맨 앞에 여권 검사대가 있었고, 거기까지 이어지는 대기 줄은 생기와 매력으로 요동쳤다. 주최자들은 이곳저곳을 다니며 활기차게 사람들과 악수했고 반짝이는 눈을 바쁘게 움직였다. 참석자들은 망설임 없이 직함을 말하고 애스펀, 발리 같은 지명으로 자신들을 소개했다. 휴대폰을 맞대기만 하면 이력서를 공유해주는 앱을 내려받으라고 했다. 당시 나는 스마트폰이 없었기 때문에 그저 초라한 플립 폰은 손가방 안에 넣어두었다. 어차피 앱은 잘 작동하지도 않았다.

머리 위에는 **작은 계획은 세우지 말자**라는 배너가 큼지막하게 걸려 있었다.

배에 올라타자 요란한 스피커에서 음악이 울려 퍼졌다. 엔진이 예열을 시작하고 선원들이 부지런히 바닥을 닦고 뷔페 쟁반을 채우는 동안 동굴 같은 강당에서 인생의 큰 교훈을 주제로 억만장자 리처드 브랜슨Richard Branson의 강연이 열렸다. 확실하지는 않으나 소문으로 듣자 하니 브랜슨은 크루즈 여행에 끝까지 참석하는 게 아니라 도중에 헬리콥터를 타고 떠난다고 했다. 배는 하루에 수만 갤런의 연료를 태웠다. 또 산더미 같은 쓰레기를 만들었다. 전 세계에서 고용된 수백 명의 선원은 배에 탑승한 유명인들에게 보이지 않는 존재가 되어 최저 임금을 받으며 장시간 노동을 했다.

셋째 날, 원하는 사람은 크루즈 회사가 소유한 작은 섬에 '상륙'

할 수 있었다. 실은 섬이라기보다 아름다운 청록색 바다에 떠 있는 칙칙한 흙더미에 가까웠다. 선원들이 흐물흐물한 파인애플 쟁반을 차리면 순식간에 검은 파리 떼가 달라붙었다. 바닷가에서 라이프스타일 구루가 동기 부여 강연을 열면 비슷한 부류의 열정적인 사람들이 모였다. 섬에서 돌아가는 길, 크루즈의 궤적에 대한 논의가 시작되었다. 관련 지식에 해박한 누군가가 진실을 말했다. 사실 우리는 보통 속도의 절반으로 움직이는 중이라고. 그러자 다들 고개를 끄덕이며 상관없다고 했다. 어차피 우리에게 목적지가 있는 건 아니었으니까. 우리는 흥미로운 사람들을 만나고 인맥을 쌓기 위해 배에 탄 거였으니까.

모두 같은 생각이었다. 우리는 플로리다 앞바다에서 될수록 느리게 이동하면서 유명인 무리에 들어가려 하고 있었다. 이 사실은 까발려진 순간부터 쉬쉬하는 비밀이 되기는커녕 경이로운 일로 홍보되었다. 우리는 비슷한 사람들을 만나기 위해 거기 모였다. 속도를 늦추는 것은 배 바깥세상으로부터 덜 방해받으면서 진짜 중요한 일, 그러니까 배에서 생산적인 교류를 극대화하는 것에 더 집중할 수 있다는 뜻이었다. 우리는 모두 같은 목적지를 향해, 즉 어디에도 가지 않기 위해, 계속해서 많은 연료를 태우고 있었다.

크루즈의 이 모든 부조리함에도 불구하고 배 위 풍경과 사람들은 21세기 초엽의 세상이 애지중지하는 원칙들을 고스란히 보여준다. 2011년, 인스타그램이 막 시작되고 페이스북과 구글 같은 기업들의 경영 관행이 감찰 대상에 오르기 수년 전, 대다수 눈에 테크 산업은 무오류의 세계였다. 우리는 신속한 구제 조치로 금융 위기를 종식했다. 비록 월가 바깥의 미국은 흔들리고 있었지만 말이다. 똑똑한 젊은이들이 금융업계에서 나와 서쪽으로, 실리콘 밸리에 새로 열린 금광으로 몰렸다. 정보 기술은 평등을, 심지어는 혁명을 실현할 힘처럼 보였다. 기술이 세상을 바꿀 터였다. 전 세계가 계산과 광대역 연결을 최대한 많은 사람을 위해 최대한 저렴하게 만든다면 변화는 가능했다. 그리고 그걸 위해서 꼭대기에 있는 사람들은 속도를 늦추기만 하면 되었다.

나에게 크루즈 여행은 전환점이 되었다. 우리가 최적화 때문에 무엇을 상실했는지, 또 그걸 되찾기 위한 준비가 얼마나 미진한지를 선명히 일깨워주었기 때문이다. 환멸 또한 깊어졌다. 쇼를 운영하고 배를 조종하는 사람들은 그 감정을 이해하지 못했다. 그들은 서로 연락처를 주고받고, 리처드 브랜슨의 듣기 좋은 진부한 말에 동조하느라 바빴다. 인위적으로 '속도를 늦춘다'라는 발상에는 오만함과 도덕적 우월감이 깔려 있었다. 여기서 속도를 늦춘다는 건 설계된 지름길이었으며, 고작 최고의 사람들을 한자리에 모으는 게 인류 공동체의 형성이라는 믿음과 다르지 않았다.

최악은 배에서 내릴 방법이 보이지 않는다는 거였다. 선택지는 최적화를 전면 거부하거나 더욱 강화하는 것, 두 가지뿐인 듯했다.

테크 세계는 최적화를 강화하는 방법의 사례들을 충분히 제공해주었다. MIT에서 실리콘 밸리로, 극대화의 중심에서 또 다른 중심으로 이동했을 때, 나에게 주어진 방법이 최적화를 강화하는 것뿐이라는 사실에 절망했다. 떠나기로 마음을 먹는다 한들 어디로 떠날 수 있단 말인가? 샌프란시스코는 내 고향이었고, 최적화는 내 모국어였다.

게다가 최적화를 강화하는 것에는 일종의 마법 같은 힘이 있었다. 샘 올트먼처럼 내 일부분 또한 이 세상이 우리가 만들어갈 대상이라는 믿음을 붙들고 있었다. 세상을 수학적으로 조직하는 데에는 분명 어떠한 아름다움이 존재했다. 혹은 이전 세대의 과학자 하나가 좀 더 겸허히, 좀 더 우아하게 했던 말이 옳은지도 몰랐다. "내가 하는 일은 우주의 어느 작은 모퉁이에서 발생하는 엔트로피를 줄이는 것이다." 말하자면 어떠한 무질서를 포위하는 일. 지식의 한 모퉁이를 단정한 틀 안에 맞추는 일.

그러나 나는 여전히 크루즈에서 느낀 약속과 현실 사이의 단절감을 떨쳐낼 수 없었다. '속도를 늦추기' 위해 탱크 속 연료를 발화한다니. 어디에도 가지 않기 위해 설계된 거대한 배에 갇힌다는 건 지독히도 불안한 일이었다.

이후로 다시 크루즈를 탄 적은 없으나 독특한 범선은 몇 차례 타 보았다. 밤에 망망대해 한가운데 있으면 이상한 일이 일어난다. 달이 뜨지 않은 날 작은 배 위에 있으면 새까만 바다가 검은 하늘과 뒤섞이면서 장소와 시간의 표지가 모두 지워진다. 몇 주째 바다에 나가 있는 선원들은 멀리서 환상의 해안선을 본다고들 한다. 마치 사막의 방랑자들이 반짝이는 오아시스를 보는 것처럼 말이다. 반면 크루즈는 해안에서 한 시간도 채 떨어져 있지 않았다. 즐길 거리와 자기 확신이 가득한 그 안에서 우리는 사방에 산을 지어도 될 만큼 올바르다는 착각에 빠졌다.

    21세기에 들어 재미난 일이 생겼다. 최적화를 진심으로 믿는 사람들이 그걸 비판하는 사람들의 언어를 사용하기 시작한 것이다. 제프 이멀트와 곤도 마리에처럼 최적화 피라미드 꼭대기에 있는 사람들이 단순화라는 시대정신을 붙들었다. 불평등을 없애려는 샘 올트먼의 여정은 기술 관료다울 뿐 아니라 지극히 감상적인 측면이 있다. 그는 최적화의 문제들에서 탈출하는 데 최적화가 도움이 되리라고 믿고 있다. 햇빛이 바닷물에 반사되어 눈이 부신 지도의 서쪽 끝자락에서는 그 믿음의 오류가 잘 보이지 않을 수 있다. 그러나 습한 잿빛 여름날 스톡턴이나 잭슨에서는 명명백백하게 보인다.

6장

최적화의 배반

"쉿." 제이슨이 말한다. 지난밤 아메리카들소 네 마리가 태어나 무리 전체가 신경이 곤두서 있다.

우리는 국도에서 1.6킬로미터 떨어진 울퉁불퉁한 비포장도로에 차를 대놓고 송아지 네 마리가 꿈틀대는 절벽을 지켜보고 있다. 태어난 지 열두 시간밖에 되지 않았지만 송아지들은 벌써 서툴게 걸음마를 떼고 어른 아메리카들소들은 송아지들에게서 눈을 떼지 못한다. 바람이 거세다. 나는 제이슨이 들을 수 있게, 하지만 동물들이 놀라지 않게 성량을 조절한다.

제이슨은 생물학자이자 이스턴 쇼쇼니 부족의 일원이다. 쇼쇼니 부족은 200년 전 네바다주의 대분지 그레이트 베이슨에서 로키산맥을 넘어 와이오밍 평원으로 영토를 넓혔다. 제이슨은 윈드 리버 보호 구역에 살면서 부족의 아메리카들소 복원 프로젝트를 설립해 운영하고 있다.

제이슨은 상냥하게 말하다가도 버펄로buffalo(본래 아프리카와 아시아 지역의 물소를 통칭하는 말이지만 아메리카들소를 버펄로라고도 한다. 원문에 따라 아메리카들소와 버펄로를 혼용한다―옮긴이) 이야기만 나오면 격해진다. 그의 부족은 오랫동안 버펄로와 더불어 살아왔다. 버펄로는 부족의 생계 원천이자 문화의 핵심 요소다. 버펄로 가죽은 주거지에 활용되고, 살점은 먹거리로, 뼈는 의식 용품으로 쓰인다.

64킬로미터 떨어진 곳, 윈드 리버 북부에 터를 잡은 랜더 마을에는 약 8000명이 살고 있다. 이곳에는 미국 산림청, FBI, 미국 어류 및 야생 동물 관리국 사무소가 있고, 청동 주조 공장, 술집과 식당과 철물점 몇몇이 평원 군데군데 솟아 있다. 메인 스트리트에 있는 에이스 철물점에서 길을 건너면 아메리카들소 세 마리와 송아지 한 마리가 그려진 벽화가 나온다. 갈색, 노란색, 올리브색의 물감이 이곳 풍경의 특징을 보여준다. 버펄로 한 마리는 앉아 있고, 나머지 두 마리는 제왕처럼 서 있다. 그렇지만 눈빛은 어딘가 슬퍼 보인다.

한때 이곳 평원에는 아메리카들소가 가득했다. 그러나 이제 제이슨이 돌보는 소규모의 아메리카들소 떼는 26번 국도 주변 1.2제곱킬로미터쯤 되는 땅만 차지하고 있다.

과학자이자 야외 스포츠 애호가의 아들로 태어난 제이슨은 자연에서 컸다. 그런 그의 인생 방향을 결정한 사건은 아버지와 함께 떠났던 동아프리카 여행이었다. 모교인 몬태나주립대학교와의 인터뷰에서 그는 세렝게티에서 보았던 누wildebeest(버펄로와 비슷하게 생긴 영양과의 초식 동물―옮긴이)의 이주 행렬을 떠올린다. "이주하는 150만 마리의 누 떼는 (중략) 직접 목격하기 전까지는 그저 커다랗고 추상적인 숫자에 불과하다. 우리는 장장 이틀에 걸쳐 이주 행렬을 따라 차를 몰았고, 그 행렬에 섞인 다른 종들도 많이 보았다. 그 숫자의 규모가 경외를 자아낸다."[1]

여행을 다녀온 제이슨은 미국에도 세렝게티가 있음을 깨달았다. 대략 200년 전만 해도 북아메리카 평원의 아메리카들소 개체 수는 아프리카 누 개체 수의 스무 배를 웃돌았다. 제이슨은 목장과 소 떼로 북적했던 평원의 과거를 본다. 동시에 아메리카들소 떼로 다시 채워질 평원의 미래도 본다. 울타리 없이 자급자족이 가능한 그 생태계에서, 부족 사람들과 버펄로, 평원의 다른 종들이 공생하며 살아갈 것이다.

제이슨은 단순히 들판에 버펄로가 더 많아지는 미래를 꿈꾸는 게 아니다. 그 풍경에는 일명 토지의 탈식민화가 동반된다. 수로 전환, 소 떼 방목, 농지 관개, 석탄 채굴, 고속 도로 개발까지, 지난 200년 동안 성문화되었던 무수한 토지 용례를 무효화하는 작업을 의미한다.

아메리칸 버펄로 혹은 아메리카들소는 한때 알래스카에서 멕시코만까지 이어지는 방목지에 서식했다. 1700년대 중엽만 해도 플로리다 같은 동부 지역에서까지 아메리카들소가 목격되었다. 아메리카들소는 북아메리카에서 몸집이 가장 크고 육중한 육상 동물이다.[2] 수컷은 많게는 900킬로그램이 넘는다. 1.8미터 높이까지 뛸 수 있고 최대 시속 88킬로미터로 달린다.

1700년대 말, 북아메리카 땅에는 대략 7000만 마리의 아메리카들소가 서식했던 것으로 추정된다. 그러다 1880년대 말에는 개체 수가 몇백 마리로 줄었다. 서부 정착민들이 불과 20년 만에 그 많은 버펄로를 도륙한 것이다. 그 속도와 규모가 실로 야만적이었기에 학살로 규정하는 이들도 많다. 어떻게 보면 그것은 최적화였다. 공간을 비운 다음, 적어도 달러와 단기적 관점에서 좀 더 수익성 좋게 배분하는 과정이었으니 말이다.

아메리카들소가 사라진 지금, 우리 앞에는 질문이 남아 있다. 종들과 생태계에 가해진 피해를 주워 담고 과거의 상태를 복원해내는 게 과연 가능할까?

5장에서 우리는 최적의 방식으로 탈최적화를 시도함으로써 최적화의 결점을 해결하는 방법을 살펴보았다. 최적화에 대한 두 번째 대응은 그보다 조금 덜 모호하다. 최적화가 작동하지 않는다면 굳이 바로잡거나 보완할 필요 없다. 그 대신 최적화를 무효화해야 한다.

첫 번째 방법이 여전히 최적화라는 틀에 묶여 있다면 두 번째 방법은 아예 판을 비운다. 전자는 통제와 설계에서 비롯한 반응이고, 후자는 후퇴를 도모한다. 움켜쥐고 있던 것을 놓아주고, 과거의 기준으로 돌아간다. 둘의 공통점이라면 보기보다 힘들다는 것이다.

이제부터 살펴보겠지만 최적화는 시간의 비대칭성을 지향한다. 최적화에는 공식이 존재하지만 그걸 무효화하는 방안은 확실하지 않다. 우리는 고층 건물을 지을 줄은 알아도 그걸 우아하게 허무는 방법은 알지 못한다.

예를 들어 현대의 농업 시스템이 작동하지 않는다고 해보자. 너무 많은 양의 곡물이 해외로 수출되고, 거대 트랙터와 대형 농장 때문에 너무 많은 토양이 고갈된다. 이 모든 걸 되돌리겠다며 작은 농장과 지역 유통에 힘을 싣는다고 해보자. 그런 시스템을 구상하다 보면 여러 현실적인 문제들이 생겨난다.

농장의 '올바른' 크기는 어떻게 결정하는가? 환경 오염과 식량 비용 사이에서 어떻게 균형을 잡아야 할까? 값싸게 수확물을 대량 생산하는 대형 농장을 중심으로 불어난 인프라를 갈아엎을 비용은 누가 부담하는가? 50만 달러짜리 트랙터, 일관성과 규모에 의존하는 교통과 식품 가공 시스템은 어쩌고?

지표는 하나도 아니고 여러 개이지만 그중 몇몇은 파악하기가 쉽지 않다. 어떤 건 측정과 무관하게 가치에 관한 선택이다. 농장과 농부는 얼마나 많이 필요한가? 지난 수천 년 동안 그랬듯 거의 모든 사람이 농사를 짓는 사회가 되는 건가? 모두가 농사를 지으면 의사, 식물 생물학자, 제빵사는 누가 하지? 모두가 농사를 짓지 않으면? 열 명 또는 100명마다 농부 한 명이 필요할까? 그걸 어떻게 결정하지? 자유 시장의 선택에 계속 맡겨야 하나? 다양한 농장 크기의 '최적값'을 찾아내어 하향식으로 지시해야 하나?

이런 식으로 가다 보면 질문이 슬슬 우스꽝스러워진다. 실제로는 기업과 정책이 우후죽순으로 등장해 이쪽저쪽으로 일을 추진하면서 아주 많은 다양성을 보여주고 숱한 후퇴와 진전을 반복한다. 미국 농업에서 이는 제한된 사람들만 상품에 접근할 수 있는 작은 규모의 농장과 시장으로 가는 비포장도로를 의미했다. 또 가족 농장들이 종자 회사에 반발하면서 동시에 자신들에게 유리한 쪽으로 연방 정부의 개입을 활용한다는 뜻이었다.

이렇게 복잡한 최적화 무효화 작업은 애초에 최적화가 발전한 양상과 대조적이다. 볼로그가 육종을 연구한 후로 거대 농장이 등장하기까지는 100년도 채 걸리지 않았다. 해마다 농장의 규모와 수확량이 증가했고 정체나 후퇴는 좀처럼 찾아보기 힘들었다. 최적화는 쉽다. 우리는 수익을 위해, 수확량을 위해, 또는 물 사용이나 식량, 인간의 평균 수명을 위해 최적화에 착수할 수 있다. 그러나 탈최적화는 훨씬 더 힘들다.

이러한 비대칭성은 저 멀리 로스앤젤레스 갤러리에 걸린 한 폭의 그림에 잘 나타나 있다. 베이지 톤 캔버스에는 나무 파이프가 그려져 있다. 랜더 마을에 있는 아메리카들소 벽화와 색감은 비슷하지만, 그림은 무척 다르다. 파이프 표면은 반짝이고 "Ceci n'est pas une pipe"라는 다섯 단어의 프랑스어 문장이 파이프를 더욱 돋보이게 한다.

이것은 파이프가 아니다. 벨기에 초현실주의 화가 르네 마그리트의 이 작품은 파이프를 똑 닮았다. 그러나 밑에 쓰인 문장은 그

것이 전혀 파이프가 아니며 그것의 묘사일 뿐이라고 말한다. 마그리트는 이 그림에 〈이미지의 배반〉이라는 제목을 달았다.

우리가 실리콘 밸리에서 최적화를 통해 최적화의 결점을 해결하려는 시도의 문제를 보았다면, 와이오밍에서는 또 다른 문제를 만난다. 최적화에서 빠져나가는 출구는 입구만큼 간단하지 않다. 우리는 이것을 최적의 배반이라고 부른다. 미술 작품처럼 최적화 또한 그것이 포착하고자 하는 현실 자체로 오인되는 배반을 저지르는 때가 허다하다. 최적화할수록 우리는 특정한 방식으로만 세상을 규정짓는다. 그것을 캔버스 위에 마구 칠해진 물감이 아니라 '파이프'라 명명할수록 다른 시선으로 그것을 바라보기가 힘들어진다. 부분적으로 최적화를 잘 진행할수록 최적화 자체를 재고하기가 어려워진다.

미술 작품이 이미지로 현실을 대체해 우리를 눈속임하듯, 최적화 또한 도출된 결과가 가장 좋고 가장 현실적이기에 그렇게 나온 것이라고 암시하며 우리를 기만한다.

또 미술 작품처럼 최적화 세계관 역시 말끔한 틀이나 모델 안에 담겨 있고 싶어 한다. 미래에 대한 우리의 감각을 반영하는 동시에 형성하는 경제학자들의 인플레이션과 실업률 전망은 현재와 과거의 매개 변수를 대강 비추는 거울에 지나지 않는다. 열차 시간표는 한 방향으로 우리의 하루를 형성하고, 수업 시간표는 또 다른 방향으로, 야간 근무 일정은 세 번째 방향으로 우리의 하루를 결정짓는다. 이런 구조들이 딱히 더 사실적이지 않은데도 여전히 우리의 몸과 일상은 이런 것들을 중심으로 형성된다.

―――――

쇼쇼니 부족은 한때 미국 평원 전역에 번성했다. 그러나 정착민들이 들여온 질병이 창궐하고, 미국을 상대로, 또 어떤 때는 다른 부족에 맞서기 위해 미국과 동맹을 맺어 전쟁을 여러 번 치르면서 쇼쇼니 부족 인구는 박살이 났다. 수십 년 사이 점유한 토지도 쪼그라들었다. 현재는 1만 2000명 남짓한 사람들만 쇼쇼니 부족으로 정체화해 서부 지역에 흩어져 살고 있다.

19세기 말 아메리칸 버펄로도 비슷한 운명을 만났다. 1870년대 중엽에 촬영된 사진을 보면 15미터쯤 쌓인 아메리카들소 두개골 무덤 아래 두 사람이 앉아 있다. 환경 역사학자 앤드루 아이젠버그 Andrew Isenberg의 책 《아메리카들소의 말살The Destruction of the Bison》에는 이 학살에 대한 직접적인 묘사가 나온다. "바로 전년까지 무수히 많은 버펄로가 서식했으나 이제는 무수히 많은 사체뿐이었다. 역겨운 악취가 진동했고, 불과 12개월 전만 해도 동물들이 바글바글하던 광활한 평원이 죽음과 고독의 황야로 변했다."

1870년대 초엽에는 날마다 수천 마리의 버펄로가 죽었다. 그리고 불과 20여 년 만에 수천만 마리였던 버펄로 개체 수가 1884년 300마리를 조금 넘기는 수준으로 급감했다. 버펄로는 고기와 가죽을 얻기 위해, 그리고 단순히 토착민의 생존과 연결되었다는 이유로 도륙되었다. 버펄로 학살은 공식 정책으로 시행된 적은 없으나 사실상 쇼쇼니 부족을 상대로 한 전쟁 행위로 여겨진다. 제18대 미국 대통령 율리시스 S. 그랜트Ulysses S. Grant는 이 행위를 "인디언 문제"에 대한 "해법"으로 보았다.³ 남북 전쟁 때 악명 높은 장군이었던 윌리엄 T. 셔먼William T. Sherman은 한술 더 떠서 이런 서신을 썼다. "이번 가을에 잉글랜드와 아메리카의 사냥꾼을 모두 초청해 대대적인 버펄로 사냥 대회를 여는 것이 좋겠습니다. 그래서 한 번에 버펄로를 소탕합시다."

오늘날 미국에 서식하는 버펄로 개체 수는 다소 증가해 약 40만 마리에서 50만 마리로 추정된다. 그중 2만 마리에서 3만 마리는 자유로이 돌아다니며 산다. 대다수는 사유지에 서식한다. 제이슨은 150년 전처럼 앞으로 더 많은 버펄로가 울타리 없는 땅에서 자유로이 살아갈 날이 오기를 바란다.

그러나 이 꿈을 이루기 위한 단계는 만만하지 않다. 가장 먼저 소 떼를 풀어놓는 방목지를 야생 토지로 돌려놓아야 한다. 실제로도 그래야 하지만 공식적으로도 지정되어야 한다. 그러려면 농업 자원을 재계획해야 하고, 방목지에 풀어놓은 소 떼로 이익을 얻는 농장 주인들과 협상해야 하고, 물 관리와 토지 매입 비용을 고려해야 한다.

그뿐만이 아니다. 제이슨이 말한 탈식민화는 단순히 토지 소유만을 의미하지 않는다. 채굴할 자원이자 가치를 추출할 공간으로 땅을 바라보는 시각의 탈식민화를 의미하기도 한다. 제이슨은 버펄로를 원래 서식지로 돌려놓을 뿐 아니라 쇼쇼니 문화의 중심에 다시 데려오고 싶어 한다. 그래서 버펄로 단체와 문화 학교를 세우려는 계획을 추진 중이고, 전통 의식을 복원하려는 노력도 하고 있다. 제이슨에게 버펄로 복원은 90퍼센트가 30세 미만인 쇼쇼니 부족의 중심축을 되살리는 의미이기도 하다. "우리는 하루가 갈수록 어르신들을 잃고 있어요." 그는 말한다.

앞서 우리는 천연자원 사용에 관한 윌리엄 스탠리 제번스의 역설을 다뤘다. 그에 따르면 석탄처럼 희소한 자원의 가격이 오르면 사람들은 자원을 저렴하게 채굴하려고 창의력을 발휘한다. 자원을 효율적으로 채굴하면 그만큼 가격은 내려가게 되어 있다. 그렇게 가격이 내려가면 그때부터는 인프라가 만들어지고 기대가 형성된다. 집에 조명을 새로 달고 가전제품을 들인다. 그리고 새로운 조명과 값싼 전기료에 갈수록 의존한다.

최적화도 마찬가지다. 우리는 무언가를 최적화하고 나면, 이를테면 해외에서 가장 값싼 가격에 아이폰 부품을 제조하고 조립하는 시스템을 구축해놓고 나면, 마침내 만족하고 여유로워지리라 기대한다. 하지만 이런 최적화가 공고해져서 최적화를 추진하는 게 하나의 세계관으로 굳어진 지금, 우리는 여전히 더 많은 것을 바라고 있다.

더 많은 것을 바란다고 해서 언제나 뜻대로 흘러가는 건 아니다. 광활한 방목지와 관개 시스템, 값싼 곡물 사료가 미국에서 소의 가격을 낮추는 동안, 수백 제곱킬로미터의 토양이 상했고 수많은 아메리카들소가 희생되었다. 생태계 전반과 인간이 살아가는 삶의 방식에 피해가 간 것은 말할 것도 없다.

―――――

지도 위 와이오밍은 산과 평원에 둘러싸인 사각형 모양의 주다. 북서쪽으로는 아이다호와 몬태나의 광활한 녹지가 펼쳐져 있고, 남서쪽으로는 유타의 붉은 협곡 지대가, 동쪽으로는 사우스다코타와 네브래스카의 평원이 나온다. 주간 고속 도로를 타고 콜로라도 북쪽으로 올라가다 보면 와이오밍 문명의 첫 흔적을 만난다. 바로 테리 아메리카들소 목장Terry Bison Ranch이다.

목장으로 빠지는 고속 도로 출구로 나가자마자 폭죽을 파는 창고 매장 세 채가 연달아 나온다. 테리 아메리카들소 목장을 홍보하는 간판이 지선 도로에서 목장으로 가는 방향을 안내한다. 8킬로미터쯤 따라가다 보면 도로가 고리 모양을 만들면서 다시 고속 도로 쪽으로 향한다. 이윽고 옛 목장 건물이 나온다. 현재는 캠핑카 주차장으로 재단장해 관광 열차와 승마 길도 갖춰놓았다.

입구 옆으로 할리우드 서부 영화 세트장을 본뜬 모형물이 서 있다. 큰길 건물들 외벽은 술집, 호텔, 이발소인 것처럼 알록달록 칠해져 있다. 호텔 간판 바로 밑에 달린 스윙 도어를 밀고 들어가면 통로가 나오고, 도로 휴게소에서 흔히 볼 수 없는 다양한 물건을 파는 가게로 이어진다. 무늬가 새겨진 유리잔부터 티셔츠, 아기 우주복, 육포, 왕관 그림에 '와이오밍' 글자가 새겨진 플라스틱 카우보이모자까지 진열되어 있다. 이 기념품점은 캠핑장의 체크인 데스크를 겸한다. 접수를 안내하는 여자는 무척이나 친절하다. 저녁의 밴드 공연은 환상적이다. 주방은 밤 10시까지 문을 연다. 꽃등심 요리도 놓치면 아쉽다. 디저트도 물론이다.

이 재미난 오아시스에 왜 그런 이름이 붙었는지는 다음 날 동이 튼 후에야 알 수 있다. 주차된 캠핑카들과 서부풍의 가게 모형들 뒤편으로 분홍빛 태양이 떠오른다. 식당에서 꺾인 길을 따라가면 소규모의 아메리카들소 떼를 만날 수 있다. 동물을 만질 수 있는 체험형 동물원 같다. 여기서는 술집과 수영장에 가듯 흙밭에 발을 구르는 아메리카들소를 구경하는 것이 즐길 거리 중 하나다.

나는 아메리카들소 떼를 지나쳐 작은 판잣집 카페로 간다. 아침 7시가 되기 전이라 옥외 간판은 켜지지도 않았다. 내가 다가가자 간판에 깜빡거리며 불이 들어온다. 몸에 문신이 있고 길고 풍성한 머리를 땋은 여자가 앞치마를 두른 채 밖으로 나와 현관을 비질하기 시작한다. "아직 열기 전이에요, 손님." 여자가 말한다. "10분만 기다려 주세요."

7시 정각이 되자 여자가 나를 안으로 들인다. 나는 테이크아웃 커피와 달걀 치즈 샌드위치를 주문한 뒤 내 반려견이 잘 있는지 확인하러 건물 밖으로 나간다. 개는 트럭 옆에 서서 떠돌이 닭들을 보고 격양되어 왕왕 짖어댄다. 야구 모자를 쓴 목장 직원이 길 가다 말고 묻는다. "어디서 왔소?" 그러더니 내 차 번호판을 보고 혼자 대답한다. "아이고, 멀리서도 왔네!" 아메리카들소의 윤곽이 그려진 와이오밍주 깃발이 바람에 나부낀다.

다시 카페로 들어가 직원과 잠시 수다를 떤다. 그는 어렸을 때 이곳 목장에서 몇 년간 일했고, 이후 군인과 결혼해 여기저기 옮겨다니다가 샤이엔Cheyenne(테리 아메리카들소 목장이 있는 도시―옮긴이)으로 돌아와 정착했다고 한다. 지난 몇 년 사이에 남편이 해외 근무 중에 순직했고 부모는 사고로 세상을 떠났다. 그는 어디로 가야 할지 갈피를 잡을 수 없었다. 그래서 여기 목장으로 돌아와 지금까지 살고 있단다.

직원은 대수롭지 않게 이런 이야기를 하며 종이컵에 뜨거운 커피를 붓고 플라스틱 뚜껑을 닫은 다음, 나에게 줄 아침용 샌드위치를 싸기 시작한다. 마치 가장 가까운 주유소로 가는 길을 알려주듯 예사롭게.

그가 테리 아메리카들소 목장에 자리 잡은 이유는 그냥 예전에 있어본 곳이었기 때문이다. 여행자가 잠시 머물다 가고, 카우보이 밴드가 하룻밤 공연을 열고, 실물 크기의 가게 모형들이 서 있고, 울타리 너머 처량해 보이는 버펄로가 사는 이곳은 한때 장소였으나 이제 비장소nonplace(프랑스 인류학자 마르크 오제Marc Augé가 제안한 개념으로 관계, 역사성, 개성이 부재한 몰개성의 공간을 의미한다―옮긴이)가 되었다. 그러나 그는 여기에다 뿌리를 내려 이곳을 자신의 장소로 만들기로 했다.

나는 미소를 띠며 한쪽 팔에 샌드위치를 끼우고 한 손으로 차 열

쇠를, 다른 손으로 커피 컵을 집어 든다. 전국을 방랑한 지 오래라 지금 내가 정확히 어디에 와 있는지 까먹기 일쑤다. 지금 나는 샤이엔에 와 있다. 여전히 정착하지 못한 채, 계속해서 어딘가로 떠나고, 언제나 일정보다 조금 뒤처진 채로.

루스벨트 대통령은 1903년과 1910년 두 차례 테리 아메리카들소 목장에 머물렀다. 한때 이곳은 면적이 1214제곱킬로미터에 달했고, 와이오밍주의 첫 주지사이자 첫 미국 상원을 지낸 F. E. 워런 F. E. Warren의 소유지였다. 지금은 109제곱킬로미터로 줄었으나 여전히 땅은 광활하고 버펄로는 2500마리쯤 된다. 이곳에 사는 버펄로는 체험 동물원을 연상시키는 울타리와 구경꾼 옆으로는 웬만해서 오지 않는다.

1900년대 초엽, 서부 정착민들은 앞서 몇십 년 사이에 멸종 위기까지 몰렸던 아메리카들소라는 종에 관심을 보이기 시작했다. 워런을 비롯한 목장 주인들이 아메리카들소 떼를 매입해 키웠는데, 그러면서 이 동물의 위풍당당함은 물론 효용에 눈을 떴다. 이후 수십 년에 걸쳐 아메리카들소 목장은 평범한 소 목장과 차별화되어 상류층이 선호하는 사업으로 자리를 잡았다. 언론왕 테드 터너Ted Turner는 미국에서 손꼽히게 부유한 지주이자 지구 최대의 아메리카들소 소유주로 무려 4만 5000마리를 가졌다.

터너를 비롯해 역사가 오래된 아메리카들소 목장 주인들은 아메리카들소를 일반 소와 교배시킨다. 아메리카들소는 특유의 고기와 가죽으로 귀한 대접을 받지만 일반 소와 다르지 않게 사육된다.

그러나 아무리 잘 포장한다 한들 미국에서 소 산업은 환경적으로 지속 가능하다고 보기 어렵다.

아메리카들소 목장의 신세대 주인들은 이 모든 걸 바꾸려 하고 있다. 그들은 아메리카들소를 테드 터너 가문의 목장과도, 환경 오염과도 연결 짓지 않는다. 이들은 아메리카들소를 좀 더 인도적으로 대우한다. 노스브리저바이슨North Bridger Bison 목장의 맷 스코그런드Matt Skogland는 시카고 교외에서 나고 자랐는데, 아메리카들소를 지속 가능하게 키우는 꿈 하나만 품고서 대단한 재산이나 인맥도 없이 이 산업에 뛰어들었다. 스코그런드는 자기 목장에 야외 도축 시스템을 도입했다. 소총과 총알 한 발을 가지고 나가 버펄로 한 마리를 죽인 다음 현장에서 바로 고기를 손질해 포장하는 것이다. 그의 고객들은 몬태나주 보즈먼 인근의 일반 가정들이다. 그의 목장은 토양을 되살리고 다양한 동식물 생태계를 돕는 재생 농법을 사용한다고 자부한다.[4]

제이슨처럼 토지를 확보하려는 노력도 없지 않았다. 몬태나 평원에서는 아메리칸 프레리American Prairie(옛 아메리칸 프레리 리저브 American Prairie Reserve)라는 단체가 아메리카들소들이 자유로이 돌아다닐 수 있게 수십만 제곱킬로미터의 공유지를 하나로 통합하는 작업을 벌이고 있다. 과거에 기술 회사를 경영했으며 몬태나 토박이로 자란 숀 게러티Sean Gerrity는 아메리카들소뿐 아니라 관련 종들의 생존을 위해 토지를 연결하겠다는 목표를 세우고 1999년에 이 단체를 설립했다. 2012년에는 242제곱킬로미터 땅에 아메리카들소 250마리를 몰아넣는 데 성공했고, 2020년 기준으로는 1821제곱킬로미터 땅에 800마리가 살아가고 있다. 게러티는 총 2000제곱킬로미터가 넘는 땅을 확보하고 인접한 곳에서 토지 관리국과 몬태나주가 소유한 1만 2000제곱킬로미터 땅을 통합하여 그곳에서 2만 5000여 마리의 아메리카들소와 여러 늑대 무리가 서식하는 날이 오기를 기대하고 있다.

게러티는 사교성과 입담이 좋고 똑똑한 만큼이나 진심이 느껴지는 사람이다. 그는 아메리카들소들이 옐로스톤 같은 국립 공원이나 사설 목장에 갇혀 사는 게 아니라 자유로이 떠돌며 살아가는 날이 "필히" 찾아오리라 믿는다. 또한 아메리카들소가 일반 소와 구분되어 강인한 유전자를 보존할 수 있게 하는 데에도 힘을 쏟고 있다.

게러티가 보기에 이 문제는 과학은 물론 정치와도 떼어놓을 수 없다. 아메리카들소가 고유한 종의 특징을 보인다면 그에 맞춰 돌보아야 하고 정치인들이 법률을 제정해야 한다는 것이다. 문제는 사람들이 아니다. 사실 "사람들은 1만 년 동안 그 동물들과 공존해왔다. 그런데 소수 집단이 철조망으로 땅을 구획하더니 지금부터 이 땅은 농사와 가축을 짓는 곳이라고 못 박았다"라는 것이 게러티의 설명이다.

특정 종의 개체 수가 심하게 줄거나 건강한 무리를 유지할 수 없을 정도로 다양성이 훼손되면 소위 유전적 병목 현상이 발생한다. 근친 교배가 늘고, 열성 형질이 우세해지며, 후대로 내려갈수록 생존 능력이 약해진다. 질병으로 종이 말살될 위험도 커진다. 아메리카들소는 혹독한 겨울과 거친 평원이란 환경에서 살아남아야 하는 상황인데, 개체 수가 수천 또는 수백 단위로 줄어들면 말 그대로 종의 생존이 위협받는다.

요즘 아메리칸 버펄로의 형편은 그나마 나아진 것처럼 보인다. 개체 수가 늘었고, 일부 개체의 적응 형질이 힘든 시기에도 계속 발현된 듯하다. 게러티에 따르면 버펄로의 형편이 나아진 데에는 또 다른 이유도 존재한다. 대중의 관심이 올바른 방향으로 모였기 때문이다.

게러티는 소 목장 주인들과 협상하고, 보조금을 신청하고, 정책에 영향을 행사하고, 인근 토지를 매입하는 것이 얼마나 중요한지 잘 알고 있다. 그는 술은 일절 마시지 않으며 지극히 현실적이다. 한때 비즈니스 세계에 몸담았던 게러티는 궁극적으로 일을 굴러가게 하는 게 무엇인지 분명히 인지하고 있다. 바로 돈과 땅이다. 그는 말한다. "우리는 아프리카에서 볼 법한 최고급 사파리 별장을 짓고 있어요. 북아메리카에서 여태껏 본 적 없는 세계적인 수준의 보호 구역을 만들 겁니다."

제이슨처럼 게러티도 아프리카 대륙의 자연과 야생 동물 세계에서 영감을 얻는다. 그런데 게러티가 아메리카들소 보호에 대한 과학적 주장이 충분히 정치적이지 않고 설득력이 부족해 문제라고 보는 반면, 제이슨은 다른 문제를 지적한다. "생태학은 선주민의 철학적 가치들을 담은 학문이지만, 선주민의 인식 방식에 스며

들어 있는 영적 소통이 결여되어 있다"라는 것이다. 다시 말해 과학은 종을 어떻게 보호해야 하는지 정밀하고 실용적인 정보를 주지만, 왜라는 질문에 대해서는 공허한 답밖에 주지 못한다.

아메리칸 프레리는 주로 기존 공유지를 통합하는 데 집중하고 있으나, 사설 목장이나 자발적으로 매물로 나온 땅을 사들이기도 한다. 코니 프렌치Conni French라는 목장 주인은 NPR과 인터뷰하며 불쾌감을 드러낸다. "그자들은 거대 자본을 갖고 들어와서 농장을 사들이고 원래부터 여기 살던 사람들을 짓밟고 있어요. (중략) 그들의 목표가 성공하려면 우리가 여기 있어서는 안 되는 것이죠. 우리 입장에서 그건 문제예요."[5] 목장주 관리 동맹Ranchers Stewardship Alliance의 페이스북 페이지에 달린 댓글 작성자도 코니와 의견이 같다. 아메리칸 프레리 리저브는 "주변의 가족 목장들을 모조리 사들이기 전까지는 만족하지 않을 것"이라고. 그 단체가 "시골 공동체와 마을을 망치고 말 것"이라고. 역내 도로 곳곳에는 "카우보이를 구하라"라고 적힌 시위 표지물이 걸려 있다.

이상하게 들릴 수 있지만 코니 프렌치와 제이슨은 생각보다 공통점이 많다. 제이슨이 소와 목장의 이익을 위한 토지 최적화에 저항하는 것과 같은 이치로, 코니는 아메리카들소의 서식지를 복원하려고 농장을 사들이는 새로운 최적화를 규탄한다.

숀 게러티는 앞으로도 지금처럼만 하면 문제를 해결할 수 있다고 믿는 편이다. "시계를 되돌리자는 게 아니다. 이미 잘 돌아가고 있는 것을 계속 이어가자는 것이다." 그러니까, 더 많은 과학과 더 좋은 정책을. 돈으로 살 수 없는 건 없다. 특히나 그것이 우리 역사와 국가 발전에 유의미하다면 더더욱. 이 모든 것이 진실이고 게러티의 단체 앞에 성공이 예정된 것과 별개로, 그 성공은 애초에 아메리카들소의 말살을 가져온 원칙에 근간을 두고 있다.

코니와 제이슨은 서로의 입장 차에도 불구하고 최적화에 대한 대안적 관점을 공유한다. 두 사람은 최적화를 발전 동력이라거나 엇나가버린 선한 과정으로 보는 게 아니라 처음부터 잘못된 발상이라고 진단한다. 물론 카우보이 쪽에 더 공감하는 코니의 견해는 에덴동산 추방 이후의 상태를 더 떠올리게 하지만, 결국 코니도 제이슨과 마찬가지로 복원을 갈망하고 있다.

―――

아메리칸 프레리의 남쪽, 테리 목장의 북쪽, 그리고 살짝 서쪽으로 이동하니 제이슨이 윈드 리버 보호 구역에서 관리하는 30여 마리 남짓한 버펄로 떼가 다시 보인다. 아메리카들소는 일반 소와 다르게 조상 대대로 인간에 의해 가축화되지 않았다. 야생 무리를 이뤄 여러 방목지를 옮겨 다녔다. 제이슨은 미국 정부가 정말로 아메리카들소 보호에 최선을 다할지 영 미심쩍다. 그는 말한다. "우리는 다른 종도 복원해냈습니다. 가지뿔영양이나 큰뿔양처럼 몸집이 큰 동물도요. 하지만 아메리카들소 복원에는 실패했어요."

이유를 물으니 그의 대답은 단순하고 한결같다. "목장 주인과 소들 때문에요. 영양, 양, 사슴은 소들과 경쟁하지 않거든요. 목장 주인들은 소들로 돈을 벌지만, 우리 부족에게 이익을 가져다주는 건 버펄로입니다."

그는 설명을 이어간다. 소 한 마리, 혹은 소처럼 길러졌거나 관광객 눈요기로 세워지는 버펄로 한 마리는 달러 가치로 환산된다. 그 가치는 소나 버펄로가 무엇을 생산하거나 벌어 오느냐에 따라 정해진다. 아메리카들소 개체들을 구분할 뿐 아니라 개체 하나하나에 가치와 서사를 부여하고 주변 환경을 지키려 노력하는 인간들의 관리를 받는 아메리카들소 무리는 그와 전혀 다른 존재다.

제이슨이 보기에 자신의 꿈은 시간과 정성을 들인다고 이룰 수 있는 게 아니다. 물론 그런 것들도 필요하지만 말이다. 일단 사방에 장애물이 널렸다. 포트 펙 지역에서는 아메리카들소 10여 마리가 소, 엘크, 아메리카들소를 노리는 브루셀라병 예방을 위해 격리 중이다. "전염을 막는다고 버펄로를 떼로 죽이고 있어요." 확신에 찬 제이슨의 목소리에 깊은 분노와 슬픔이 묻어난다. 그는 그런 주장이 버펄로에게 모욕적이라고 느낀다. 브루셀라병을 끌어들이는 건 앞뒤가 안 맞는 추론이라는 것이다. 그 병을 소에게 옮기는 종은 엘크뿐이기 때문이다. "지금껏 소에게 병을 옮긴 아메리카들소는 한 마리도 없었습니다." 반면 엘크는 소에게 병을 옮긴다. "그런데 왜 엘크가 아니라 버펄로를 학살하나요?"

버펄로가 소와 세력을 다투는 종이기 때문이라는 것이 제이슨의 주장이다. "우리는 토지와 물 사용이 제한된 시스템 속에서 살아가고 있습니다." 제이슨은 쇼쇼니 부족의 최근 역사를 거론한다. "우리가 목장 주인이 되지 않았더라면 땅도 빼앗겼을 겁니다." 현재 보호 구역의 86퍼센트를 방목 소들이 뜯어 먹고 있다고 한다. 이웃들은 제이슨의 임무가 왜 중요한지조차 공감해주지 않는다. 그러나 제이슨에게 이는 대단히 중요한 문제다. "우리는 우리의 버펄로와 어른들을, 언어와 의식을 잃고 있어요."

나는 제이슨에게 비관주의를 잠시 접어두고 그의 노력이 물줄기를 바꾸리라는 희망을 어디서라도 찾을 순 없는지 물었다. 그러자 제이슨은 흔들림 없는 확신을 담아 이렇게 대답한다. "지난 수년간 이곳저곳을 돌아다니며 토착민 지도자들과 대화할 기회가 있었습니다. 어딜 가든 똑같아요. 우리가 알던 진실로 되돌아가기를 갈망하지요. 15년, 20년, 30년이 걸릴 수도 있지만, 결국 버펄로가 우리를 치유할 겁니다. 모든 것을요." 그러니까, 땅을, 공동체의 먹거리를, 영혼을, 의식을. "우리는 버펄로를 먹는 부족이에요. 그런데 지난 130년 동안 버펄로를 먹지 못하고 있습니다."

최적의 배반에는 기만이 숨어 있다. 최적화는 대상이 토지의 가치이건 항공기의 정시 도착률이건, 측정 기준을 달러나 시간 혹은 그 밖의 단일한 차원으로 붕괴시킨다. 새뮤얼 헤이스Samuel Hays는 《환경 보호와 효율성 복음Conservation and the Gospel of Efficiency》에서 초대 산림청 청장이자 다수 대통령의 환경 문제 참모를 지낸 기퍼드 핀쇼Gifford Pinchot 같은 20세기 초 환경주의자들의 철학적 입장을 개괄한다.[6] 핀쇼는 생산성을 환경 보호의 추동력으로 보았다.

"숲이 가장 쓸모 있는 작물이나 용역을 최대한으로 생산하고, 인류와 숲이 세대를 이어가는 동안 계속 그것을 생산해내는 것"이 환경 보호의 목표라는 것이다. 경제와 효율성에 관한 매사추세츠주 위원회Massachusetts Commission on Economy and Efficiency도 같은 생각이었다. 이 단체의 1912년 문건에는 "사냥감 새와 야생 조류, 나아가 모든 동물을 보호하자는 주장을 뒷받침할 적절한 근거는 그것들이 경제적 재화라는 것뿐이다"라고 적혀 있다.

핀쇼와 동시대를 살았던 존 뮤어John Muir는 철학적 대척점에 섰다. 뮤어는 환경 보호가 순전히 보호 자체를 목표로 삼아야 한다고 믿었다. 그는 자연 세계에서 아름다움을, 나아가 신을 보았다. 핀쇼와 뮤어의 의견은 엇갈렸고, 훗날 두 사람은 미국 환경주의 사상의 두 갈래를 대표하는 인물이 되었다. 그러나 이런 차이에도 두 사람은 우정 비슷한 관계를 맺었다. 글레이셔 국립 공원에서 함께 캠핑을 하는가 하면, 몇 차례 공동 연구를 하기도 했다.[7]

제이슨은 환경 보호 자체가 목적이어야 한다는 뮤어의 생각에 동의하는 걸까? 땅에서 생산성 이상을, 형식적인 복원 이상을 바란다는 건 무슨 뜻일까? 그의 대답은 단순하다. 아메리카들소의 개체수만으로 성공을 측정하고 싶지 않다는 것이다. 각각의 동물에 숫자로 가치를 부여하는 순간, 아메리카들소를 땅에서 몰아낸 언어로 되돌아갈까 봐 그는 우려한다.

동시에 제이슨은 현실주의자이기도 하다. 밀어붙인다고 한꺼번에 모든 게 바뀌지 않으리란 것을 알고 있다. 접근은 단계적이어야 한다. 제이슨은 땅을 사들이고, 이웃들과 협상하고, 험난한 계절을 헤쳐가다 보면 서서히 상황이 나아지리라고 믿는다. 최적화된 시스템은 반드시 조금씩 풀어나가야 한다.

―――――

지난 세기 동안 아메리카들소 개체 수는 꽤 많이 증가했다. 그러나 그들을 지탱하는 생태계의 회복을 두고는 그런 말을 하기 힘들다. 현재 아메리카들소는 과거에 누볐던 땅의 100분의 1도 채 안 되는 영역에 서식하고 있다. 이는 다른 종과 토양에도 영향을 미쳤다. 아메리카들소도 한때는 핵심종核心種(멸종이나 개체 수 변화가 생태계의 종 다양성에 결정적 영향력을 발휘하는 생물종―옮긴이)이었으나 요즘은 대다수가 소와 교배되고 있다. 아메리카들소 자체는 멸종하지 않았으나 생태적 멸종의 경계에 걸쳐 있다. 다양성과 집단 내부의 상호 작용이 사라지고 있다는 뜻이다.

숀 게러티가 아메리칸 프레리 리저브를 통해 돌이키려 하는 것, 그리고 제이슨이 진단한 문제의 핵심이 바로 생태적 멸종이다. 환경 보호 운동을 하는 생태학자들은 주기적으로 똑같은 질문에 직면한다. 지역의 복원은 종의 본래 분포를 되살리는 것을 목표로 삼아야 하는가? 그렇다면 그것을 어떻게 달성하는가? 과거에 존재했던 복잡한 상호 관계의 망을 복원하는 것도 가능할까? 복원 프로젝트가 실패하는 이유는 한때 존재했던 다양성을 잃기보다 되찾기가 더 어려우며, 달라진 상황에 맞춰 이미 인프라가 지어졌기 때문이다.

일부 공학 분야에서는 최적화를 무효화하기가 스위치를 누르는 것만큼이나 쉽다. 톰 밴더빌트Tom Vanderbilt의 《트래픽》[8]에는 하룻밤 만에 교통 패턴이 뒤집혀 모두가 반대쪽으로 운전하게 된 도시 이야기가 나온다. 계획은 방대했으나 전환의 실행 자체는 간단했다. 거리에 페인트가 다시 칠해졌고 표지판이 방향을 바꾸었다. 운전자들이 교차로에서 반대쪽을 주시하는 데 익숙해지기까지는 몇 주가 걸렸다. 그러나 모든 것을 무효로 만드는 데에는 단일한 층위의 규칙과 행동만이 필요했고, 전환은 동시적으로 그리고 조직적으로 이뤄졌다.

그런데 왜 실제 대다수의 최적화 사례에서 '스위치 누르기'가 어려운 것일까? 특히 복잡하고 설계되지 않은 시스템일수록 까다롭다. 어째서 최적화를 실행하는 것과 되돌리는 것 사이에 거의 언제나 비대칭성이 존재하는 것일까?

경로 의존성path dependence에 답이 있을지도 모르겠다. 생태계가 어느 정도의 역사를 살아내고 나면 과거 지점으로 돌아가기가 어려울 수 있다. 상호 분리되어 있어 뚜렷하게 구별되는 교통 규칙과 달리, 진화 경로의 각 단계는 일정량의 무작위성과 예측 불가성을 내포한다. 한마디로 엉뚱한 방향으로 틸 수 있다. 무작위성에 따라 어느 방향으로 가기는 쉽지만, 거기서 되돌아오려면 똑같은 단계를 정밀히 역설계해야 한다.

게다가 모두가 되돌아가는 데 찬성하는 것도 아니다. 몇몇은 복원 노력이 본질적으로 문제가 크다고 지적한다. 환경 저널리스트 프레드 피어스Fred Pearce는 저서 《뉴 와일드The New Wild》에서 특정 종을 복원하거나 보존하는 데 과하게 집중하는 현대의 환경 보호 운동을 비판적으로 바라본다. 그는 더 구체적으로 종들의 전체적인 관계망을 고려하는 접근법을 옹호한다. 다만 피어스가 생각하기에도 이런 접근법은 어려울 뿐 아니라 명쾌하게 떨어지는 정답이 없다.[9]

피어스가 말한 생태계 접근법은 제이슨이나 게러티의 발상과 크게 다르지 않다. '낯선' 종 또는 침입종은 복원을 위해 자연에서 사라져야 할 대상으로 여겨질 때가 많으나, 피어스가 보기에는 재야생화rewilding에 핵심 역할을 맡을 존재들이기도 하다. 오늘날 우리의 최적화된 세상에서 단순히 태곳적 과거로 돌아갈 수 있다고 생각하는 것은 허무맹랑하다.

최적화된 시스템보다 무효화하기 훨씬 힘든 것은, 견제와 균형의 원칙에 따라 진화하는 생태계가 아니라 효율성과 제로섬의 측면에서 세상을 바라보는 시각이다. 제이슨 역시 땅값 책정을 놓고 경제적 측면에서 소 목장 주인들과 갈등을 빚는 과정에서 이를 실감했다. 이는 토지 이용과 환경주의로 나아가는 길을 조성하는 언어이지만, 확장적 탐색이 아니라 세분화와 측정에 점점 더 치우친 채 과학과 경제를 수행하는 우리의 방식에서 뿌리 깊이 기인한다.

한편 제이슨의 언어는 미국 산업 역사에서 빼놓을 수 없는 낭만적 개념을 옹호한다. 산업화가 방해한 것을 재건하고 되살리자는 것이다. 역사학자 레오 마크스Leo Marx는《정원 속 기계The Machine in the Garden》에서 그 시절의 정서를 정확히 포착한 너새니얼 호손의 단편을 소개한다. 화자는 자연에서 몽상을 즐기다가 열차 바퀴 소리에 방해받는다. 호손의 이야기에서 기계화는 목가적 풍경을 뚫고 들어오는 일종의 침입 세력으로 그려진다.[10] 몽상이 깨진 화자는 에덴동산 상태 같은 지고의 행복과 자연과의 일체감을 영영 되찾을 수 없음을 깨닫는다.

이 화자처럼 제이슨의 목가적 상태 역시 제대로 박살 났다. 그가 느끼는 슬픔이 19세기 미국 낭만주의 작가의 정서를 그대로 빼닮았다는 사실은, 어쩌면 썩 도움이 되지 않을 위안인지도 모르겠다.

―――

제이슨은 283제곱킬로미터가 넘는 땅을 추가로 확보하고 윈드리버 땅에서 버펄로 떼를 기르는 데 힘쓰고 있다. 새로 확보한 땅은 고속 도로 두 개와 강 두 개로 둘러싸여 버펄로를 보호하는 일종의 섬이 될 예정이다.

쉽지 않은 여정이었다. 먼저 인접한 노던 어래퍼호 부족과 협상해야 했다. 역사적으로 그들과 이스턴 쇼쇼니 부족은 사이가 좋지 않다. 하지만 제이슨이 외교 수완을 발휘한 덕에 버펄로 열한 마리를 보유한 어래퍼호 부족도 버펄로 복원을 위해 노력할 활동가를 선출했다. 이제 제이슨은 그와 공동으로 버펄로 떼를 관리한다. 생물학자들에 따르면 근친 교배를 피하고 다양성 손실을 막으려면 최소 1000마리로 구성된 무리가 형성되어야 한다. 개체 수는 많을수록 이상적이다.

부족의 토지에 들어오기로 한 농업용수가 부족한 것도 문제다. 아메리카들소는 물이 없으면 생존할 수 없다. 인접한 사유지 주인들은 농업용수를 양보하지도, 버펄로에 방목지를 내주지도 않는다. 시간이 필요하다.

그래도 2017년 봄에 보호 구역에서 처음으로 아메리카들소 송아지가 태어나면서 미래가 보이기 시작했다. 2020년 10월, 버펄로 열 마리가 보호 구역에 추가로 들어왔고 2019년 봄에는 어린 수컷 다섯 마리가 무리에 추가되었다. 그리고 우리가 벌판에 서서 대화하는 지금, 밤새 송아지 네 마리가 태어났다. 제이슨은 이것을 희망의 징조로 본다.

와이오밍을 다녀오고 나서 몇 달 후, 제이슨과 줌으로 이야기를 나눴다. 제이슨은 지난 수십 년 사이 줄어든 쇼쇼니 부족 땅의 경계와 관련된 조약 내용을 슬라이드로 보여준다. 역사를 되짚어가는 그에게서 짙은 슬픔이 느껴진다.

대화 중에 내 카메라가 성가시게 자꾸만 멈춘다. 나는 인터넷 연결 상태가 불량해서 미안하다고 사과한다. "외진 곳에 있나 보군요." 제이슨이 말한다. 나는 그와 내가 생각하는 외진 곳의 차이를 잠시 고민하다가 대답한다. "네, 그렇다고 할 수 있죠."

지리만 따지고 보면 나는 외진 곳에 살고 있다. 내 선택이었다. 우연히 또는 뜻밖의 계기로 외딴섬에 살게 되는 경우는 흔치 않으니까. 하지만 제이슨의 말에 선뜻 답하기가 망설여졌다. 어떻게 보면 나는 어느 때보다도 연결되어 있다. 신호가 약한 영상 통화뿐 아니라 대륙 곳곳을 교차하는 지식의 가닥을 통해서. 나는 최적화의 땅을 뒤로하고 떠나왔으나 여전히 상상 속 최적화의 땅과 이어져 있다. 테리 아메리카들소 목장의 카페에서 만난 직원처럼, 나는 익숙한 장소에서 빠져나오는 게 이렇게나 힘들 줄 몰랐다.

이 또한 최적의 배반이었다. 르네 마그리트가 파이프에서 그림으로 이동하는 것은 반대로 움직이는 것보다 훨씬 더 쉬운 선택이다. 그림에서 파이프로, 아메리카들소를 학살하는 정책에서 진화하는 생태계를 관리하는 정책으로 이동하는 것은 훨씬 복잡하다. 나 역시 그동안 밟아온 과정을 떠올려보면, 남들은 더 이상 고려하지 않는 과거의 기준으로, 외진 곳의 느린 속도로 되돌아간다는 게 그리 쉽지 않았다.

이제야 깨닫기 시작했는데, 그 과정은 어떤 식으로든 펼쳐진다. 나는 최적화 사고방식을 꽃피울 테크 붐이 일어나기 직전에 샌스란시스코만 지역에서 자랐다. 그리고 테크 붐이 한창일 무렵 대학원을 마치고 돌아와 그곳에서 일했다. 또 최적화와 공학 기술 능력이 있었기에 미국으로 건너올 수 있었던 최적화 전문가들과 엔지니어들의 계보에 들어가 있다. 엄마는 운영 연구operations research로 박사 학위를 땄으며, 100만 분의 1 확률을 뚫고 루마니아에서 출국

티켓을 손에 넣은 것도 최적화 덕분이었다. 자신의 연구 분야에서 최우수 학생으로 뽑힌 엄마는 연구를 마치고 고국으로 돌아오라며 장학금을 받고 해외로 보내졌다. 그런데 3년 후 장학금이 끊겼고, 미국을 빠져나가기가 갈수록 불가능해졌다. 2년이었던 체류 기간이 20년, 그러다 30년으로 늘어났다.

1980년대 말 엄마는 작은 텔레비전을 통해 세상이 무너지는 광경을 지켜보았다. 바로 그 순간, 적어도 이론상으로는 고국으로 돌아갈 가능성이 복원된 셈이었다. 그러나 실제로 고국으로 돌아가는 건 현실적인 선택지가 아니었다. 엄마, 그리고 그 무렵 미국으로 건너와 함께 살고 있던 외할머니는 고국으로 영영 돌아갈 수 없다는 불가능성을 끌어안고 오랜 세월을 살아온 터였다. 선택지가 없기에 존재하는 자유가 있다는 사실을 나는 그때 이해했다.

루마니아 독재 정권의 붕괴가 텔레비전으로 중계된 지 10년이 지났을 때, 우리 가족은 짧게 루마니아를 방문한 적이 있다. 그곳은 옛 모습 그대로였다. 수도 부쿠레슈티에 있는 대통령 궁은 면적을 기준으로 세계에서 미국 국방부 청사 펜타곤 다음으로 큰 건물이다. 1970년대와 1980년대에 루마니아를 통치한 니콜라에 차우셰스쿠 정권은 수도의 역사적인 건물들을 허물고 미친 듯이 궁을 확장했다. 마치 확장을 멈추면 쇠퇴가 예정되기라도 한 것처럼. 결국 이 지도부는 1989년 크리스마스 날, 정부 군인들에게 포위되어 처형당했다. 그렇게 단 일주일 만에 운명이 뒤바뀌었고 시간이 멈췄다. 나는 2000년대 초 대통령 궁을 처음 방문해 인근 허공에 멈

취 있는 크레인을 사진으로 찍었다. 건물을 계속 지으려고 시멘트 블록을 붙들고 있는 크레인이었다.

물론 정말로 시간이 멈춘 건 아니었다. 역사는 계속 발전했고, 주변 지역은 진화했으며, 크레인은 끝내 철거되었다. 부쿠레슈티는 유연하고 역동적인 도시로, 멈춰 있다고 말하기 힘들다. 인터넷 서비스가 그럭저럭 제공되는 외딴섬을 아주 외진 곳이라 볼 수 없듯이 말이다. 우뚝 멈춘 크레인과 자꾸 끊기는 나의 줌 카메라는 더 큰 진실을 가리고 있었다. 그럼에도 우리가 열망하는 혹은 버리고픈 단정한 틀을 제공하는 이런 스냅 사진들의 매력을 부정하기는 힘들다.

르네 마그리트는 자기 그림을 두고 이렇게 말했다. "나의 유명한 파이프! 다들 어찌나 나를 욕하던지! 하지만 내 파이프를 물고 피울 수 있는 사람이 어디 있겠는가? 없다. 그건 재현일 뿐이니까. 그렇지 않은가? 그러니 내가 내 그림에다 '이것은 파이프다'라고 썼다면 그건 거짓말이었겠지!"[11]

하지만 얼마나 아름다운 거짓말이었을지.

7장

골드러시가
끝나고[1]

열차에서 나에게 자리를 내준 남자가 자신이 구원받은 역사를 읊기 시작한다. 돔이 씌워진 전망칸에서 그는 다른 승객과 도미노를 하는 중이었다. 한 사람은 놀이에 열중하고, 다른 사람은 수다를 떨고 싶어 입이 근질거린다.

    지금 나는 미국 중서부에서 태평양으로 이어지는 암트랙 엠파이어 빌더Amtrak Empire Builder 열차에 타 있다. 눈보라가 치는 4월, 시카고 유니언 역에서 짐 가방을 든 가족들, 서류 파일을 챙긴 사업가들, 메노파 교도와 은퇴자들, 석유 노동자와 휴가 후 복귀하는 군복 차림의 군인들이 길게 늘어선 줄에 가서 선다.

    위스콘신과 미네소타에 눈이 많이 쌓였다. 역마다 승하차를 위해 짧게 멈추던 열차가 노스다코타주 마이놋에서는 좀 더 길게 정차한다. 대륙을 천천히 횡단하면서 각양각색의 인물을 만난다. 도미노를 하던 남자는 종교 이야기를 꺼낸다. 다른 두 남자는 담배를 피우러 나간다. 체격이 건장한 여자가 근처 잔디 구역으로 작은 강아지를 안고 나간다. 침대칸을 담당하는 아담한 승무원이 휴식 중에 자신을 소개한다. 그의 이름은 미셸 앙투안 알렉상드르 티모테다. 이윽고 그가 다른 사람들에게도 자신을 소개하고 다니는 소리가 들려온다. 이름을 말할 때에는 반드시 중간 이름과 성까지 붙인다. 그는 뉴올리언스에 정착한 유럽 소수 민족 바스크인 혈통으로, 뉴올리언스에서 프랑스 혁명 이전 뉴올리언스의 바스크 인구에 관한 연구서를 집필하느라 15년을 보냈다. 그 연구에는 프랑스 왕실과 더불어 뜻밖에도 그의 조상들이 주요 인물로 등장한다.

엠파이어 빌더 노선의 한쪽 종점에는 우리가 만났던 사람들이 있다. 레드 리버 밸리의 농부들과 외지 노동자들, 농장의 대를 이으려 고민하는 밥, 밤새 사탕무를 걸러내고 아침이 되면 캠핑카로 돌아와 지친 발을 편히 뻗는 로저와 샬럿이 있다. 공장에서 정제된 설탕은 화물 열차에 실려 마찬가지로 서쪽으로 (그리고 남쪽과 동쪽으로) 운반된다.

노선의 반대편 종점에는 아직 만나지 못한 사람들이 있다. 태평양 북서부의 외딴섬에서 아내와 빵집을 운영하는 농학자. 내가 지금 향하는 곳은 그 섬이다. 현재 내가 사는 곳이기도 하다. 신선한 과일, 허브, 달걀은 전부 빵집 8킬로미터 반경 이내에서 공수할 수 있으나 가장 중요한 재료인 설탕은 예외다.

지금 우리는 대륙을 건너는 중이다. 아메리카들소가 쫓겨난, 광석과 석유가 채굴되고 착취당하는, 하룻밤 사이에 도시가 세워지는 대륙을. 태양이 뉘엿뉘엿 지는 산 방향으로 나아가는 우리 앞에 글레이셔 국립 공원이 반짝이고 있다. 엠파이어 빌더 노선의 중심은 바로 이곳 몬태나주에 있다. 이곳의 어느 산길에 뚫린 터널 덕분에 이 철도의 첫 소유주가 제국을 세울 수 있었다.

암트랙 노선이 제 이름을 갖기 훨씬 전에, 엠파이어 빌더('제국 건설자'라는 뜻—옮긴이)는 철도의 첫 소유주이자 창설자인 제임스 제롬 힐James Jerome Hill을 부르는 이름이었다. 그의 이야기는 조금 나중에 다루려 한다. 일단은 땀과 투지, 머리와 체력을 바쳐 독창성과 공학 기술로 백지상태의 대륙을 길들였다는 건국 신화를 검토해보자. 이 신화는 미국 전통 문화는 물론이고 최적화의 핵심 기저에 놓여 있다.

앞서 우리는 이 신화가 어떻게 만들어졌으며 그것의 약속이 현실과 어떻게 분리되기 시작했는가를 살폈다. 그리고 두 가지 반응을 검토했다. 하나는 최적의 방식으로 탈최적화를 시도하는 것으로, 이는 통제 욕구에서 비롯된다. 두 번째 반응의 핵심은 후퇴다. 무효화하고, 단단히 쥐고 있던 것을 놓아주고, 새롭게 시작하는 것이다. 우리는 이 두 가지가 저마다의 이유로 실패하는 것도 확인했다. 첫 번째 방식은 설계된 최적화를 더욱 공고히 만들어 탈최적화가 보존하려는 것들을 도리어 잠식한다는 점에서 실패하고, 두 번째 방식은 최적화된 경로를 비껴가는 척하며 과거의 기준이나 가상의 백지상태를 이상화한다는 점에서 실패한다.

최적화라는 신화와 사고방식은 수십 년에 걸쳐 쌓아 올려졌으며 그에 맞서려는 시도는 대체로 성공하지 못했다. 7장에서는 이런 질문을 던진다. 신화와 현실을 어떻게 봉합하는가? 그다음에는 무엇이 올까?

연금술의 비밀을 이해하려던 아이작 뉴턴의 노력이 어쩌다 최적화의 시대를 열었다면, 제임스 제롬 힐은 최적화의 막이 내려가는 것을 목격한 사람이라 할 수 있다. 캐나다에서 태어난 힐은 어린 시절 활에 맞아 한쪽 눈을 실명했다. 그리고 아주 어릴 적 아버지를 여의었다. 이 모든 비극으로 의사가 되고 싶었던 힐의 꿈은 산산조각 났지만 오히려 그는 더욱 야심 찬 꿈을 품었다. 열여덟 살에 미국 중서부로 떠나 철도를 놓고 증기선 화물을 나르는 일을 했다. 그러다 겨울에 직접 화물 운송 계약에 입찰했고 1870년 동업자들과 함께 레드 리버 운송 회사를 세웠다. 이 회사는 오늘날 사탕무를 재배하는 미국 중북부 노스다코타 지역과 곧바로 연결되는, 미네소타주 세인트 폴과 캐나다 위니펙을 오고 가는 증기선을 운영했다.

1873년 경제 공황이 닥치자 몇몇 철도 노선이 운영을 중단했다. 이미 작은 지반을 쌓아 올리는 데 성공한 힐은 세인트 폴 앤드 퍼시픽 철도를 매입하기 위해 동업자들과 자본을 모았고, 노던 퍼시픽 철도 회사와 협상에 착수했다. 그는 서부 연안과 중서부를 연결하고자 했다. 그러기 위해서는 글레이셔 국립 공원 바로 남쪽에 있는 머라이어스 고개Marias Pass를 확보해야 했다.

하지만 문제가 있었다. 1800년대 초엽 루이스와 클라크 탐험대가 묘사해놓은 이 산길의 위치가 이후 종적을 감춘 것이다. 힐은 이 길을 찾아내기로 결심했다. 그것이 험난한 산들을 통과하는 최적의 경로라고 믿었기 때문이다. 평소 힐은 직접 말을 타고서 철도를 연장할 경로를 찾아다녔으나, 이 중요한 임무를 앞두고는 측량사를 고용했다. 힐은 마치 최전방에 부하를 파견한 장군처럼 측량사를 관리했다. 마침내 측량사가 루이스와 클라크 탐험대가 언급한 산길을 발견했고 힐은 당장 그 길을 손에 넣었다. 그 덕분에 철도 노선이 160킬로미터나 줄어들었다. 이 길은 해발 고도가 낮은 편이어서 철도가 얼어붙을 위험도 적었다. 전국에서 손꼽히게 아름다운 지역이 지척이었지만 힐은 감상에 젖지 않았다. "막대한 돈을 들여 개발할 만큼 로키산맥의 풍경이 대단하다고 생각하지 않는다"라는 거였다. 철도를 따라 펼쳐진 풍경 같은 것은 중요하지 않았다. 중요한 것은 길을 최대한 곧게 연결하는 것이었다.

암트랙 열차가 산길과 글레이셔 국립 공원을 통과해 달리는 지금, 해가 저물고 있다. 승객들은 모자로 눈을 가리고 스웨터나 담요로 몸을 감싼 채 짐 가방을 베개 삼아 창문에 머리를 기대어 잠을 청한다. 몇몇은 카페칸에서 커피나 술을 마신다. 다들 눈과 마음으로 대화 상대를 물색한다. 침대칸으로 가는 사람들도 있다. 부드러운 열차의 진동이 자장가가 된다. 각자 있는 열차 칸을 잘 확인하라는 기내 방송이 나온다. 자정이 지나면 열차는 두 개로 분할

된다. 절반은 포틀랜드로 가고 나머지 절반은 시애틀로 간다.

서부 연안에 도착하면 승객들과 화물이 내려가고 새로운 얼굴들이 올라탄다. 부슬비가 내리는 동안 식당칸에 식재료가 채워진다. 그리고 열차는 다시 출발한다. 갈라졌던 형제 열차와 워싱턴주 스포캔에서 재회해 글레이셔 인근 산길을 넘고, 평원과 농지를, 호수와 밀워키 공장들을, 사무용 건물들을 지나고 나면 늦은 오후께 시카고에 도착한다.

내 여행은 여기서 끝이 아니다. 시애틀 북부에 주차해둔 트럭을 타고 섬으로 들어가는 페리에 타야 한다. 어느덧 나는 연착에도 동요하지 않을 만큼 이 지역에, 또한 페리 여행의 비효율성에 익숙해졌다.

페리 시스템은 이제 70년쯤 되었으나 섬들은 이전부터 본토와 이어져 있었다. 100년 전 시애틀에 통조림 공장이 세워지면서 알래스카 배들과 시애틀 시장이 연결되었다. 그 전까지는 주변 섬들이 워싱턴주에 과일을 공급하는 과일 바구니 역할을 했다. 체리, 사과, 배, 자두가 배에 실려 본토로 운송되었다.

이제 농업은 워싱턴주 동부의 대규모 관개 농장으로 통합되었고, 어업은 쇠퇴하고 있으며, 경제 주도권은 테크 중심의 시애틀 중부와 샌프란시스코로 옮겨 갔다. 샌환섬은 문화와 정치의 배후지다. 그러나 무수히 많은 방식으로 큰 세상과 이어져 있다. 페리를 타고 본토의 빵과 관광객이 들어온다. 한때 과일을 실어 나르던 바지선은 이제 폐기된 탄산음료 캔과 외국산 가전제품을 나른다.

집으로 가는 마지막 단계는 가장 비효율적이다. 섬사람들은 본토를 방문하러 섬을 떠날 때 우스갯말로 "미국에 간다"라고들 표현한다. 실제로 현대 미국의 상징물들은 대부분 본토에 가야 볼 수 있다. 코스트코, 홈디포, 아이맥스 영화, 무한 리필 초밥집, 주간 고속 도로, 끝없이 펼쳐진 교외 지역 같은 것들. 우리 섬에는 그런 것들이 존재하지 않는다. 그냥 카페 두 곳과 식당 네 곳이 전부다. 그마저도 절반은 겨울철이 되면 일주일에 문을 몇 번 열지도 않는다. 식료품점 바깥에 설치된 두 개의 주유 펌프는 '미국'보다 3.7리터당 가격이 1달러 더 비싸다. 사람들은 예약한 병원에 가고 펫코Petco(반려동물 용품 판매 매장—옮긴이)에 들르는 사이 기름이 떨어지지 않게끔 기름을 가득 채워 넣는다. 예상할 수 있는 바대로, 또 여름에 자전거 여행을 하러 오는 관광객에게 홍보되는 바대로, 섬에는 정지 신호등이 하나도 존재하지 않는다.

섬을 오가는 페리는 그 자체가 고도로 최적화된 생산과 시스템 통합의 수단이다. 하지만 페리에 오른 승객은 인내심과 차분함을 요구받는다. 16킬로미터를 가는 데 빨라야 40분이 걸리고, 상하선 시간과 잦은 운항 취소와 연착을 고려하면 소요 시간은 더 늘어난다. 섬 밖으로 나갈 때 페리를 예약할 방법이 없는지라 언제부터 줄을 서야 하는지, 선착장에 가면 몇 명이나 대기하고 있을지, 배에 탈 수는 있을지 전부 어림짐작할 수밖에 없다. 배에 타기까지 두세 시간을 기다리는 일도 다반사다.

많은 사람이 이 시스템에 불만을 제기한다. 아주 골치 아프고 느려터졌다면서 말이다. 그러나 섬사람 대부분은 어떤 식으로든 이런 것들을 스스로 선택했다. 페리는 물론 섬 생활에 불가피하게 따라붙는 불편과 비용을 감수하는 사람들이다.

나는 섬의 페리가 플로리다 앞바다에 떠 있던 테크 업계의 크루즈와 대척점에 있다고 생각한다. 둘 다 몸집이 큰 배여서만은 아니다. 플로리다 크루즈는 최적화된 대의를, 즉 선상 '인맥 쌓기'를 극대화하기 위해 인공적으로 느림을 조성했다. 크루즈의 모든 것은 멀끔하고 완벽하기만 하다. 일정부터 음식, 갑판, 수영장까지 모두다. 섬의 페리는 낡았기에 어쩔 수 없이 느리고 고장도 잦다. 페리가 공지하는 일정, 나아가 그 일정에 따라 좌우되는 사람들의 일상에는 여유가 존재한다. 페리는 교류의 장소이기도 해서 일상적으로 자주 마주치는 사람과 친구가 되기도 한다.

―――――

열차 서비스는 페리 터미널을 48킬로미터 앞둔 지점에서 끝이 나지만, 철도는 미국 서부 맨 끝자락까지 이어진다. 그리고 이 끝자락, 제임스 제롬 힐이 연결한 대륙 맞은편의 철도 끝에는 대륙과 단절하기로 마음먹은 사람들이 살고 있다. 네이선과 세이지도 그런 사람들이다.

네이선은 섬의 작은 호숫가 동쪽에 자리한 밭에 가면 만날 수 있다. 그와 세이지가 운영하는 빵집 반 아울Barn Owl은 두 사람이 밭에서 직접 키운 곡물을 사용한다. 섬의 다른 농부들도 마찬가지다. 이 밭은 네이선의 실험대이기도 하다. 그간 네이선은 스카짓 밸리에 있는 농업 진흥 학교와 함께 시판 중인 유기농 비료와 수제 비료를 사용했을 때, 또 비료를 전혀 사용하지 않았을 때의 효과를 비교하는 실험을 진행해왔다. 결과는 수제 비료를 사용한 작물이 나머지 둘을 압도하는 것으로 나타나고 있다. 나머지 둘의 효과는 사실상 비등했다.

네이선은 조상들이 기르던 밀 품종들로도 실험 중이다. 곡물 농사를 시작한 이래로 인류는 작물과 함께 진화해왔다. 옥수수는 점점 커졌고, 밀은 짧아졌고, 과일은 당도가 높고 껍질이 단단한 것들 위주로 살아남았다. 우리가 농사를 짓고 가축을 기르면서 장내 박테리아조차 그와 함께 진화했다. 그러다 노먼 볼로그의 녹색 혁명 이후로 박자가 어긋나기 시작했다. 볼로그는 줄기가 0.9미터쯤 되는 짧은 품종의 밀을 재배하고자 했다. 그래야 1.8미터나 되었던 과거 품종과 달리 강풍에 줄기가 꺾일 위험이 낮아지기 때문이었다. 또 줄기가 짧아지면 열매가 더 많이 달리기 때문에 에이커당 곡물 수확량도 늘어난다. 수확 기계 덕에 땅과 가까이 붙어 자라는 곡물을 거두기가 수월해졌고, 가스로 작동하는 너비 9미터에 무게가 2만 2000킬로그램이 넘는 수확 기계로 시간당 100톤에 가까운 밀을 거두는 것도 가능해졌다. 요즘 물가로 환산하면 약 50만 달러에 팔리는 기계 한 대로 시간당 수천 달러의 비용을 투입해 시간당 수만 달러를 창출할 수 있다는 뜻이다.

그런데 네이선은 정반대로 가고 있다. 그는 줄기가 1.8미터인 밀을 키운다. 손으로, 아니면 무게가 2만 2000킬로그램의 몇 분의 일밖에 되지 않는 기계로 수확하며, 자동 탈곡기로 직접 탈곡한다. 이후 곡물은 건너편 이웃집으로 보내진다. 거기서 곡물은 거대한 교회 오르간을 닮은 기계에 넣어져 빻아진다. 기계는 오래전 펜실베이니아에서 들여온 것이다.

네이선은 공공 설비가 들어오지 않는 서부 연안 산속 오두막에서 자라기는 했으나, 어머니가 그와 세이지에게 선물한 히피의 책 《전통 기르기 Nourishing Traditions》를 읽기 전까지는 먹거리에 관해 크게 생각해본 적이 없었다. 그와 세이지는 5번 주간 고속 도로를 타고 캘리포니아로 가는 길에 그 책을 읽었다.

이 커플은 "목적이 있는 삶의 길"을 갈망해왔고, 먹거리야말로 그들의 목적인 듯 보였다. 둘은 두어 해 동안 버클리에 정착했다. 세이지는 빵집에서 일했고 네이선은 조경술을 공부했다. 그러다 태평양 연안 북서부(오리건, 워싱턴, 아이다호 북부 일부—옮긴이)로 보금자리를 옮겼다. 네이선은 밀 재배 문화가 깊이 뿌리박힌 이 지역에 적합한 품종을 찾아 미국 농무부의 종자 은행을 샅샅이 뒤졌고, 지역 농부들과 힘을 합쳐 그런 품종들을 재배하기 시작했다. 성공을 거둔 종자들은 모두 녹색 혁명 이전에 쓰이던 것들이었다.

"재미있는 일이죠." 네이선이 비꼬듯 말한다. "우리는 이렇게 혼란스러운 시스템 속에서도 어떻게든 그걸 활용하려고 합니다. 하지만 그 시스템이 무익해 보일수록 결국 모든 분자는 그 자체로 효율적으로 쓰이게 되어 있다는 자연법의 존재를 실감하지요."

우리는 지금까지 이러한 생각을 간접적으로 다루었다. 연결하고, 활용하고, 통제하려는 욕망, 즉 최적화를 추동하는 이 힘은 높은 확률로 정반대의 욕망과 만난다. 일련의 제약 또는 제한에서 벗어나려는 욕망 말이다. 제임스 제롬 힐은 대륙을 연결하려 했으나 진공 상태에서 그것을 해낼 수 없었다. 대륙을 하나로 묶으려면 장소와 사람들이 필요했다. 월가의 자금뿐 아니라 철도 마을에서 살아갈 스칸디나비아 이민자들도 필요했다. 한쪽 끝에는 설탕이, 다른 한쪽 끝에는 빵집이 필요했다. 다리를 건설할 수 있게 섬들도 필요했다.

네이선 역시 자유롭지 않다. 섬에서 그는 정신적으로나 육체적으로 여전히 철도와 페리에 의존하며 필요한 물자를 받는다. 설탕을 생산하려면 밥 같은 농부들과 노먼 볼로그 유형의 과학자들에게 여전히 의존해야 한다.

최적화가 세상을 장악하고 지배하는 근원에는 이렇듯 섬과 철도, 통제와 후퇴 욕망의 상호 의존성이 존재한다. 이는 다음에 이어질 내용의 골자이기도 하다.

―――

전통적으로 섬은 발이 묶인 사람들과 배가 난파된 가족, 설계된 유토피아와 종의 진화에 이르기까지 갖가지 유형의 사례 연구에 배경이 되어왔다.

섬에 당도하기는 쉽지 않으나 일단 어느 종이라도 섬에 성공적으로 안착하고 나면 넓고 밀도 높은 대륙에서와 달리 그곳을 장악하기가 쉽다. 섬마다 서식하는 다양한 구성의 종들을 규명하고자 1960년대에 등장한 생태학 분과인 섬 생물 지리학island biogeography[2]은 이러한 발상에서 출발한다. 섬의 목적은 무엇인가? 왜 어떤 섬은 다양한 종을 이루고 어떤 섬은 종의 분포가 비교적 희박한가?

이 이론은 하나의 생태계가 어떤 방식으로 장소를 차지하는가를 설명하기 위해 두 가지 주요인, 즉 새로운 종이 섬에 대량 서식하는 속도와 기존의 종이 멸종하는 속도를 상정한다. 수백 종의 새가 서식하는 본토 인근에 화산섬이 새로 생기면 일부 새들은 그곳으로 이주할 것이다. 일반적으로 새로 유입된 종이 생물로 가득 찬 섬을 장악하기는 비어 있는 섬보다 어렵다. 섬과 본토가 떨어져 있을수록 이주 속도는 느려진다. 보통 섬의 면적이 넓으면 적합한 환경이 다양하게 조성되었을 가능성이 크므로 더 많은 종이 유입되고 멸종 속도는 느려진다.

인도네시아 크라카타우섬은 1883년 화산 폭발로 초토화되었다. 이후 섬은 데이터를 모으기에 비옥한 장소가 되었다. 처음에는 인근 섬들에서 크라카타우섬으로 건너온 종들이 빠르게 재정착했다. 그러다 종의 다양성이 성장하는 속도가 점차 둔해지기 시작했다. 최근 들어 이 섬은 경쟁이 비교적 심한 본토 환경에서 밀려난 종들의 보금자리가 되었다.

크라카타우섬 같은 사례는 설계되지 않은 최적화의 전개 과정을 보여준다. 동시에 철도나 인터넷 연결의 확장처럼 설계된 최적화가 어떻게 다른 방식으로 전개되는가도 말해준다. 이렇듯 섬은 상호 연결성과 폐쇄성 사이의 갈등을 상기시킨다. 우리 시대의 최적화가 이룬 성과와 결점을 받아들이고 앞으로 무엇이 닥칠지 알기 위해서는 이 갈등을 외면해서는 안 된다.

시인 존 던John Donne은 아무도 섬이 아니라고 말한다. 철도와 페리를 통해, 비행기와 눈에 보이지 않는 인터넷 선을 통해 연결된 요즘 시대에는 섬도 섬이 아닌 듯하다. 섬은 점점 본토와 연결되고 있다. 던의 표현을 빌리자면, 섬은 "대륙의 한 조각, 본토의 일부"다. 그러니 이제는 효율성과 지역 최적값에 관한 생각의 전환이 필요한 시점이다. 그 전환이란, 최적화 이전의 황금기로 회귀하는 것도, 무작정 진보의 주문을 외우는 것도 아니다.

―――――

섬은 우리가 무엇을 상실했는지를 보여준다. 1918년 말, 증기선 탈룬Talune호가 오클랜드에서 서사모아섬에 입항했다. 배에 탔던 선원 몇 명이 병에 걸린 채 뭍에 가게 되었는데, 선장은 그들에게 증상을 감추라고 지시했다. 섬은 이제 막 뉴질랜드령이 된 터였고 국제 무역의 중요한 자산이었다. 선장에게는 따라야 할 일정과 내려야 할 물자가 있었다. 몇 달 후, 서사모아섬은 훗날 스페인 독감이라 명명된 질병으로 초토화되었다. 섬은 인구의 약 4분의 1을 잃었다. 대다수가 젊고 건강한 성인이었다. 반면 인접한 아메리칸 사모아섬은 역병으로 단 한 명도 사망하지 않았다. 두 집단을 가른 차이는 무엇이었을까?

아메리칸 사모아섬의 관리들은 역병이 세계를 휩쓸고 있다는 소문을 미리 접했다. 이 섬의 교역 규모는 서사모아섬의 3분의 1에 불과했다. 그래서 어떤 선박이든 상륙 전 앞바다에서 닷새 동안 격리하라고 아메리칸 사모아섬이 명령했을 때 선장들은 군말 없이 따랐다. 아니면 다른 경로를 모색하면 그만이었다. 어차피 아메리칸 사모아섬은 교역을 위해 반드시 거쳐야 하는 곳이 아니었다.

아메리칸 사모아섬의 격리 정책은 일부 상거래가 다른 데에서 이뤄지도록, 또 일부 선박이 앞바다에 묶여 있도록 강제했다. 그 결과, 바이러스가 육지에 퍼질 무렵 아메리칸 사모아섬은 다른 곳보다 훨씬 더 안전한 곳이 되었다.

반면 서사모아섬은 최적화된 국제 무역의 핵심 거점이었기에 역병 확산의 맥락에서 폐쇄성이 도리어 강점에서 약점으로 둔갑해 섬 전체가 전염의 페트리 접시가 되고 말았다. 남태평양의 무역 경로는 오랜 시간과 숱한 협상을 통해 만들어진 것이었다. 역병이 퍼졌을 때는 신중하게, 또는 어떻게든 그 경로를 취소하기엔 너무 늦은 후였다. 결국 서사모아섬의 인구는 단 몇 달 만에 급감했다.

최적화는 제약 조건 아래에서 작동한다. 섬이라는 지리적 특성이 바로 그러한 제약으로 기능하며, 서사모아섬과 아메리칸 서모아섬의 사례는 우리 세계가 얼마나 연결되었는가를 보여주는 증거다. 섬은 질병과 기생충으로부터 격리된 환경에서 거대 포식자 없이 종의 생태계가 진화할 수 있는 지역 혹은 적소適所를 제공한다. 그렇기에 폐쇄적인 섬 환경은 위기의 시기에 본토를 되살리는 데 도움이 될 수 있다.

반대로 본토 역시 섬에게 중요하다. 본토는 섬으로 이주해 오는 선구종先驅種을 제공하고 생태계가 좀 더 큰 지역에서 진화할 수 있게 함으로써, 궁극적으로 섬에 풍성함을 더하는 다양성을 창조해낸다.

최적화가 낳은 결과 중 하나는 일반적으로 섬을 섬답게 만들어주는 경계를 허문다는 것이다. 최적화를 거치면서 우리는 본토를 선호하게 되었고, 원기 회복 중인 기복 있는 땅을 최적화할 텅 빈 평원으로 바라보는 본토의 시각을 우선시하게 되었다.

———

1910년, 70대가 된 제임스 제롬 힐은 《진보의 고속 도로Highways of Progress》라는 제목의 자서전을 발표했다. 책은 단순한 문장으로 시작된다. "국가는 여행자와 같다." 그리고 힐은 미국에서 자신이 목격한 생산성 하락을 회복하기 위한 계획을 제시한다. 우리는 가장자리까지 다다랐고, 대서양에서 태평양까지 길을 뚫었고, 가장 소중한 천연자원을 대량으로 훼손했고, 당장 눈앞에 있는 열매들을 땄다. 힐은 1950년이 되면 석탄이 완전히 고갈되리라 예측했고, 토양의 질이 나빠지고 있는 현실을 규탄했으며, 중서부 논밭의 곡물 생산량을 두 배로 늘리는 계획을 제안했다. 다가올 미래는 쉽게 풀릴 리 없었다. 따라서 근면함과 창의력이 필요했다.[3]

제임스 제롬 힐은 확장의 시대를 오롯이 살아내며 몸소 체현한 사람이었다. 1910년에 찍힌 사진 속 그는 턱수염을 기르고 말쑥한 모습으로 당대 가장 유력한 은행가인 JP모건의 찰스 스틸Charles Steele, 뉴욕 퍼스트내셔널은행의 조지 F. 베이커George F. Baker 경과 나란히 걷고 있다. 그레이트 노던 철도 회사 회장 자리에서 은퇴한 힐은 고별 서신에서 역사 속 자신의 자리와 당대의 시대정신을 분명히 했다. "진정한 삶을 산 사람들은 저마다 어떤 모습으로든 위대한 모험을 경험했다. 나에게는 철도가 그것이다."

역사학자 프레더릭 잭슨 터너Frederick Jackson Turner는 "미국 지성의 놀라운 특징들은 변방에 빚을 지고 있다"[4]라고 했다. 변방 지대가 닫힌 순간, 역사의 한 시대도 함께 막을 내렸다. 힐이 자서전에 써놓았듯, 미개척 대륙에서 자원을 차지하는 것은 폐쇄된 시스템 내부에서 생산성을 높이는 것과 아주 많이 닮았다. 그러나 둘을 혼동해서는 안 된다. 청년 힐이 보았던 세상은 무한했다. 하지만 말년에 이르렀을 때에는 그가 일군 교통 제국에 의해 세상에 경계가 쳐졌고, 후대 사람들에게는 그 경계 내부에서 더 많은 것을 쥐어짜내라는 명령이 떨어졌다.

힐의 인생이 그렇듯 그의 유산은 큰 자취를 남겼다. 그의 전기 작가 앨브로 마틴Albro Martin에 따르면, 미국이 제1차 세계 대전에 뛰어들고 힐이 그레이트 노던 철도 회사에서 물러난 지 얼마 지나지 않아 20세기 미국은 "온갖 국제적 의무를 떠안은 국가로 탄생"했다. 마틴은 또한 "제임스 제롬 힐이 산파처럼" 이 새로운 시대의 탄생을 도왔다고 덧붙인다. 원대한 희망과 찬란함으로 가득했던 새 시대의 모습을 그린 F. 스콧 피츠제럴드의 소설 속 헨리 개츠는 제이 개츠비를 생각하며 이렇게 회한에 잠긴다. "그는 위대한 자가 됐을 거요. 제임스 제롬 힐 같은 사람."[5]

힐뿐 아니라 철도의 존재 또한 존 웨인이 등장하는 카우보이 이야기의 배경으로, 플로리다산 오렌지가 겨울철 뉴욕으로 가는 통로로, 중서부의 비옥한 토양을 개발하려는 스칸디나비아 정착민을 실어 나르는 길로 기능하며 오랜 세월 근사한 신화를 제공해왔다. 제임스 제롬 힐의 삶이 철도의 확장 그리고 최적화의 절정과 마침 일치했듯이, 그의 죽음은 최적화의 쇠퇴를 예고했다. 이후 미국은 세계로 뻗어나가며 외국산 곡물에 대한 의존도를 높였다. 국제 사회에 대한 책무는 복잡해졌고 광범위해졌다. 힐이 사망하고 50년이 지났을 때, 미국은 자국 경제 역사상 가장 안정적이고 인상적인 성장을 구가하고 있었다. 이는 자국 내 생산성뿐 아니라 복잡하게 얽힌 국제 관계에 힘입은 것이었다.[6]

모든 것은 잘 돌아갔다. 아니, 그렇다고들 했다. 그러다 상황이 틀어지기 시작했다. 경제학자 타일러 카우언Tyler Cowen은 1980년대 이후의 시대를 "거대한 침체기The Great Stagnation"로 명명했다.[7]

고속 성장의 손쉬운 열매를 따던 우리가 이제는 정체기에 진입한 것이다. 100년 전 힐처럼 카우언 역시 미국의 생산성 하락을 우려했다. 달라진 게 있다면, 이제 열매는 모두 사라지고 신화만 남아 있다는 점이다.

최적화 신화는 최적화와 현실이 분리된 후에도 사라지지 않았다. 그리고 나에게는 페리를 타고 대륙에서 이 섬으로 들어온 지 한참 지나서까지 이어졌다. 네이선, 세이지와 다르게 나는 대륙을 영영 떠나온 것도, 빠져나온 것도 아니었다. 나는 수년 전 다 쓰러져가는 오두막을 한 채 사서 수리하고, 인맥을 쌓고, 기술을 익혔다. 열차에 올라 미국 전역을 누볐고 2년 후에는 다시 동부로 갔다. 그리고 그때마다 집으로 돌아왔다.

한번은 네이선에게 반 아울의 빵을 월마트에 입점시킬 생각이 있느냐고 장난으로 물은 적이 있다. 그는 웃더니 진지하게 대답했다. "절대 없어요." 네이선과 세이지의 빵집은 언제나 진심이다.

최적화와 떨어져 이곳으로 온 내 마음도 진심이었다. 그러나 나는 나의 이주가 의존적이었음을 알았다. 네이선과 세이지가 섬에서 빵집을 운영하기 위해 철도에 의존하는 것과 똑같은 이치로, 나는 여전히 믿고 있으나 궁극적으로 빠져나갈 대상으로서 최적화라는 시각에 빚지고 있다.

비단 나만 그런 건 아니다. 많은 사람이 새로운 무언가를 붙들려 하고 있으나 그게 무엇인지는 정확히 알지 못한다. 우리는 그저 메타포와 반대쪽 주장만 알 뿐이다. 가담하거나, 빠져나오거나다. 중간은 모든 게 불확실하다. 〈월 스트리트 저널〉 기사를 보면 최근 들어 '조용한 사직quiet quitting' 현상이 유행한다고 한다. 이는 잘리지 않을 만큼만 적게 일한다는 뜻이다. 한 청년은 이 개념을 이렇게 설명한다. "한계를 넘어 일한다는 생각을 거부한다. (중략) 일이 곧 삶이 되어야 한다는 허슬hustle 문화 중심의 사고방식을 더는 따르지 않는다." 기사에 따르면 많은 청년이 "생산성이 모든 것의 우위라는 생각을 거부한다. 그에 걸맞은 보상을 찾지 못하기 때문이다." 이처럼 효율성을 거부하는 것조차 효율성의 틀로 뒷받침된다. 그렇다면 이런 질문을 던질 수밖에 없다. 과연 보상은 무엇인가?

물론 과학적 도구로서 최적화는 여전히 유효하며, 앞으로도 계속 의학과 생물학, 일정 관리와 물류 등의 분야에서 발전 동력이 될 것이다. 하지만 세상을 조직하는 방법으로서는 지배력을 잃고 있다. 너무 오랫동안 우리는 제임스 제롬 힐이 하나로 엮어놓은 세상에 진 빚을 외면해왔다. 이제 그 빚의 만기일이 다가오고 있다.

최적화 메타포가 파열의 조짐을 보이기 시작한 데에는 그 핵심에 놓인 역설이 원인으로 작용한다. 우리는 최적화할수록 다른 방식으로 무언가를 할 수 있는 (그리고 볼 수 있는) 능력을 잃는다. 달리 말해, 어떠한 최적화에 결점이 있다고 한들 그것을 최적화의 한계 안에서는 바로잡을 수 없다…. 마찬가지로 최적화라는 발상 자체의 결점을 최적화의 틀 내부에서는 바로잡을 수 없다. 마치 철도처럼, 최적화도 집약하고 통합하는 힘이다.

이 역설을 극복할 수는 없을까? 진보와 합리성 그리고 최적화는 좋든 싫든 이 책을 읽는 모두에게 '귀속된' 유산이다. 이 유산은 우리에게 아주 많은 선물을 주었고, 동시에 비용을 부과했다. 이제는 이 시각이 무너지고 있지만, 그렇다고 통째로 폐기하기란 불가능해 보인다. 5장과 6장에서는 각자 한계가 있으나 두 가지 가능한 해법을 제시했다. 최적화를 더욱더 밀어붙이거나, 과거의 어느 기준으로 되돌아갈 때까지 최적화를 무효화하는 것이다. 하지만 두 방법 모두 이미 깨진 렌즈를 강화할 뿐이다.

샌프란시스코를 떠날 때 나는 출구를 찾고 있었다. 내 행동과 그것이 미치는 영향이 좀 더 연결되었다는 느낌을 받고 싶었다. 사방에 벽을 둘러 바람을 피하고 싶었다. 한마디로 내가 갈망한 것은 최적화 때문에 상실한 것들의 복권復權이었다. 이 갈망은 요즘도 이따금, 점점 더 다양한 방식으로 고개를 든다.

이 갈망은 덜 열띤 삶의 방식을 추구하는 형태로 표출된다. 그러한 삶의 방식이란 순전히 물질적이거나 경제적인 목적보다 심미적인 것에 대한 선호가 증가하는 형태다. 유형보다 무형의 것을 좇는 밀레니얼 트렌드인 '경험 경제experience economy'를 예로 들 수 있다. 이들에게는 롤렉스 시계보다 스카이다이빙 체험이 더 값지다. 둘 다 소비주의적 욕망에 기인하기는 매한가지이고 이런 트렌드가 몰락하는 제국의 조짐으로 치부될 때가 많은 것도 사실이나 여기에는 좀 더 심오한 의미가 깔려 있다. 경험은 그리 순수하게 정량화, 비교, 최적화의 대상이 되지 않는다. 경험의 가치는 공개 시장의 판단이 아니라 참여자의 주관적 이해에 따라 달라지기 때문이다.

이 갈망은 '조용한 사직' 현상에서도 보이지만, 부의 축적과 사다리 오르기라는 쳇바퀴에서 내려오는 행위, 즉 진정한 속도 낮추기의 형태로도 나타난다. 살기가 퍽퍽하고 뭔가가 바뀌어야 한다는 걸 직감한 사람들의 절망이 깊어지고 있는 데에서도 확인된다. 세계 시장의 종노릇을 거부하기 시작한 농부들에게서도, 쓸데없이 통계에만 의존하던 방식을 때려치우고 진정한 돌봄을 시작한 환경 보호 노력에서도 뚜렷이 감지된다.

만질 수 있고 구체적인 것을 좇고 장소를 되찾는 것을 지향하는 데에서도 이 갈망은 확인된다. 최근 들어 중앙 집권적 정책과 정부의 철학에 반대하는 포퓰리즘 운동이 힘을 얻고, 식당들이 로컬 푸드를 강조하고, 익명성에 갇혀 살아가는 데 지친 젊은이들이 종교적이든 비종교적이든 실체가 있는 공동체를 찾아 시골이나 교외로 하나둘 떠나는 흐름 속에서도 강렬하게 느껴진다. 작은 농장에서 직접 밀을 키우는 네이션의 집념에도, 잭슨에서 엄마들을 돕고 있는 아이샤 니얀도로의 노력에도 담겨 있다. 심지어는 기존 시스템에 내재한 취약성을 인정하고 강건성을 되찾으려 하는 기업들도, 복잡하게 얽힌 국제 관계에서 조금씩 벗어나려는 각국 정치도 이 갈망을 선명히 보여준다.

이러한 분리는 무관심한 거리 두기와는 다르다. 얼마 전 〈뉴욕 포스트〉 기사는 공공 설비에 의존하지 않는 삶이 더 이상 히피나 근본주의자만의 것이 아님을 밝힌다. "언뜻 듣기에는 우리가 알던 사회에서 물러나는 것 같으나 그렇지 않다. 그 반대다." 놈 복스Norm Vaux라는 사람은 이렇게 말한다. "나 같은 사람들이 자기 가치와 맞는 일을 하도록 내몰리고 있다. 나는 언제나처럼 세상과 잘 연결되어 있다."

이 갈망은 부분과 전체를 아우르려는 모색을 통해서도 표출된다. 기본 원칙들에 기반을 두고서 규모를 재보정하고 살피는 것이다. 《관료제 유토피아》에서 사회학자 데이비드 그레이버David Graeber는 시스템과 관료제가 주는 안정감에 관해 이야기한다.[8] 그런데 갈수록 우리는 일관성을 얻기 위해 그 안정감을 어느 정도 포기하려 들며 가끔은 그래야 한다는 압박감을 느끼는 듯하다. 우리의 돈이 어디로 흐르고 상품이 어디서 오는지를 이해하기 위해서 말이다. 온갖 추상화와 비디오 게임과 항우울제의 늪 한가운데, 진짜에 대한 갈망이 존재한다.

이토록 다양한 갈망의 표현들은 최적화의 정점을 특징적으로 보여주는 것들과 아주 멀리 떨어져 있다. 최적화는 상품화와 평준화를 통해, 선택권을 개인에게서 빼앗아 시스템에 쥐여주되 무한히 다양한 슈퍼마켓들, 실컷 소비할 수 있는 뉴스 기사들, 똑같은 포대에 담겨 있다가 100개의 다른 브랜드로 포장되는 설탕 형태로 여전히 '선택권'이 개인에게 있는 듯한 환상을 주입하며 성장했다.

제인 제이컵스는 이렇게 적는다. "사회가 지금보다 훨씬 가난했을 때에도 우리는 사회의 존속에 본질적으로 따라붙는 비용과 비효율성을 감당할 수 있었다. 어떻게 그게 가능했을까? 가난하지만 활기찬 문화가 지금도 존속할 수 있을까?"⁹ 아이러니하게도 최적화는 우리에게 다양한 선택지를 준 게 아니라 가짜 과잉을 주입했다. 제이컵스는 자신이 던진 질문에 이렇게 자답한다. 우리가 통제의 고삐를 늦춘다면 약간의 여유와 장소를, 혹은 "다양한 방식으로 문화에 들어맞고 보탬이 되는 다양한 개인들을" 되찾을 수 있다고. 즉 작은 집단들의 잉여성과 폐쇄성은 전체의 활력에 도리어 보탬이 된다.

오늘날 섬과 본토는 굼뜬 페리를 통해서만이 아니라 무수히 많은 방식으로 서로 연결된다. 언제나 그랬듯 사람과 물자와 질병이 섬과 육지를 오고 가며, 정보는 어느 때보다도 빠른 속도로 전달된다. 그러나 이곳 섬에는 여전히 본토 세상을 불편하게 받아들이는 풍습과 자기들만의 농담이 남아 있다.

최적화의 결점과 손실을 받아들이고 바로잡기 위해서는 섬도 본토도 잊어서는 안 된다. 작은 집단 내에서 정보가 생성되고, 밀집된 구역에서 상품이 재배되고 만들어질 때, 그 안에서는 놀라운 일들이 벌어진다. 그러나 그 구역을 너무 오랫동안 홀로 두면 정체되기 시작해 반향실 효과echo chamber(특정한 정보에 갇혀 새로운 정보를 받아들이지 못하는 현상—옮긴이) 혹은 그보다 더 나쁜 부작용이 발생한다. 그런가 하면 본토는 어마어마한 물량을 놀라운 속도로 생산해

내고, 고층 건물을 짓고, 아주 많은 사람을 먹이고도 남을 음식을 만들어내지만, 소음과 속도와 소란이 너무 오래 지속되다 보면 아무리 도시 생활에 익숙해진 도시인이더라도 약간의 고요함과 외딴 공간을 바라며 기계 밖으로 탈출할 궁리를 하게 된다.

―――――

철도는 그대로 남아 아직도 열차가 그 길을 따라 대륙을 횡단하고 있지만, 엠파이어 빌더의 시대는 종말을 고했다. 20세기 초, 최북단 철도 노선을 놓고 두 세력이 맞붙었다. 한쪽은 금융인 J. P. 모건의 지원으로 그레이트 노던 철도 회사와 노던 퍼시픽 철도 회사를 지배하던 힐이었고, 다른 쪽은 유니언 퍼시픽 철도 회사 소유주로 윌리엄 록펠러William Rockefeller(정유 회사 스탠더드오일의 공동 창업자이자 금융인―옮긴이)의 후원을 받는 에드워드 해리먼Edward Harriman이었다.

특히 쟁점이 된 부분은 시카고에 대한 접근권과 거기서 비롯되는 무역에 대한 통제권을 누가 가져가느냐였다. 해리먼은 노던 퍼시픽의 주식을 조용히 매입해 노선의 통제권을 장악한다는 계획을 꾸렸다. 이를 실행하려던 찰나, 계획을 눈치챈 힐이 J. P. 모건에게 알렸다. 모건은 곧장 전쟁을 선언했다. 모건과 동료들은 시장에서 노던 퍼시픽의 주식을 최대한 모조리 매입했고, 그 결과 노던 퍼시픽 주가는 주당 100달러 미만에서 1000달러 이상으로 뛰었다.

그렇게 힐과 모건, 해리먼과 록펠러가 맞붙었으나 어느 쪽도 문제의 노선을 장악할 만큼의 지분을 확보하지 못했다.

이 갈등은 영토를 놓고 벌어진 거물들의 싸움으로 손색이 없었으나 문제가 하나 있었다. 몇 년 사이 시장에 몰린 투기꾼들이 노던 퍼시픽의 주식을 공매도해둔 터였다. 주가가 계속 높게 유지되면 투기꾼들만 망하는 게 아니라 시장 전체가 위험했다.

결국 양쪽은 마지못해 합의를 봤다. 문제의 노선에 대한 통제권은 힐과 모건에게 돌아갔다. 그러나 둘의 승리도 오래가지 못했다. 1902년, 막 대통령으로 당선된 시어도어 루스벨트가 힐의 기업을 해체할 목적으로 법무부 사람을 파견한 데 이어 1904년 대법원이 끝내 기업 해체를 명령했다. 그러자 곧바로 대외 무역이 감소했다. 힐은 더 이상 유통 과정에서 경쟁력 있는 요금을 유지할 수 없었고, 일본과 중국을 상대로 한 무역이 40퍼센트나 감소했다. 모두가, 적어도 겉으로 보기에는, 손해를 본 듯했다.

1916년 5월 31일, 제임스 제롬 힐의 장례식이 열렸다. 정확히 오후 2시, 힐 노선을 달리던 모든 열차가 위치에 상관없이 5분간 정차했다. 힐의 전기 작가는 힐이라는 개인뿐 아니라 그의 시대를 바라보며 이렇게 결론을 내린다. "풍요는 인류 역사에서 늘 예외였지 당연한 규칙이었던 적이 없다." 힐 같은 사람들, "그들이 다시 필요해지는 순간 (중략) 우리 가운데 걸어 다니고 있을" 사람들을 탄생시킨 것은, 어느 정도 그 예외적인 풍요 덕분이었다.

철도가 호손 소설 화자의 평화로운 몽상을 깨트리고 서부 영화의 새 시대를 알렸듯이, 새로 수립된 정책들이 철도와 그것이 약속했던 영원한 풍요를 중단시켰다. 혹은 어쩌면 철도가 서부 연안까지 도달해 더 이상 갈 곳이 없어졌기 때문인지도 모르지만.

―――――

노스다코타에 사는 밥을 보러 갔다 오고 나서 7년이 지났다. 밥은 2년 전 유전자 변형 사탕무를 처음 심었다. 그사이 슈퍼마켓에 진열되는 GMO를 둘러싼 우려는 희미해졌다. 이제 비GMO 설탕을 고집하거나 사탕무와 사탕수수를 구별하려 드는 사람들은 줄어들었다. 나는 10년간 설탕 거래 계약을 맡아온 원자재 트레이더 친구에게 무슨 일이 일어났는지 물었다. 트레이딩 데스크도 한동안은 유기농과 기존 상품의 가격 차이를 유심히 지켜보았다. GMO 작물은 후자에 속한다. 두 유형의 작물은 지금도 별개로 취급되지만 친구 말로는 이제 의미가 없다고 했다. 대체 무엇이 변한 것인지 궁금했다. 친구는 심드렁하게 대답한다. "사람들이 관심을 끈 거지." 2021년 〈뉴욕 타임스〉에 걸린 'G.M.O.를 사랑하는 법 배우기 Learning to Love G.M.O.s'란 헤드라인은 친구가 말한 그 정서를 고스란히 보여주며 영양소와 소비자 입맛을 고려해 설계된 생산물을 예찬한다.

어쩌면 처음부터 이게 문제였는지도 모른다. 종자 회사가 농부의 편의를 고려해 재배하기 쉽게 종자를 최적화했을 때, 소비자들은 시큰둥했다. 그러다 소비자들의 관심에 맞춰 최적화하니 반발이 잦아들었다. 건강에 대한 우려나 작물 다양성의 상실에 관해서는 그러려니 한다. 그러니까 목적 함수를 바꾸기만 하면 되는 문제였다.

밥에게 로저의 안부를 묻는다. "사라져버렸어요." 밥이 말한다. "어디 있는지야 알지요. 미주리주 시골구석에 있는 자기 땅에다 트레일러를 두고 살아요. 샬럿도요. 그런데 여기서는 사라졌어요. 더 이상 오지 않네요."

나 역시 로저가 어디 있는지 안다. 예전에 한 번 그를 만나러 간 적도 있다. 그때도 그는 미주리주 시골 땅에 있었다. 2015년이었으니, 내가 레드 리버 밸리에서 사탕무 협동조합 작업장 회의에 참석했을 때였고, 밥과 오후마다 길게 이야기를 나누던 때였고, 수학적 모델 구축에 대한 낭만을 차츰 잃어가던 때였다. 그랜드 포크스와 한참 떨어진 미주리까지 가려면 습한 길을 장거리 운전해야 한다. 나는 후더운 날씨를 뚫고 끝없이 펼쳐진 길을 따라 로저에게 갔다. 친구 한 명, 촬영 보조 한 명과 함께 목적지에 도착했다. 우리는 로저가 사탕무 공장에서 임시 노동자로 일하던 시절에 관해 뭔가를 말해주리라 생각했고 그의 재담이 분위기를 밝혀주리라 기대했다. 한여름이었고, 바람 한 점 없이 뜨거운 적막을 깨트리는 건 파리 떼가 윙윙거리는 소리뿐이었다. 부산한 추수철을 앞둔 한가로움이 느껴졌다.

우리 넷은 유쾌하게 한참 동안 대화를 나눴다. 로저는 아이스티를 내왔고 우리에게 웃음을 주었다. 공장이나 캠핑카 노동자 생활에 관해 하고픈 말은 딱히 없다고 했다. 그냥 삶이었을 뿐이었다고. 오후가 무르익자 우리는 각자의 세계로 차를 몰고 떠났다.

8장

바빌로니아

이 이야기는 벌판에 바큇자국을 남기는 불도저로 시작했다. 다음으로 평원에 갔고, 고지대 사막에도 올랐다. 대륙을 가로질렀고, 페리에 올랐고, 이제 드디어 섬에 당도했다.

 아이작 뉴턴은 연금술의 신비하고 물질적인 힘을 활용하고자 했다. 그래서 수십 년 동안 녹색 용과 현자의 돌을 찾기 위해 자연에 감춰진 비밀을 밝혀내려 애썼다. 그러다 환멸 내지는 지루함을 느낀 나머지, 혹은 그저 나이가 들어서, 차츰 흥미가 시들해졌다. 아니, 어쩌면 그대로 땅속에 묻혔다. 시대는 실험 과학을 신비로운 비밀과 분리하는 쪽으로 나아가고 있었다. 뉴턴은 단조로운 대학 교수직에 머물렀다. 현자의 돌은 끝내 찾지 못했다. 연금술 연구는 훗날 그의 광학 연구에 실마리가 되어주었으나 오늘날 뉴턴을 대표하는 업적은 아니다.

'마지막 마법사' 뉴턴은 옛 연금술을 파고들다가 무심결에 최적화의 시대를 열었다. 뉴턴이 이 시대의 첫 선구자였다면, 제국의 건설자이자 '20세기의 산파' 제임스 제롬 힐은 마지막 선구자라 할 수 있다. 힐은 과거가 아니라 미래를 내다보긴 했지만, 일평생 철도 제국을 통합하려던 그의 노력은 결과적으로 미국 역사의 한 장을 마감하는 데 일조했다. 물론 최적화의 신화와 실천은 스타니스와프 울람의 컴퓨터 시뮬레이션, 앨런 길머의 지질도, 곤도 마리에의 정리정돈을 통해 힐의 시대를 훌쩍 지나서까지 지속되었다. 그러나 모두가 아는 철도를 땅에 심은 것은 힐이었다. 그가 대륙을 연결했고, 상업 시스템을 통합했으며, 그럼으로써 최적화의 발흥과 궁극적인 쇠락의 길을 닦았다. 경계가 닫히고 울타리가 공고해지자 기술로서 최적화는 더없이 탁월해졌다. 하지만 인식론으로서 최적화는 외부의 영향력이 고갈되어 안에서부터 잠식될 수밖에 없었다.

내가 대륙을 횡단하고 돌아온 것 역시, 이처럼 완성된 틀 안에 세상을 가두고 내부 공간을 점령해 이해하려는 충동에 기인한 행동이었다. 수학적 모델은 하나의 이야기와 크게 다르지 않다. 무언가를 틀에 가두려 할 때마다 잘 정돈된 직사각형 바깥의 것들은 일제히 흐려지기 시작한다.

힐은 자신이 이루어낸 시대 너머의 것을 보기가 힘들었다. 이후에 뭐가 올지에 대한 질문은 풀리지 않은 채 힐의 수혜자이자 채무

자인 우리에게 전가되었다. 어떻게 최적화의 성과와 손실을 받아들일 것인가? 여유와 장소와 규모를 어떻게 되찾을까? 효율성이 본토와 합병하고자 했던 섬들을 우리는 어떻게 구별 지을까? 처음부터 그런 섬들을 차지한 본토의 효율성은 어떻게 존중해야 할까?

지금까지 농업, 경제, 무역 같은 물질세계의 관점에서 이 질문을 다뤘다면 8장에서는 개인의 차원에서 질문을 던져본다. 우리는 최적화가 집어삼킨 관점들을 되찾을 수 있을까? 모두가 네이선과 세이지처럼 무작정 섬으로 들어가 그곳 땅을 경작하며 산다는 건 현실적이지 않을뿐더러 실용적이지 못하다. 그러나 앞으로 다가올 시대에 우리는 지식의 섬을 되찾고, 더불어 좀 더 인간적 규모의 이해를 복원해내야 한다.

노스다코타에서 우리는 진보의 바퀴와 거리를 두려는 밥을 지켜보면서 일종의 슬픔과 불만감을 목격했다. 그 슬픔은 오늘날 미국 전역이 나눠 가졌다. 고삐 풀린 성장이 우리를 위한 게 아니며, 값싼 생산물과 고층 건물처럼 숱한 최적화의 선물에도 불구하고 우리가 어느 정도 주체성을 상실했다는 감각이 만연하다. 또 우리는 앞선 장들에서 쌍둥이 같은 두 가지 욕구를 보았다. 하나는 샘 올트먼을 비롯한 기술 전문가들이 주장하는 방법으로 효율성을 강화해 불만감을 잠재우자는 것이고, 다른 하나는 제이슨 발데즈 Jason Baldes가 바라듯이 효율성에서 탈출하거나 그걸 총체적으로 무효화하자는 것이다.

그러나 문제는, 두 방법 모두 최적화의 우위를 영속화한다는 것이다. 첫 번째 방법은 탈최적화의 방법으로서 도리어 최적화를 공고히 하며, 두 번째 방법은 현시점에 가진 칩을 과거의 기준에다 몽땅 욱여넣는다는 점에서 최적화의 우위를 지속한다.

최적화를 강화하는 것도, 최적화에서 탈출하는 것도 답이 될 수 없다면 어떡해야 할까?

―――

켄터키 북부에 미래가 있다면 얼마나 좋을까. 2019년 아마존 에어 물류 허브 프로젝트가 착공하던 날, 제프 베이조스는 적재기에 올라타 착공 기념으로 직접 흙더미를 떴다. "흙을 옮겨봅시다!" 보잉 선글라스를 끼고 흰 셔츠를 입은 베이조스는 환호하는 몇몇 경영진 앞에서 이렇게 외친 다음, 촬영 준비를 마친 존디어John Deere 농기계 쪽으로 성큼성큼 걸어갔다.

2020년 내가 그곳을 방문했을 때 보았던, 불도저에 탄 남자는 무슨 생각을 하고 있었을까. 자신이 밀어야 하는 지층을, 옮겨야 할 흙더미를 생각하고 있었을까? 그의 가족이, 어쩌면 할아버지가 그 땅에서 농사를 지었을까? 그는 부업으로 기계를 다루는 걸까? 어쩌면 그의 어머니와 친척들이 남은 농장 땅을 몽땅 팔아버렸는지도 모른다. 내가 엉뚱한 쪽으로 상상의 나래를 펼치는 것일 수도 있다. 어쩌면 그의 아버지는 석탄 공장의 야간 관리자였을 수도. 차를 몰고 강가를 지날 때마다 아버지가 일하던 공장을 식히고 밭을 해갈해주던 물에 대해 생각하려나? 아니면 나처럼 그도 나를 보며 상상에 빠졌는지도 모른다. 새하얀 조리대에 중국산 부품을 가져다 이탈리아에서 조립한 에스프레소 머신을 올려놓고 사는, 해맑은 연안 출신의 사람을 떠올리면서. 혹은 일부 부품을 교체해야 하는 자기 불도저나, 항공 물류 허브가 창출할 일자리 규모와 발전시킬 역사를 다룬 신문 기사를 생각하는지도 모른다.

아마존에어 물류 허브는 폐허 위에 지어지고 있다. 불도저 운전사가 밟고 선 폐허 밑에는 옛 정착민들의 폐허가, 이 지역에 처음 터를 잡았던 주민들의 폐허가, 사람이 살기도 전의 폐허가 층층이 쌓여 있다. 폐허는 지금까지 우리 입에 오르내리는 이야기들로까지 거슬러 올라간다. 어느 이야기에 따르면 바빌로니아에서 복권은 단순한 확률 게임으로 시작된다. 표를 판매하고 나면 제비뽑기로 승자가 정해지고 상금이 수여된다.

아르헨티나 작가 호르헤 루이스 보르헤스가 단편 〈바빌로니아의 복권〉에서 묘사하듯 이 게임은 얼마 안 가 진화하기 시작한다. 이제는 상금과 함께 처벌도 가해진다. 모두가 의무적으로 추첨에 참여해야 한다. 복권 추첨은 갈수록 만연해져 나중에는 일상의 모든 요소가 뽑기로 결정된다. 사소한 일과 삶의 전환 하나하나를 복권이 좌우한다.[1]

초기에는 복권에 당첨되면 와인 한 병 또는 새집을 얻을 수 있었다. 판돈은 시간이 지날수록 커진다. 운명이 뒤바뀔 정도로. 와인 한 병을 내놓을 수도, 아니면 농가 한 채를 내놓아야 할 수도 있다.

어느 날 갑자기 부유한 상인이 될 수도, 거지가 될 수도 있다. 사형을 선고받을 수도, 아니면 왕위에 오를 수도 있다.

복권 추첨은 '회사'라는 비밀 단체가 운영한다. 처음에는 "우연의 강화, 우주에 혼돈을 주기적으로 주입하는 것"을 목표로 삼지만, 복권의 영향력이 갈수록 커지자 '회사'는 비단 추첨의 결과만이 아니라 개인의 운명을 이해하는 방식 자체를 통제하기 시작한다. 나중에는 '회사'가 전능하다는 믿음이 모든 것을 집어삼킨다.

화자는 경외심을 숨기지 않는다. "나는 그리스인이 알지 못했던 것을 알았다. 그것은 바로 불확실성이었다. (중략) 나는 바빌로니아 사람들 누구나 그랬던 것처럼 총독이었고, 누구나 그랬던 것처럼 노예였다."

그런데 균열이 가시화되기 시작한다. 역사학자들은 역사책을 다시 써야 하거나, 미래는 물론 과거를 향해 가지를 뻗치는 결과들의 가능성을 고려해 책을 완결 지을 수 없다. 이 균열을 잘 알고 있는 화자는 도리어 믿음을 더욱 굳힌다. 그 믿음이 진심에서 우러난 것인지 아니면 모순으로 물든 것인지는 모호하다. 그의 속내를 알 길은 없다. 어느 쪽이건 그는 모든 것을 한데 모으는 복권의 힘을 표현하는 언어로 말하고 있다.

부에노스아이레스에 태어났으며 천천히 시각을 잃어 50대 중반에 완전히 실명한 보르헤스는 단 하나의 시각, 세상을 통제하고자 설계되었으며 불안을 잠재우는 동시에 자극하는 시각의 억압을 우리에게 다시금 일깨운다.

이는 우리 시대에 퍼져 있는 불만감과도 닿았다. 최선이 주는 약속, 그리고 그보다 못한 무언가를 선택할 때 발생하는 두려움 앞에서 우리는 그런 감정을 느낀다. 우리는 어차피 모든 건 '회사' 같은 외부 세력이 통제하는 것 아니냐고 신경질적으로 주장해버릇한다. 시스템을 최대한 이용하고, 되도록 빨리 부자가 되고, 크게 이기고자 하는 욕구가 달력을 구겨버리고 아이들과 사랑하는 사람들, 몇 가지 소유물만 챙겨 산속 깊이 떠나고 싶은 욕구와 공존한다. 이 불만감은 우리가 극단적으로 치닫지 않도록, 그 대신 연중 단 이틀이라도 '정신 건강'을 위한 휴일을 떼어놓도록, 명상하고 계단으로 다니고 전체를 조망해보도록 회유한다. 그러나 결국 우리가 통제할 수 있는 건 이 정도뿐이다.

우리가 통제할 수 있는 것은 더 이상 없다. 완벽한 정복과 후퇴의 추구라는, 두 가지 불가능한 극단 사이에는 이토록 불편한 중간 지대가 존재한다. 우리의 불만감은 고여 있는 중간 지대에 뿌리내리고 있다.

오랫동안 최고의 상태에 머물 수 있는 사람은 없다. 빠져나가기도 힘들다. 우리는 최적화의 세계를 영영 떠날 수 없다. 어쩌면 그러기를 원치 않는지도 모른다. 우리의 생계와 삶의 질, 사람들과 맺는 관계와 세상을 이해하는 방식 모두 최적화에 기대고 있기 때문이다. 록 밴드 이글스의 노래 〈호텔 캘리포니아 Hotel California〉의 가사 한 대목처럼 "언제든 체크아웃할 수는 있어도 영원히 떠날 수는 없다".

보르헤스 단편의 화자는 도시 밖으로 가는 배에 오른다. 그의 떠남이 도시를 장악한 '회사'의 힘을 보여주는지 아니면 그 힘의 한계를 보여주는지는 모호하다. 〈바빌로니아의 복권〉은 점점 팽창하는 효율성의 문화 속 마비 상태를 그려낸다. 우리는 그 문화의 붕괴를 감지하고 있으나 이후에 뭐가 올지 밝혀내지도, 현재의 각본을 폐기하지도 못하는 무력감을 느낀다.

―――――

지금까지 우리는 수학적 발상이 어떻게 문화를 형성하는지를, 또 반대의 과정도 살폈다. 클로드 섀넌이 말한 정보의 정량화는 불확실성을 세분화해 활용하도록 만들었고, 존 스튜어트 밀의 완전한 사회 개념은 경제학자들의 방정식으로 표현되었다. 스타니스와프 울람의 솔리테어 게임은 확률에 대한 인식의 틀을 형성했으며, 곤도 마리에에게 찾아온 영감은 우리의 물질세계를 정돈하는 기술을 창조했다.

어떤 사람들은 제임스 제롬 힐의 제국 건설을 이어가고, 결점이 있는 최적화를 받아들이는 통합된 이론을 세우고자 수학을 도구 삼아 방법을 모색하고 있다. 자포스가 추구하고, 샘 올트먼이 전파하고, 허브 사이먼이 실험하고, 반핵 운동가 에드 그로서스가 어쩌면 그저 저항하는 형태로 전도하는 것이 바로 그런 것들이다.

반대의 경우도 보았다. 끈질긴 의심과 탈출의 욕망을 보여준 보르헤스 단편의 화자가 대표적이다. 가능한 모든 것 중 최선의 세상에 살고 있다는 팡글로시안적 불가능성에 직면하자 정원 가꾸기를 선택한 캉디드를 통해서도 이를 확인했다. 섬에서 자기 땅을 손수 돌보는 네이션과 세이지를 통해서도 보았다. 당당하게 흐름을 거스르며 원대한 꿈을 꾸는 밥과 제이슨을 통해서도 이 모습을 일별한다.

대지로 돌아가자는 히피와 자유주의적 대비주의자libertarian prepper(자유주의를 신봉하면서 재난의 때에 대비해 식량 등을 비축해두는 사람들—옮긴이)의 동력도 여기에 있다. 시골 깊숙이 들어가 자급자족하자는 것은 전통적으로 기계화 시대의 문제들에 대한 미국적 해답이었다. "L.A. 고속 도로를 훌쩍 떠날 수만 있다면."[2] 텍사스 작곡가 가이 클라크Guy Clark는 걸걸한 목소리로 이렇게 한탄한다. 야생은 산업화의 해방구가 되어준다. 이 논리는 거꾸로 뒤집어도 유효하다. 고전 서부극 속 요란한 철도 소리는 변방 지대의 목가적 백지상태에 삭막한 열린 결말의 마침표를 찍는다.

이러한 결말, 이러한 탈출은 전혀 만족스럽지 않다. 레오 마크스가 《정원 속 기계》에서 지적하듯, 미국 문학에서 자연으로의 후퇴는 기계에 장악당한 세상에서 유일하게 유효한 해법으로 여겨진다. "결국 미국식 영웅은 죽음을 맞이하거나 사회로부터 철저히 소외되고 만다." 나아가 마크스는 이렇게 말한다. "목가적 우화에 등장하는 해법들이 불만족스러운 이유는 화해의 옛 상징이 지금은 쓸모없어졌기 때문이다." 달리 말해 미국식 우화가 닫힌 결말에 이르지 못하는 이유는 진보의 바퀴가 불만감을 해소하는 게 아니라 차단하거나 지연하는 데 그치기 때문이다. 아마존에어 물류 허브의 불도저 운전사가 계속 벌판을 갈듯이, 진보의 바퀴는 불만감을 차단하거나 지연하면서 언젠가 새로운 폐허가 될 것들을 지어 올린다. 대기업들의 보증과 재보증을 거쳤으며, 정부 고위층이 권고하고 승인하여, 가장 신뢰받는 전문가들에 의해 관리되는, 미리 설계되고 확정된 계획을 충실히 따르며.

―――

아마존에어 물류 허브에 방문하기 5년 전인 2015년 여름, 나는 노스다코타에서 샌프란시스코로 돌아갔다. 청소년기 대부분을 보냈던 샌프란시스코에서는 그 무렵 기존의 부자들이 새로운 테크 붐에 자리를 내주고 있었다. 성인이 되고 나서는 도시 자체가 최적화의 중심이 되었다. 그리고 지금, 나는 또다시 이 도시에서 어느 파티에 가는 길이었다.

  10년도 더 전에 친구의 친구에게 초대받아 똑같은 언덕 꼭대기에서 사뭇 다른 모임에 참석했던 일이 떠올랐다. 때는 1990년대 말이었고 모임을 주최한 사람들은 올드 가드old guard의 10대 자녀들이었다. 이 도시가 기술에 장악당하기 전까지 올드 가드는 배우, 미스터리 소설가, 서부 연안 부유층의 후손을 의미했다. 친구는 하얀 스투코가 발린 저택으로 나를 안내해 현대 미술품으로 장식된

벽과 폭신한 카펫, 반짝이는 샹들리에를 보여주었다. 보안 요원을 부를 수 있는 버튼이 있었고, 다른 버튼을 누르면 가정부가 왔다. 잘 다듬어진 산울타리와 담쟁이덩굴에 둘러싸인 바깥 정원에 저녁 안개가 내려앉아 있었다. 그때까지 동부 연안에 가본 적도, 《위대한 개츠비》를 읽어본 적도 없었으니, 1999년의 나에게 미국의 부가 무엇이냐고 묻는다면 바로 그때 그 모습이라고 대답했을 것이다. 나는 내가 속한 세상이 아니란 걸 절실히 느끼며 모든 걸 흡수했다. 모임에 온 사람은 쉰 명쯤, 혹은 더 많았을 수도 있다. 20세기가 저물어가던 그날, 젊은 우리는 술에 취해 누구의 방해도 감시도 받지 않으며 대리석 주방에서 요란하게 유리잔을 부딪쳤다. 아마 저택의 다른 공간에서 어른들이 화려하게 생긴 샴페인 잔을 부딪치고 있었을지도 모르지만, 누구도 그 사실을 알지 못했거나 신경 쓰지 않았다.

이후 10년 동안 크레인이 샌프란시스코를 들쑤셨고, 고층 콘도가 세워졌고, 스카이라인이 몰라보게 달라졌다. 새로운 유형의 부가 쏟아졌다. 15년이 지난 지금, 나는 그때 그 언덕에 와 있었다. 이날은 10억 달러 규모의 테크 인수를 축하하는 파티에 참석하러 젊은 CEO 집에 방문했다. 으리으리한 거실 벽에는 이렇다 할 장식이 없었다. 복도에는 밋밋한 함몰형 LED 조명이 켜져 있었다. 대화의 화젯거리는 한 스타트업의 가치 평가에서 느닷없이 늦은 오후 교외 주택지를 통과하는 통근 열차로 옮겨 갔다. 따분하기도 하거니와 호기심이 발동해 먹을 것을 찾아 냉장고를 열었다. 안에는 탄산수와 먹고 남은 고가의 테이크아웃 음식이 전부였다. 비싼 위스키는 보관장에 자랑처럼 전시되어 있었다. 난방이 들어오는 창고에는 휘황찬란한 차 두 대가 주차되어 있었다. 새로운 부의 세대는 이렇게 옛 저택에 불법 거주자처럼 살아가고 있었다.

나는 메스꺼움을 느꼈는데, 이 모든 것을 창조하는 데 내 몫도 없지 않다는 걸 알아서이기도 했다. 나는 파도를 타고 축제를 함께 즐긴 사람이었다. 얼마 남은 음식을 빼면 나에게 남은 것은 없었지만 말이다. 샌프란시스코 그리고 그 너머의 우리는 이전 시대의 저택을 재단장하는 데 실패했다. 없애야 하는 것을 뜯어내지도 못했고, 우리 힘으로 무언가를 짓는 데에도 실패했다. 우리는 그저 마비된 상태였다.

저택을 떠난 건 새벽 3시쯤이었다. 나는 6~8킬로미터를 걸어 내가 살던 아파트까지 갔다. 그 결정은 내 의지처럼 느껴졌으나 돌이켜 생각해보면 다른 선택지가 없기도 했다. 나의 구식 휴대폰에는 앱이 없었고, 저택 근처에 택시는 다니지 않았으며, 버스 노선은 대부분 자정 무렵 운행을 중단했으니까.

나는 그곳을 떠나왔으나, 이 이야기는 나를 떠나지 않았다. 이제는 한때 가장 맹렬히 최적화를 좇던 사람에게서 그와 유사한 절망감을 듣는다. 2022년, 스타벅스 CEO 하워드 슐츠가 매장 전면 개방을 철회하려 한다고 말하는 영상이 공개되었다. 폭력이 심각한 수준에 이르렀다는 거였다. 바리스타들이 위협감을 호소했다. 사람들은 아무것도 사지 않으면서 그냥 매장에 들어왔고 화장실에서 마약을 했다. 반면 스타벅스의 드라이브스루와 선주문 사업은 승승장구했다. 영상 속 슐츠는 사람들이 스타벅스 제품을 좋아하는 것과 별개로, 회사와 집 말고 제3의 공간, 한때 스타벅스가 제공했던 그런 장소에 대한 필요성이 이제 사라졌다고 말한다. 이제 남은 것은 회사 사무실, 그리고 갈수록 근무 장소가 되어가는 집뿐이다. 최적의 경로는 집에서 회사, 회사에서 집으로 가는 것이다.

스타벅스는 품질이 우수하고 예측할 수 있는 상품으로 성공을 거둔 뒤 미국 전역으로 퍼졌다. 2021년 기준으로 미국에만 1만 5000여 곳의 스타벅스 매장이 있었다. 알래스카주 페어뱅크스나 관타나모만까지 진출했다. 많은 나라에서 스타벅스는 사람들의 모임 장소가 되었다. 안전하고, 아주 비싸지 않으며, 음료와 음식도 신뢰할 만하기 때문이다. 스타벅스는 공급망을 효율적으로 최적화한 것으로 유명했고, 이후 소형 커피점들이 스타벅스의 방법을 모방한 결과, 전 세계 커피의 품질과 접근성이 급격히 좋아졌다.

세상에 공개된 슐츠의 발언은 간소화된 앱과 공급망, 그리고 공동체와 교류를 바라는 인간적 요구 사이의 거리가 점점 멀어지고 있음을 보여준다. 둘이 만나는 지점, 즉 전국으로 퍼진 제3의 공간이 제 기능을 못 하고 있다. 7장에서 살펴보았듯 간소화와 국지화, 통제와 탈출이라는 양극 사이에는 긴장과 상호 의존성이 동시에 존재한다. 양극은 서로가 필요하다. 섬에는 철도가 놓여야 하고, 철도는 섬이 있어야 의미가 있다. 글로벌 공급망과 동네 빵집이 타협하게 된 이유이기도 하다. 그런데 이걸 개인 차원에서는 어떻게 받아들여야 할까? 최적화로 마비 상태에 빠지고 최적화의 붕괴에 직면한 우리가 어떻게 이 긴장을 풀고 새로운 중간 지대를 발견할 수 있을까?

나는 다음과 같은 역설을 인정한다면 진전이 있으리라 생각한다. 통제 없이 탈출할 수 없고 후퇴의 가능성 없이 통제할 수 없다는 역설 말이다. 우리가 불법 점거한 저택과 항공 물류 허브가 지어지는 땅 밑에 층층이 쌓인 폐허들을 인정하지 않는다면 앞으로 나아갈 수 없다. 이제 우리가 해야 할 일은 완전한 화해나 해체가 아니라, 바라보는 시각을 선택하는 것인지도 모르겠다.

―――

아이작 뉴턴은 나이가 들어 뚱뚱해졌다. 머리는 산발이 되었고, 공연히 동료나 낯선 사람에게 시비를 걸었다. 결국 연금술에는 관심을 끊었다.

역사학자 토머스 쿤에 따르면, 거대한 전환은 현재의 이론에서 발생하는 사소한 변칙과 함께, 처음에는 조용히, 그러다 좀 더 열띠게 시작된다.[3] 쿤이 보기에는 바로 이 최초의 어긋남이 가장 중요하다. 이후에 뒤따르는 격변과 혁명, 새로운 이론으로의 종합이 아니라, 조각들이 어딘가 딱 맞아떨어지지 않는 듯 보이는 순간이 더 중요한 것이다.

뉴턴은 새로운 시대의 도래를 의도한 적이 없었다. 일부 전기 작가들은 그의 연구에서 통일성과 세계의 종합에 대한 추구를 발견한다. 한편 윌리엄 뉴먼 같은 작가들은 뉴턴을 "통제 불가의 천재", 깊은 호기심의 소유자이자 과학적 통찰력 측면에서 미다스의 손을 지녔던 사람으로 바라본다. 이런 관점에 따르면 뉴턴은 통일이나 종합을 추구했던 게 아니라 연금술 연구의 미진한 부분을 파헤치다가 우연히 그것과 마주한 셈이다.

하지만 그런 뉴턴도 종합 속에 틈이, 예외가, 연금술의 신비한 공식이 실험 과학과 온전히 융화하지 못하는 공간이 존재해, 신이 없는 일종의 진공 상태가 생겨날 수 있다는 사실을 인정하기 두려워했다. 뉴턴은 신앙과 관련해 심오하고 때로는 이단적인 의문을 품었으나, 데카르트가 제안한 것과 같이 세상을 설명해주는 의자에서 신의 영향력이라는 다리 하나를 제거하자는 일종의 환원주의적 사고를 여전히 경계했다.[4] 의자가 기울 수 있고 앉으면 흔들릴 수는 있으나, 다리 하나를 없애버리면 의자 전체가 무너지기 때문이다.

제임스 제롬 힐 이후 시대에 우리는 뉴턴이 개인적으로는 믿지 않았음에도 두려워했던 그 진공 상태에 놓였다. 동시에 최적화가 엄격해지면서 기계와 결정론적 세계에 대한 의존도는 더욱 커졌고 효율성의 신화는 더욱 공고해졌다. 우리는 최적화가 측정할 수 있게 모든 것을 액면가로 환원했고, 그럼으로써 진심으로 모든 걸 믿고 동시에 무엇도 믿지 않는 양극단 사이에서 동요하고 있다.

이와 유사한 딜레마가 보르헤스 단편의 화자를 마비 상태에 빠트린다. 그는 복권을 통제할 수도, 거기서 달아날 수도 없다. 할 수 있는 것이라고는 도시 밖으로 가는 배에 올라 '회사'가 창조한 언어로, 모든 걸 집어삼키는 '회사'의 힘을 향해 말을 건네는 수밖에 없다.

하지만 이야기는 여기서 끝나지 않는다. 그의 말은 마지막이 아니다. 수백 년이 흐른 지금, 우리는 역사를 알고 있다. 장소로서의 바빌로니아는 무너졌으나, 이야기로서의 바빌로니아는 계속되고 있다.

―――

어쩌면 해법은 더 속도를 내는 것도, 탈출하는 것도 아니라 이야기를 어떻게 발화할지 선택하는 데 달렸는지도 모른다. 이 선택에는 일종의 믿음이 필요하다. 시스템에서 빠져나오거나 그에 맞서는 게 아니라, 맹종 아니면 완전한 후퇴를 요구하는 최적의 틀 자체를 버리는 차원에서의 거부가 필요하다.

그게 현실에서는 어떤 모습으로 나타날까? 최선의 것만 찾아다니는 대신 능동적으로 일이나 직업을 선택하는 것, 선택을 기계에 맡겨야 한다거나 아무래도 상관없다는 주장에 굴하지 않는 모습을 의미할지도 모른다. 계산된 효용과 허무주의적 탈출 둘 다에 저항하는 믿음에 전념하는 모습일 수도 있다. 과거의 신화나 이야기가 더 이상 제구실하지 못한다면 새것을 만들어내는 선택일 수도 있다. 아니면 단순히 세상을 통제나 숭배의 대상으로 보는 시각을 덜어내는 것일 수도 있다.

나는 딱히 종교적인 사람은 아니지만 뉴턴의 입장에 동의하는 편이다. 현대의 합리주의자는 최적화의 공모자로 기능해왔다. 그들은 우리에게 이성의 영역에 있는 것만이 가치 있다고 가르치는 해악을 끼쳤다. 종교의 다양한 모순점들과 접근 방식을 증명함으로써 우리를 순수 이성의 틀에 가두었다.

그러나 수십 년 전 우연히도 새로 지어지는 아마존에어 물류 허브에서 불과 몇 킬로미터 떨어진 곳에서 생활하며 농사를 지었던 작가 웬들 베리Wendell Berry가 합리주의자에 대항하여 말한 바대로 "우리가 지식의 반경을 멀리 넓힐수록 미스터리의 둘레는 커져만 갔다."

그러니 괜히 무신론자를 탓할 필요는 없다. 그들은 그저 거인의 어깨에 서 있었을 뿐이다. 이 모든 것은 참 아이러니하게도, 지극히 종교적인 충동, 한 사람의 운명을 아는 것에 관한 불안, 또 개인과 사회의 운명을 개인이 좌우하고 일상의 경험을 수학의 자기 충족적 틀과 연결 지으려는 욕구에서 출발했다. 최적화를 쌓아 올린 충동과 불안이 그것을 해체하는 데에도 이바지한 셈이다.

―――――

푸르른 2020년 9월, 나는 아마존에어 물류 허브에서 출발해 말

방목지와 스트립 몰을 지나 언덕에 베어놓은 풀 내음을 맡으며 캔자스주 평원에 들어서고 로키산맥을 오른다. 도로에서 몇 킬로미터 떨어진 캠핑장에서 하룻밤을 청한다. 밤공기는 조금씩 서늘해지고, 나는 트럭에 얹은 캠핑용 지붕에 쏟아지는 폭우 소리를 들으며 잠든다. 다음 날 아침, 식사하러 몬태나주 미줄라에 잠시 들른 뒤 계속 차를 몰아 스포캔을 지난다. 잠깐 무지개가 고속 도로 위에 뜬다. 90번 주간 고속 도로가 흐려진다. 비 내리는 아스팔트 도로에 시애틀의 교통 체증이 더해진다. 교통 체증과 잿빛 도로에서 벗어난 시각은 오후 5시 무렵이다. 가을 태양이 스카짓 밸리에 내리비친다. 부드러운 들판에 나른한 분위기가 감돈다. 나는 주유하러 잠시 멈췄다가 다시 출발해 도로 끝까지 간다. 끝에 있는 페리 터미널이 집으로 가는 마지막 구간이다.

1만 6000킬로미터 가까이 차를 몰며 대륙을 누비고 돌아온 섬은 동물이 사는 굴처럼 고요하고, 낮게 떠 있는 태양이 스멀스멀 저물고 있다. 지금 나는 샌프란시스코의 생기와도, 아마존 공사장에 바큇자국을 새기는 불도저 운전사와도 멀리 떨어져 있다. 청명한 가을날 본토가 바라다보이는 이곳에서, 섬에 조금이라도 살아본 사람들이 으레 그러하듯 안도감과 그리움을 동시에 느끼며 앞으로 무슨 일이 생길지 잠시 생각해본다.

처음에는 세상을 경계 짓고 탐색하며 최선의 것을 찾아내는 수학을 향한 경외감이 나를 움직였다. 그러나 많은 이야기와 도로를 지나온 끝에 나는 미처 계산할 수 없었던 태도와 방식으로 섬에 이르렀다. 내가 끝내 탈출에 성공해 정착할 장소를 재발견했다고 말한다면야 참 깔끔한 이야기로 끝나겠지만, 그건 절반의 진실일 뿐이다.

진짜 진실은 내가 로저도 제이슨도 아니라는 사실이다. 나는 밥도, 캉디드도, 웬들 베리도 아니다. 히피도 아니며 운동가도 농부도 아니다. 나는 사냥이나 고기잡이를 하면서 또는 장작을 패면서 자라지 않았다. 커서야 그런 것들을 배웠다. 나는 오랜 세월 최적화에 빠져 살아왔고 지금은 자족하는 농부가 되고 싶은 사람이다.

그런데 한편으로는, 다리도 정지 신호등도 없는 이곳까지도 아마존이 이틀 만에 물건을 배송해준다는 것 또한 진실이다. 우리는 본토의 자원을 소비하며 그곳과 이어져 있다. 나는 요즘도 이따금 컨설팅 프로젝트를 맡아 대기업과 일하며 거창한 아이디어를 다룬다. 멀리 출장을 가기도 한다. 지금도 설계와 모형과 활용에 대한 충동을, 그리고 계속 차를 몰아 지도의 한계 너머로까지 후퇴하고픈 욕망을 느끼며, 그 사이에서 양극단 모두에 끌린다. 생각해보면 내가 한때 최적화를 낭만화했듯 그것으로부터의 탈출을 낭만화하기도 했다는 사실을 인정해야 할지도 모르겠다.

그러나 결국 이야기는 내가 나의 장소와 캐릭터를 선택한 후에야 말이 되기 시작했다.

―――――

이 책은 불도저를 탄 남자 옆에서 제단과 폐허를 찾아 떠나며 시작되었다. 백지상태의 대륙에서 우리는 기념물들을 부수고 새것을 짓는다. 아메리카들소 수백만 마리를 학살하고 땅을 말끔히 정돈된 구획으로 나눈다. 한 세기가 지나서는 울타리를 다시 허물고 사라진 아메리카들소를 되찾으려 하고 있다. 변방 지대에 막이 내려가고, 철도가 놓인다. 최적화 기술은 우리에게 기적과 공장 라인과 공중 크레인과 난방이 되는 차고를 주었다. 동시에 꽉 찬 일정과 곤두선 불안을, 숨 가쁜 쳇바퀴를 주었다. 그리고 이런 질문을 남겼다. 이제 뭘 짓지?

샌프란시스코는 바빌로니아처럼 오래된 곳은 아니다. 오늘날의 복권은 바빌로니아 복권만큼 우리의 숨통을 조이지 않는다. 그러나 미국이 뒤늦게 최적화의 시대에서 빠져나오고 세상이 조금씩 최적화의 신화와 작별하고 있는 지금, 그 신화는 움켜잡거나 무작정 부정할 대상이 아니라 생산적인 폐허이자 새로운 것을 지을 토대, 우리가 선택할 수 있는 대상이 될 수도 있다.

최신 항공 물류 허브 계획이 실패로 돌아갔다고 한다. 보도 자료에 따르면 "안타깝게도 항만 당국과 아마존이 합의에 이르지 못했기" 때문이다. 누군가는 정부를, 누군가는 아마존을 탓한다. 공급망에 원래부터 있던 허점을 지적하고, 공공 부문의 비효율성과 민간의 탐욕을 손가락질한다. 뉴스에서는 불경기에 접어들지 모른다며 호들갑을 떤다. 하지만 걱정하지 말라고도 한다. 그런 건 다 경기 순환의 일부이며 흔히 있는 지연이자 부침이라고. 새로운 것을 계속 짓고 있으면 모든 걸 궤도에 돌려놓을 수 있다고.

그렇지만 현장의 진실은 거짓말하지 않는다. 성장은 정체되었고, 소포는 제때 도착하지 않으며, 겨울이 코앞이라는 느낌이 짙다.

이러한 지체에는 아마도, 정말 아마도, 전혀 다른 이유가 깔려 있는지도 모른다. 아마존이나 정부 또는 불경기를 탓할 문제가 아닐 수도 있다. 어쩌면, 이 모든 게 사소한 단계 하나에서 천천히 시작되었을 수 있다. 이를테면 답하지 않은 이메일이나 숲에 난 길 때문에. 어쩌면 켄터키주 어딘가에서 불도저 운전사가 잠시 한눈을 팔았을 수 있다. 그가 개밋둑 앞에서 불도저를 멈추고 9월의 푸른 하늘을 보며 문을 열고 바깥으로 나왔을 수도. 셔츠 주머니에 넣어둔 담뱃갑에서 담배를 하나 집어 피우며 걷기 시작했을 수도. 언덕을 내려가 스트립 몰과 말 방목지를 지나고 고속 도로를 따라 걷다가 강가에 도착했을 수도. 정말 그랬을 수도 있고, 마음속으로만 그랬을 수도 있다. 어쩌면 우리 모두, 어떤 식으로든 소소하게 아마존에어 물류 허브와 멀어졌는지 모른다. 어쩌면, 내가 그랬던 것처럼, 자동차에 시동을 걸어 도로를 차례로 지나 주간 고속 도로에 이르렀는지도. 오자크 언덕을 오르고, 캔자스 평원을 지나고, 로키산맥을 가로질러, 천천히 집으로 돌아갔는지도.

감사의 말

먼저 탁월한 편집자 코트니에게 오랫동안 인내심과 통찰력을 발휘해준 것에 깊은 고마움을 전한다. 이 책의 아이디어에 불을 붙여주고 열정과 지성으로 끝까지 일을 맡아준 에이전트 질리언에게도 고맙다. 뒤죽박죽이던 원고들을 읽어준 마누엘에게, 그의 친절함과 직관의 깊이에 감사를 표한다. 10년 전 이 책의 작업을 막 시작했을 때부터 응원해주고 초기 원고들에 과분한 마음과 생각을 보태준 제시카에게 고맙다. 너그러운 보조금으로 연구와 여행 경비를 충당하게 해준 슬론 재단에 감사하다. 엄마와 아빠, 할머니에게도 이루 말할 수 없이 감사하다. 이 밖에 원고를 읽어주고, 아이디어를 주고, 사람을 소개해주고, 아니면 그저 내 말을 들어준 사람들, 새시와 앨릭스, 케이시, 스테퍼니, 레인, 로라, 엘코에 사는 크리스, 롭, 크리스티, 다니엘라, 조에게, 또 이대로 원고가 출간되기로 정해진 지 한참 지나서야 밤늦게 불현듯 이름이 생각날 사람들에게 모두 감사하다.

그동안 나와 대화를 나누며 자신들의 삶과 생각을 공유해준 사람들, 이 책에 이름이 실렸거나 실리지 않은 모두에게 감사의 말을 전한다.

주

머리말

1. Ching-Ching Ni, "Mangled WTC Steel Bought by China," *Chicago Tribune*, January 26, 2002.
2. *The Wall Street Journal*'s Markets data about Amazon, www.wsj.com/marketdata/quotes/AMZN/financials/annual/income-statement 참고.
3. 신시내티/노던 켄터키 국제공항의 이점에 관한 정보는 공항 웹사이트에 정리되어 있다. www.cvgairport.com/about/CVG@Work/air-servicedevelopment.
4. 다음 문헌을 참고해볼 수 있다. Christopher Lasch, *The Culture of Narcissism: American Life in an Age of Diminishing Expectations* (New York: Norton, 1979); Joseph Bottum, *An Anxious Age: The Post-Protestant Ethic and the Spirit of America* (New York: Penguin Random House, 2014)(W. H. 오든W. H. Auden의 시 〈불안의 시대The Age of Anxiety〉와 혼동하지 말 것); William Strauss and Neil Howe, *The Fourth Turning: An American Prophecy-What the Cycles of History Tell Us about America's Next Rendezvous with Destiny* (New York: Crown Books, 1997); Jane Jacobs, *Dark Age Ahead* (New York: Random House, 2004).
5. Zara Stone, "Why Millennials Are Obsessed with the Apocalypse," *Forbes*, March 2017.
6. Jacobs, *Dark Age Ahead*, 157.
7. John Dos Passos, *The 42nd Parallel* (New York: First Mariner Books, [1930] 2000), xiv.

1장

1. 비영리 단체 오픈시크릿OpenSecrets이 2022년 선거 자금 조달 및 로비 관련 데이터를 종합한 결과, 농업 생산 부문에서 돈을 가장 많이 지출한 로비 단체 다섯 곳은 아메리칸크리스털슈거, 미국사탕무당협회US Beet Sugar Association, 미국설탕동맹American Sugar Alliance, 플로리다사탕수수연합Florida Sugar Cane League, 미네소타남부사탕무당협동조합Southern Minnesota Beet Sugar Co-op으로 모두 설탕과 관련이 있다. 이 단체들은 전부 합쳐 약 900만 달러를 지출했다. 지출 규모가 두 번째로 큰 작물 단체인 전국면화협회National Cotton Council는 85만 달러를 썼다. 제조와 판매를 포함한 담배 업계는 로비에 약 2200만 달러를 투자했다.
2. 소설의 원제는 《캉디드 혹은 낙관주의Candide, ou L'optimisme》였다. 책은 빠르게 번역되어 여러 나라에 출간되었다. 남몰래 소설을 집필한 볼테르는 책을 발표한 이후에도 수년에 걸쳐 다듬었다.
3. 2008년 아이오와주 의원 톰 레이섬Tom Latham은 볼로그의 94세 생일을 기념하는 자리에서 볼로그의 할아버지가 말했다고 전해지는 이 말을 언급했다.
4. 볼로그의 연구가 육종에 초점을 맞추었다면, 녹색 혁명은 농업 수확량을 급속도로 늘린 광범위한 혁신을 일컫게 되었다. 이 혁신은 작물을 심고 수확하는 작업의 기계화, 화학 비료 사용, 정밀한 해충과 잡초 관리, 종자 생명공학, 관개를 통한 물 관리 등을 아우른다. Daniel Charles, *Lords of the Harvest: Biotech, Big Money, and the Future of Food* (Cambridge, MA: Basic Books, 2001)는 이상주의와 탐욕이 20세기 후반 이후로 볼로그의 비전을 어떻게 추동하고 있는가에 주목한다.
5. Gregg Easterbrook, "Forgotten Benefactor of Humanity," *Atlantic Monthly*, January 1997.
6. Wendell Berry, *The Unsettling of America: Culture and Agriculture* (Berkeley, CA: Counterpoint, [1977] 2015)에 언급되었다.

7. Paul Conkin, *A Revolution Down on the Farm: The Transformation of American Agriculture since 1929* (Lexington: University Press of Kentucky, 2008).
8. 1994년 북미 자유 무역 협정North American Free Trade Agreement, NAFTA이 시행되기 전까지 멕시코산 설탕에는 엄격한 할당량이 부과되었다. 할당량은 NAFTA 시행 이후 단계적으로 축소되다가 2008년 두 나라 사이에 할당량과 관세가 대부분 폐지되었다. 2015년 말, 국제 무역 위원회는 그동안 멕시코가 시장 가격보다 낮은 가격에 설탕을 팔아 미국 생산자들에게 피해를 주었다고 판결했다. 이 판결에 따라 멕시코산 설탕에 최저 가격과 새 할당량이 부과되었다.
9. Paul Clayton and Judith Rowbotham, "How the Mid-Victorians Worked, Ate and Died," *International Journal of Environmental Research and Public Health* 6 , no. 3 (March 2009): 1235 – 53.
10. E. A. Thaler, J. S. Kwang, B. J. Quirk, C. L. Quarrier, and I. J. Larsen, "Rates of Historical Anthropogenic Soil Erosion in the Midwestern United States," *Earth's Future* 10, no. 3 (March 2022): 10.
11. 일례로 Jared Diamond, *Collapse: How Societies Choose to Fail or Succeed* (New York: Viking Penguin, 2005) 〔제러드 다이아몬드 지음, 강주헌 옮김,《문명의 붕괴》(김영사, 2005)〕와 David Graeber and David Wengrow, *The Dawn of Everything: A New History of Humanity* (New York: Farrar, Straus and Giroux, 2021)을 참고.
12. 반대로 비효율성의 덕을 본 곳들도 있다. 오류나 돌연변이가 진화를 이끈다. 움직이지 않는 휴지 시간이 컴퓨터 프로그램과 인간 아기에게 안정을 준다. 혼자 있는 공간이든 시간이든, 여백이 가장 창의적인 발명의 원동력이 된다. 미국의 유명한 재즈 뮤지션 마일스 데이비스는 이렇게 말했다. "음악은 음표들 사이의 공간이다."
13. Erik Andrus, "From Seed to Sugar: A Vertically-Integrated Model for Small-Scale Turbinado Sugar Production from Organic GMO-Free Beets-Final

Report for Sustainable Agriculture Research and Education Grant FNE11-703," 2012.
14. Edward Abbott Abbott, *Flatland: A Romance of Many Dimensions* (Mineola, NY: Dover, 1884 1992).

2장

1. 자포스의 내력 정보는 회사 웹사이트 소개란에서 가져왔다. zappos.com/about.
2. 사례 연구로 Frances X. Frei, Robin J. Ely, and Laura Winig, "Zappos.com 2009: Clothing, Customer Service, and Company Culture," *Harvard Business Review*, October 20, 2009; Tony Hsieh, "How I Did It: Zappos's CEO on Going to Extremes for Customers," *Harvard Business Review*, July-August 2010; Anthony K. Tjan, "Four Lessons on Culture and Customer Service from Zappos CEO, Tony Hsieh," *Harvard Business Review*, July 14, 2010, https://hbr.org/2010/07/four-lessons-on-culture-and-cu 등을 참고.
3. 1942년에 쓰인 John Maynard Keynes, "Newton, the Man"의 전문은 온라인에서 확인할 수 있다. mathshistory.standrews.ac.uk/Extras/Keynes_Newton/.
4. 뉴턴의 전기 작가로는 게일 크리스티언슨Gale Christianson, 제임스 글릭, 윌리엄 뉴먼, 리처드 웨스트폴Richard Westfall 등이 있다.
5. Richard Westfall, *Never at Rest: A Biography of Isaac Newton* (Cambridge, UK: Cambridge University Press, 1980), 53; 리처드 웨스트폴 지음, 김한영, 김희봉 옮김, 《아이작 뉴턴 한정판 세트》(알마, 2016).
6. 유럽원자핵공동연구소Conseil européen pour la recherche nucléaire, CERN가 힉스 보손을 발견했다고 발표한 보도 자료가 웹사이트에 올라와 있다. home.cern/news/press-release/cern/ce-experiments-observe-particle-consistent-long-soug-higgs-boson.

7. Adam Smith, *The Wealth of Nations* (New York: Bantam, [1776] 2003).
8. Charles Sorenson, *My Forty Years with Ford* (Detroit: Wayne State University Press, [1956] 2006).
9. 클로드 섀넌의 인생과 생각에 관한 정보는 다음 책에서 볼 수 있다. James Gleick, *The Information: A History, a Theory, a Flood* (New York: Vintage, 2011); 제임스 글릭 지음, 박래선, 김태훈 옮김,《인포메이션》(동아시아, 2017), William Poundstone, *Fortune's Formula: The Untold Story of the Scientific Betting System That Beat the Casinos and Wall Street* (New York: Farrar, Straus and Giroux, 2005); 윌리엄 파운드스톤 지음, 김현구 옮김,《머니 사이언스》(동녘사이언스, 2006), Edward O. Thorp, *A Man for All Markets: From Las Vegas to Wall Street, How I Beat the Dealer and the Market* (New York: Random House, 2017); 에드워드 O. 소프 지음, 김인정 옮김,《나는 어떻게 시장을 이겼나》(이레미디어, 2019).
10. Claude Shannon, "A Mathematical Theory of Communication," *Bell System Technical Journal* 27, no. 3 (1948): 379-423.
11. Matthew Crawford, *Shop Class as Soulcraft: An Inquiry into the Value of Work* (New York: Penguin, 2009); 매슈 크로퍼드 지음, 정희은 옮김,《모터사이클 필로소피》(이음, 2010).
12. Alexis de Tocqueville, *Democracy in America* (New York: Penguin, [1835] 2003).
13. Spencer Murray and Jennifer Pascoe, "Skill Trumps Luck: DeepStack the First Computer Program to Outplay Human Professionals at Heads-Up No-Limit Texas Hold'em Poker," March 2, 2017, www.amii.ca/latest-from-amii/media-release-deepstack/.
14. 내가 이 장의 집필을 마무리한 2020년 11월, 한 친구가 인터넷에 토니 셰이 추모 글을 올렸다. 이후에 나는 〈월 스트리트 저널〉(2021년 3월 26일자)에서 커스틴 그라인드Kirsten Grind가 쓴 기사 '추종자들에게 돈다발을 뿌린 자포스 CEO 토니 셰이, 그 대가로 추종자들은 그에게 위험한 생활을

허락했다Zappos CEO Tony Hsieh Bankrolled His Followers. In Return, They Enabled His Risky Lifestyle'를 접했다. 셰이가 대서양 연안에 있는 집에서 발생한 화재로 일주일간 병원에 있다가 상태가 점차 나빠져 며칠 전 사망했다는 소식을 알게 됐을 때에는 가슴이 쿵 내려앉았다. 그는 앞선 8월에 자포스 CEO 자리에서 내려왔다. 마흔여섯 살이었다. 다운타운 프로젝트 행사에서 셰이와 대화했다는 친구는 이렇게 말한다. "우리 모두 그 사람과 연락이 끊겼다. 그가 사망하고 나서야 그의 진짜 모습을 아무도 몰랐다는 사실을 깨달았다."

15. Ian Hacking, *The Emergence of Probability: A Philosophical Study of Early Ideas about Probability, Induction and Statistical Inference* (Cambridge, UK: Cambridge University Press, 1975).
16. Leonhard Euler, *The Rational Mechanics of Flexible or Elastic Bodies* (Zurich, Switzerland: Orell Füssli, 1960)에 번역되어 실렸다.
17. Karl Taro Greenfeld, "Loveman Plays New Game at Harrah's after Tapping F-16s of Debt," *Bloomberg*, August 5, 2010.
18. Marc Reiser, *Cadillac Desert* (New York: Penguin, 1993).
19. Peter Drucker, *Poscapitalist Society* (New York: HarperCollins, 1993); 피터 드러커 지음, 이재규 옮김, 《자본주의 이후의 사회》(한국경제신문, 1993).

3장

1. 〈곤도 마리에: 설레지 않으면 버려라Tidying Up with Marie Kondo〉, 2019, 넷플릭스.
2. Benjamin Franklin, *Autobiography of Benjamin Franklin* (New York: Henry Holt and Company, 1916), www.gutenberg.org/files/20203/20203-h/20203-h.htm.
3. 독일의 종교 개혁가 마르틴 루터를 인용.
4. John Stuart Mill, "The Spirit of the Age," in *Collected Works of John Stuart Mill, vol.*

xxii, *Newspaper Writings, December 1822–July 1831* (London: Routledge, 1981).

5. Thomas Babington Macaulay, *The Miscellaneous Writings and Speeches of Lord Macaulay: Contributions to the Edinburgh Review*, vol. 2 (Project Gutenberg, 2008), www.gutenberg.org/files/2168/2168-h/2168-h.htm.
6. Ronald Butt, "Margaret Thatcher: Interview for *Sunday Times*," *Sunday Times*, May 3, 1981, www.margaretthatcher.org/document/104475.
7. 대법관 올리버 웬들 홈스 주니어는 에이브럼스 대 미국 사건Abrams v. United States(1919)에 반대 의견을 내면서 다음과 같이 말했다. "사상의 자유로운 교환이야말로 궁극적으로 바라는 선에 더 잘 도달하는 길이며, 시장 경쟁을 통해 인정받는 생각의 힘이야말로 진리에 대한 최선의 시험이다."
8. Stanisław Ulam, *Adventures of a Mathematician* (Berkeley: University of California Press, [1976] 1991).
9. 미국 인구조사국의 데이터에 따르면 대략 11만 달러로, 로스앨러모스의 연간 중위 가구 소득은 뉴멕시코주 전체보다 두 배 이상 높다.
10. 곤도 마리에의 일생에 관한 배경 정보는 곤도의 책들과 다음 문헌에서 발췌한 것이다. Sarah Kessler, "Decluttering Your Life Is Not Just a Trend–It's Big Business," *Fast Company*, September 2, 2015; Alison Beard, "Life's Work: An Interview with Marie Kondo," *Harvard Business Review*, May–June 2020.
11. Alexis de Tocqueville, *Democracy in America* (New York: Penguin Books, [1835] 2003).
12. John T. Flynn, *God's Gold, the Story of Rockefeller and His Times* (New York: Harcourt Brace and Company, 1932).
13. 뉴욕의 로스아트그룹Ross Art Group이 판매하는 매더앤드컴퍼니 포스터를 참고할 것. "Mather Work Incentive Posters Celebrate the Spirit of the American Workforce," *Antique Trade* (blog), December 5, 2019, www.antiquetrader.com/collectibles/mather-work-incentive-posters-celebrate-the-spirit-ofthe-american-workforce.

14. 1970년대 경제학에서는 한계혁명marginalist revolution이라고 불렸다. 프랑스 경제학자 레옹 발라Leon Walras, 앙투안 쿠르노Antoine Cournot 등이 개인의 효용 극대화 개념을 제안했다. 이후 최적화는 경제학의 일부이자 필수 요소가 되었다.
15. Ulam, *Adventures of a Mathematician*, xxvii.
16. Clarke Condé, "Shining a Light on a Black Hole: An Interview with Barbara Grothus," *Weekly Alibi*, August 22, 2019, alibi.com/art/59178/Shining-a-Light-on-a-Black-Hole.html.
17. Robert Nott, "Los Alamos' Black Hole Is Going Dark," *Santa Fe New Mexican*, July 28, 2018, www.santafenewmexican.comnews/local_news/los-alamos-black-hole-is-going-dark/article_a83de44e-0f9d-530c-bd40-1b3b4f6556f5.html.
18. "How to Tidy Your To-Do List Like Marie Kondo," *Fast Company*, April 27, 2020, www.fastcompany.com/90490780/howto-tidy-your-to-do-list-the-konmari-way. 최근 〈피플〉은 한 웹 세미나를 인용하며 곤도가 집을 완벽하게 정돈하는 것을 "사실상 포기"했다고 전했다. Alexis Jones, "Marie Kondo Admits She Has 'Kind of Given Up' on Extreme Tidiness, Says Her House 'Is Messy,'" *People*, January 27, 2023, people.com/home/marie-kondo-admits-she-has-kind-of-given-up-on-tidying-up/.

4장

1. 텍사스 사태에 관한 배경 정보는 다음 기사들에서 발췌했다. "Thousands of 'Cold-Stunned' Sea Turtles Rescued off Coast of Texas," *Reuters*, February 18, 2021, www.reuters.com/article/us-usa-weather-texas-turtles/thousands-of-cold-stunned-sea-turtles-rescued-off-coast-of-texas-idUSKBN2AI0GZ; Jeremy Schwartz, Kiah Collier, and Vianna Davila, "Power Companies Get

Exactly What They Want: How Texas Repeatedly Failed to Protect Its Power Grid against Extreme Weather," *Texas Tribune*, February 22, 2021; Loren Steffy, "Texas's Independence Didn't Cause the Power Crisis," *Texas Monthly*, February 27, 2021.

2. Ernest Hemingway, *The Sun Also Rises* (New York: Charles Scribner's Sons, 1926).
3. 에델만 신뢰도 지표 조사Edelman Trust Barometer에 따르면, 미국인 35세부터 64세 집단에서 금융 기관에 대한 신뢰도는 2008년 58퍼센트에서 2009년 38퍼센트로 떨어졌다. 다른 나라들, 특히 개발 도상국의 경우, 은행은 여전히 번영을 상징하는 힘으로 인식되었다. 전통 금융에 대한 미국인의 신뢰도는 2008년 이전의 고점을 여전히 회복하지 못했다.
4. Tweet by @Peter_Atwater on May 12, 2022, 5:34 a.m., twitter.com/Peter_Atwater/status/1524699523716722688.
5. George Lakoff and Mark Johnson, *Metaphors We Live By* (Chicago: University of Chicago Press, 1980); 조지 레이코프, 마크 존슨 지음, 노양진, 나익주 옮김, 《삶으로서의 은유》(박이정, 2006).
6. W. Stanley Jevons, *The Coal Question: An Inquiry Concerning the Progress of the Nation, and the Probable Exhaustion of Our Coal Mines* (London: Macmillan, 1865).
7. 텍사스 전기 신뢰성 위원회Electric Reliability Council of Texas, ERCOT에 따르면, 전력망 시스템은 일정 시간 동안 주파수가 59.4헤르츠 미만으로 떨어지면 작동하는 전체 셧다운까지 불과 4분 37초 남은 상태였다. 텍사스 방송국 KXAN의 방송 진행자 웨스 라파포트Wes Rapaport에 따르면, 전력망이 셧다운되었을 시 '블랙 스타트black start'(계통이 전부 정지할 경우 가스 터빈, 소수차 등에서 소내 전원을 확보하고 자력으로 기동하는 것—옮긴이) 상황이 벌어졌을 가능성이 농후했다. 전력망이 아예 무너져 2600만 소비자에게 전력을 재공급하기까지 몇 주나 걸릴 수 있었다는 뜻이다.
8. *The New York Times*, February 16, 2021, article quoting Hogan; *Harvard Kennedy School Environmental Insights* podcast with Hogan recorded on March 2, 2021에

서 발췌.

9. Jennifer Hiller, "Oil Majors Rush to Dominate U.S. Shale as Independents Scale Back," Reuters, March 19, 2019, www.reuters.com/article/us-usa-shale-majors-insight/oil-majors-rush-to-dominate-u-s-shale-as-independents-scale-back-idUSKCN1R10C3.
10. Joan Didion, "John Wayne: A Love Song," in *Slouching Towards Bethlehem* (New York: Farrar, Straus and Giroux, 1968), 25.

5장

1. Tad Friend, "Sam Altman's Manifest Destiny," *New Yorker*, October 10, 2016.
2. www.stocktondemonstration.org.에서 정보를 확인할 수 있다.
3. Esther Duflo, "The Economist as Plumber," *American Economic Review* 107, no. 5 (2017): 1-26.
4. Judith Magyar, "Indoor, Vertical Farming Has a Big Role in Sustainable Agriculture," SAP BrandVoice/Forbes, February 2022.
5. Kurt Vonnegut, *Player Piano* (New York: Random House, 1952 2006); 커트 보니것 지음, 정석권 옮김, 《자동 피아노》(금문, 2001).
6. Jeffrey R. Immelt, "How I Remade GE and What I Learned along the Way," *Harvard Business Review* 95, no. 5 (2017): 42.
7. AP와 시카고대학교 에너지 정책 연구소의 조사에 근거한 것이다.
8. Eugene Linden, *Fire and Flood: A People's History of Climate Change, from 1979 to the Present* (New York: Penguin, 2022).
9. 레인포리스트 크리스프Rainforest Crisp와 레인포리스트 그래놀라Rainforest granola 시리얼의 제작자는 그레이트풀 데드의 밥 위어Bob Weir와 미키 하트Mickey Hart다. 이들의 회사는 판매 수익금 일부를 열대 우림을 보존하기 위해 기부했다. 일부 시리얼 제품에는 열대 우림에서 생산한 견과류가 들어가

기도 했다. 이 회사의 CEO 스티브 보고프Steve Bogoff에 따르면 "보통 가정에서 사람들이 유일하게 읽는 포장지가 바로 시리얼 상자"이기 때문이다.

10. 2022년 말, 수십억 달러 규모의 암호 화폐 거래소 FTX가 피신하고 거래소 설립자들이 효율적 이타주의자 집단으로 밝혀지자, 효율적 이타주의의 대표 철학자이자 황태자이던 윌리엄 맥어스킬William MacAskill은 사태와 거리를 두었다. 맥어스킬은 트위터에 고해 성사 같은 사과문을 올리면서 할 수 있는 가장 선한 일을 실천한다는 전략이 "목적이 수단을 정당화한다"라는 것을 꼭 의미하지는 않는다고 지적했다. 그러면서 극대화를 극대화하는 방법, 즉 극대화 과정에서 나쁜 일을 행해 구성 요소를 잃지 않고 '선한 일'을 행해 구성 요소를 얻는 문제에 관한 효율적 이타주의 글들을 공유했다. 컴퓨터 과학자이자 효율적 이타주의자인 엘리저 유드코프스키Eliezer Yudkowsky는 논지를 다음과 같이 요약한다. "의무론에서 공리주의로 가는 길의 4분의 3 지점에서 멈춰라. 이제 제대로 찾아왔다. 거기서 신이 될 때까지 머무르면 된다." (Tweet from @ESYudkowsky on February 25, 2022).

11. Shoshana Zuboff, *The Age of Surveillance Capitalism* (New York: Hachette, 2019); 쇼샤나 주보프 지음, 김보영 옮김, 《감시 자본주의 시대》(문학사상사, 2021).

6장

1. "Interview with Montana State University Alum, Jason Baldes, M.S.: Buffalo Advocate," Montana State University, February 2017, https://s3.wp.wsu.edu/uploads/sites/578/2016/12/ Feature_Feb2017.pdf.

2. U.S. Department of the Interior, "15 Facts about Our National Mammal: The American Bison," www.doi.gov/blog/15-facts-about-our-national-mammal-american-bison.

3. J. Weston Phippen, "'Kill Every Buffalo You Can! Every Buffalo Dead Is an Indian

Gone,'" *Atlantic Monthly*, May 13, 2016, www.theatlantic.com/national/archive/2016/05/the-buffalo-killers/482349/의 주장에 따른 것이다.

4. 팟캐스트 〈마운틴 앤드 프레리Mountain & Prairie〉에 출연한 스코그런드는 트레일러에 실려 도살장까지 수백 킬로미터를 이동하는 동물은 자신에게 무슨 일이 일어나고 있는지 안다고 말한다. 이 행위는 그 자체로 비인도적일 뿐 아니라 동물이 받은 스트레스가 고기의 맛과 영양가에도 영향을 미친다.

5. Nate Hegyi, "Big Money Is Building a New Kind of National Park in the Great Plains," *NPR Weekend Edition Saturday*, December 8, 2019, www.npr.org/2019/12/08/780911812/big-money-is-building-a-new-kind-of-national-park-in-the-great-plains.

6. Samuel P. Hayes, *Conservation and the Gospel of Efficiency: The Progressive Conservation Movement, 1890 – 1920* (Pittsburgh: University of Pittsburgh Press, [1952] 1999).

7. *Natural Rivals: John Muir, Gifford Pinchot, and the Creation of America's Public Lands* (New York: Pegasus, 2019)의 저자 존 클레이턴John Clayton은 두 사람의 라이벌 관계는 과장되어 알려진 면이 많다고 주장한다.

8. Tom Vanderbilt, *Traffic: Why We Drive the Way We Do and What It Says about Us* (New York: Vintage, 2008); 톰 밴더빌트 지음, 김민주, 송희령 옮김,《트래픽》(김영사, 2009).

9. Fred Pearce, *The New Wild: Why Invasive Species Will Be Nature's Salvation* (Boston: Beacon Press, 2015).

10. Leo Marx, *The Machine in the Garden: Technology and the Pastoral Ideal in America* (Oxford, UK: Oxford University Press, [1964] 2000).

11. René Magritte, *Selected Writings* (Minneapolis: University of Minnesota Press, 2016).

7장

1. 닐 영Neil Young의 노래 〈애프터 더 골드러시After the Gold Rush〉(track no. 2 on *After the Gold Rush*, Reprise Records, 1970)에서 제목을 따왔다. 이 가사는 제국의 멸망 이후 세상에 남겨진 것을 구하려는 자의 잊히지 않는 환상을 노래한다.
2. E. O. Wilson and Robert MacArthur, *The Theory of Island Biogeography* (Princeton, NJ: Princeton University Press, 1967).
3. James Jerome Hill, *Highways of Progress* (New York: Doubleday, Page, and Company, 1912).
4. Frederick Jackson Turner, "The Significance of the Frontier in American History" (1893년 7월 12일 미국 역사학회 회의에서 낭독한 논문의 9쪽), http://nationalhumanitiescenter.org/pds/gilded/empire/text1/turner.pdf.
5. F. Scott Fitzgerald, *The Great Gatsby* (New York: Charles Scribner's Sons, 1925).
6. Robert Gordon, *The Rise and Fall of American Growth* (Princeton, NJ: Princeton University Press, 2016); 로버트 고든 지음, 이경남 옮김, 《미국의 성장은 끝났는가》(생각의힘, 2017).
7. Tyler Cowen, *The Great Stagnation: How America Ate All the Low-Hanging Fruit of Modern History, Got Sick, and Will (Eventually) Feel Better* (New York: Penguin, 2011); 타일러 카우언 지음, 송경헌 옮김, 《거대한 침체》(한빛비즈, 2012).
8. David Graeber, *The Utopia of Rules: On Technology, Stupidity, and the Secret Joys of Bureaucracy* (New York and London: Melville House, 2015); 데이비드 그레이버 지음, 김영배 옮김, 《관료제 유토피아》(메디치미디어, 2016).
9. Jane Jacobs, *Dark Age Ahead* (New York: Random House, 2004), 159.

8장

1. Jorge Luis Borges, "The Lottery in Babylon," in *Ficciones* (New York: Grove Press, 1962); 호르헤 루이스 보르헤스 지음, 송병선 옮김,《픽션들》(민음사, 2011).
2. Guy Clark, "L.A. Freeway," track 2 on *Old No. 1*, RCA, 1975.
3. Thomas Kuhn, *The Structure of Scientific Revolutions* (Chicago: University of Chicago Press, [1962] 1996); 토머스 쿤 지음, 김명자, 홍성욱 옮김,《과학 혁명의 구조》(까치, 2013).
4. 신을 '시계공'에 빗댄 데카르트의 주장은 무척 수월하게, 또 별다른 갈등 없이, 유물론적이고 기계론적인 과학으로 이어지지만, 뉴턴의 상향식 경험주의는 신의 미묘한 개입에 대한 가능성을 열어두고, 따라서 의문을 남긴다. 일반적으로 유럽 대륙 철학자들은 수학과 종교 같은 추상적이고 자기 충족적인 영역과 제법 어렵지 않게 거리를 두었으나, 영국과 미국의 철학자들은 경험적 증거를 직관 그리고 성서와 연결 지으려 끈질기게 노력했고, 많은 경우 실패했다.

최적화라는 환상

초판 1쇄 인쇄 2025년 3월 27일
초판 1쇄 발행 2025년 4월 9일

지은이 코코 크럼
옮긴이 송예슬
펴낸이 최순영

출판2 본부장 박태근
경제경영 팀장 류혜정
편집 남은경
디자인 김태수

펴낸곳 ㈜위즈덤하우스　**출판등록** 2000년 5월 23일 제13-1071호
주소 서울특별시 마포구 양화로 19 합정오피스빌딩 17층
전화 02) 2179-5600　**홈페이지** www.wisdomhouse.co.kr

ISBN 979-11-7171-398-1　03330

- 이 책의 전부 또는 일부 내용을 재사용하려면 반드시 사전에 저작권자와 ㈜위즈덤하우스의 동의를 받아야 합니다.
- 인쇄·제작 및 유통상의 파본 도서는 구입하신 서점에서 바꿔드립니다.
- 책값은 뒤표지에 있습니다.